AU PAYS DE SAINT PIERRE FOURIER

HISTOIRE

DU

VILLAGE DE MATTAINCOURT

EN LORRAINE

PAR

FOURIER BONNARD

Du Clergé de Versailles

Lauréat de l'Académie des Inscriptions et Belles-Lettres

avec une lettre de Maurice BARRÈS, de l'Académie française
et une préface de Pierre LELONG

> « *Ne quid falsi dicere audeat, ne quid veri non
> audeat, ne qua suspicio gratiæ sit, ne qua
> simulatio.* » (Lettre de Léon XIII sur les
> Etudes historiques, 18 août 1883).

CHEZ L'AUTEUR A MATTAINCOURT (Vosges)

ALPHONSE PICARD et fils	AUX « MARCHES DE L'EST »
ÉDITEURS	
82, rue Bonaparte	84, rue de Vaugirard
PARIS	PARIS

HISTOIRE DU VILLAGE DE MATTAINCOURT
EN LORRAINE

OUVRAGES DU MÊME AUTEUR :

Saint Pierre Fourier, in-8° illustré (Lille, Desclée).
(20ᵉ mille) . . . . 1 fr. 50

Primevères, in-12 (Paris, Savaète). . . . . 1 fr. 50

L'abbaye de la Sainte-Trinité de Mauléon (aujourd'hui Châtillon-sur-Sèvre), in-8°, avec vues et plans. . . 5 fr. 00

Le Clergé canonique régulier dans l'ancien Poitou, (Mémoires du Congrès provincial de la Société bibliographique. (Poitiers, 1900).

Histoire de l'Abbaye royale et de l'Ordre des chanoines réguliers de Saint-Victor de Paris. (Ouvrage couronné par l'Académie des Inscriptions et Belles-Lettres, Concours des Antiquités de la France), 2 vol. in-8° 500 et 320 pages, avec un plan de l'abbaye . . . . 20 fr. 00

Pour paraître prochainement :

Glas et Carillons et **Vols d'Alérions**, poésies lorraines.

Il a été tiré de cet ouvrage douze exemplaires sur papier de Hollande signés et numérotés de 1 à 12.

AU PAYS DE SAINT PIERRE FOURIER

HISTOIRE
DU
VILLAGE DE MATTAINCOURT
EN LORRAINE

PAR

FOURIER BONNARD

Du Clergé de Versailles
Lauréat de l'Académie des Inscriptions et Belles-Lettres

avec une lettre de Maurice BARRÈS, de l'Académie française
et une préface de Pierre LELONG

« *Ne quid falsi dicere audeat, ne quid veri non audeat, ne qua suspicio gratiæ sit, ne qua simulatio.* » (Lettre de Léon XIII sur les Etudes historiques, 18 août 1883).

CHEZ L'AUTEUR A MATTAINCOURT (Vosges)

ALPHONSE PICARD et fils	AUX « MARCHES DE L'EST »
ÉDITEURS	
82, rue Bonaparte	84, rue de Vaugirard
PARIS	PARIS

IMPRIMATUR :

J. MILLOT,
Vicaire général de Versailles.

Versailles, le 4 Juin 1910.

A MAURICE BARRÈS

Je dédie ce livre, monument du souvenir que j'ai dressé pour ceux de ma race.

F. B.

LETTRE DE MAURICE BARRÈS

Monsieur,

Je crois être un Lorrain de bonne volonté. Pourtant, Mattaincourt m'a toujours paru d'une chétive beauté. Je m'obstine à regretter la source et le petit bois qui jadis, m'a-t-on raconté, avoisinaient le Calvaire. Ce n'est pas que je ne goûte les agréables proportions de l'église, je sais qu'elle est le fruit de toute une vie de désir et d'effort, le fruit de la vie d'un homme excellent. Et cela occupe mon esprit dès que j'aperçois son clocher. J'aime dans son élan un certain mouvement du cœur de M. Hadol. Et si je pénètre sous la voûte, j'y perçois encore un écho des accents de Lacordaire. Eh bien ! savant historien, vous qui nous avez conté l'histoire de l'abbaye royale de Saint-Victor de Paris, je vous suis reconnaissant parce que vous allez enrichir, remplir de sens pour un promeneur lorrain le petit village de saint Pierre Fourier.

Le livre que vous publiez aujourd'hui est le complément de celui que vous avez consacré au solide *prêtre lorrain qui sut tenir tête, pour l'honneur de notre petite nation, au grand cardinal français, et qui, bien que vaincu, demeure un plus digne héros. J'admire l'ordre, la clarté, l'agrément de votre récit, la sûreté de votre information. Je vous remercie de m'offrir la dédicace d'un si précieux ouvrage, et je vous prie de me croire, Monsieur, bien affectueusement à vous dans le culte de la terre lorraine.*

Maurice BARRÈS.

PRÉFACE

De Gros Rouvre en Yveline, au mois fleuri de mai 1910,
à dom Fourier Bonnard, Curé du Tremblay-sur-Mauldre (Seine-et-Oise).

Mon cher voisin,

Vous m'avez fait le très grand honneur de me demander de vous écrire quelques lignes en tête de ce livre. Je vous en remercie. Mais ai-je bien la qualité et la compétence nécessaires ? Je ne suis qu'un tout petit écrivain campagnard, fouilleur d'archives quand le travail de la terre lui laisse des loisirs. Après avoir élevé ce monument qu'est votre *Histoire de l'abbaye royale de Saint-Victor de Paris*, vous auriez facilement trouvé un maître illustre qui eût appelé et retenu l'attention publique sur votre nouvelle œuvre. Vous avez insisté auprès de moi. J'obéis donc avec plaisir, vous priant de n'utiliser cette présentation amicale que si vous la jugez bonne.

Quels seront vos lecteurs ? Ceux que je prévois peuvent se diviser en cinq genres, certains très différents des autres. Il y a :

1º Vos confrères les savants ;

2º Les habitants de Mattaincourt, vos compatriotes ;

3º Les historiens modernes ;

4º Les régionalistes français ; et

5º Vos nombreux amis, membres du clergé.

C'est beaucoup, vous semble-t-il. Non, mon cher voisin, et voici pourquoi :

En écrivant votre *Histoire de l'abbaye royale de Saint-Victor de Paris*, dont les deux gros volumes prouvent un travail considérable, vous avez fait œuvre d'archéologue. A cause du sujet, n'intéressant qu'une catégorie de personnes du monde religieux et laïc, vous êtes volontairement resté sur une hauteur où les savants seuls peuvent fréquenter. Vous n'êtes point descendu à portée des gens peu instruits. Mais en écrivant cette moins volumineuse *Monographie de Mattaincourt*, si vous avez aussi fait œuvre d'archéologue, vous êtes devenu historien vulgarisateur. Votre sujet est à la portée d'un plus grand nombre de personnes.

Conséquemment, vous serez lu davantage.

Les savants vous liront encore à cause de la valeur documentaire de vos citations. Ayant apprécié déjà, dans vos précédents travaux, l'ordre avec lequel vous présentez les faits, le scrupule que vous avez d'étayer les moindres événements par des preuves authentiques, la quantité de références que vous donnez au cours du récit, ils seront vivement intéressés par la nouveauté de vos découvertes dont chacune augmente le trésor de l'érudition contemporaine.

Vous aurez ensuite pour lecteurs les habitants de Mattaincourt ainsi que leurs voisins des hameaux, villages et villes dont l'histoire est liée à celle-ci. Tous ces braves gens voudront avoir votre livre. S'ils sont inaptes à en estimer la double valeur scientifique et littéraire, ils l'aimeront parce que c'est le travail d'un compatriote et parce qu'il y est parlé de chez eux. Ils le reliront même souvent, les renseignements exacts que vous y avez mis devant compléter, justifier, ou simplement mettre au point ce qu'ils savaient par la tradition orale.

Ne doutez pas de ce succès populaire que vous ignorez jusqu'à ce jour. C'est celui qu'ont toujours eues, en France, les monographies paroissiales ou communales, œuvres de prêtres, d'instituteurs ou de particuliers. « L'histoire locale », explique très bien notre confrère Ulysse Rouchon, « présente pour chacun un attrait spécial. Nous sommes curieux de connaître les événements qui se sont passés dans les lieux qui nous sont familiers et le rôle qu'ont pu y jouer les anciennes familles du pays ». Et j'ajoute que cet attrait est plus grand lorsque l'auteur de ladite histoire est, comme vous, natif de la localité.

Vous serez encore lu par les historiens modernes, c'est-à-dire par ceux qui ont courageusement entrepris, depuis quelques années, de refaire notre Histoire de France en se servant des documents mis au jour par les chartistes. Ces historiens n'ont pas pour seul but, à l'exemple des archéologues, de collectionner les découvertes scientifiques. Ils sont aussi des réformateurs.

Certains veulent modifier notre méthode officielle d'enseignement historique. Comme l'a déclaré l'un d'eux, P. Gaffarel, professeur d'histoire à l'Université d'Aix, dans sa préface du Livre d'Or de la Bourgogne : « L'histoire dite générale a trop longtemps, et très à tort, usurpé la place qui convient à l'histoire locale. En faisant l'histoire de nos villages nous aimerons à savoir l'histoire de nos villes; en rétablissant l'histoire de nos villes nous ferons revivre celles de nos provinces; en comparant et en groupant ensemble nos provinces, nous connaîtrons d'une façon sûre l'ensemble de notre pays. Il faut en un mot appliquer à l'histoire les lois de la philosophie et recourir à l'analyse avant de procéder à la synthèse. C'est en sériant les questions et en partant de la maison familiale pour arriver à la grande patrie que nous pouvons dégager et que nous aurons le droit de formuler une loi générale. Aussi rendent-ils un vrai service à la patrie commune ceux qui, par des biographies bien étudiées, par des explorations dans les annales provinciales, par des reproductions de documents authentiques, feront revivre telle ou telle époque oubliée, tel ou tel personnage inconnu ou méconnu ».

D'autres, parmi ces historiens modernes, désirent transformer l'histoire elle-même. Aux anciennes Histoires de France, construites avec des documents souvent faux, mais excellents pour justifier des théories politiques, ils veulent avec raison opposer une nouvelle Histoire de France, édifiée avec des pièces authentiques par des ouvriers soucieux de montrer d'une façon impartiale la France d'autrefois. A cet effet, ces amis de la vérité, ces défenseurs de la « chasteté » historique — comme disait leur maître Fustel de Coulanges, utilisent non seulement les documents connus, déjà imprimés ou existant dans des dépôts d'archives, mais encore tous les renseignements exacts, jusqu'alors inédits ou ignorés, parce qu'ils se trouvaient éparpillés loin des endroits où les autres sont réunis.

La publication d'une monographie locale est donc d'un grand secours pour ces travailleurs auxquels elle fournit généralement des matériaux de première qualité.

Si je ne craignais pas d'allonger cette présentation je citerais maintes pages de votre livre capables d'anéantir à jamais les erreurs et les mensonges des historiens politiques.

Vous aurez aussi pour lecteurs les régionalistes français. Romanciers, poètes, artistes en métiers d'art, les régionalistes se procureront votre livre parce qu'il fait connaître et glorifie une région de notre France. Il vous liront afin de proclamer la valeur d'une œuvre pieusement édifiée par un Lorrain ayant gardé dans son cœur un profond amour pour son petit pays natal. Et ils vous donneront en exemple à ceux qui voudraient collaborer à leur patriotique entreprise, dont un des buts principaux est la mise en relief de tout ce qui caractérise nos provinces françaises, aujourd'hui écrasées par la centralisation et dédaignées au profit unique de la capitale.

Enfin, vous serez lu par vos nombreux amis du clergé. J'aurais dû les nommer d'abord. Mais ils n'en seront pas moins les premiers à placer votre livre dans leurs bibliothèques.

En Lorraine, au Poitou, à Paris, partout où vous avez séjourné avant de venir dans notre Yveline, vous vous êtes fait apprécier d'eux non seulement comme écrivain mais encore comme prêtre. Votre franchise absolue, votre intransigeance dans les convictions, votre simplicité d'allures et votre charmante amabilité vous ont valu combien d'amitiés sincères ! Et puis on cite votre verve, parfois si humoristique, éclatant même dans vos écrits les plus sérieux où il semble que votre esprit se repose en lançant, selon votre fière devise, « haut et droit » contre vos adversaires qui sont les ennemis de votre Foi, de ces traits jolis et mordants après l'atteinte desquels on est toujours ridicule. Les plus timorés de vos collègues applaudissent aux gestes de votre combativité généreuse, que ces gestes, téméraires à leurs yeux, soient écrits ou verbaux. Quant aux sévères, ils vous pardonnent tant d'audace en se disant que vous pouvez bien être sans peur puisque vous êtes sans reproches.

Voilà vos lecteurs, mon cher voisin. Avouez que je n'en avais pas exagéré l'importance. Mais combien seront-ils ? « Il suffit de quatre cents lecteurs pour qu'un ouvrage acquière l'immortalité », proclamait un jour le célèbre critique Emile Faguet, de l'Académie Française. L'avenir démontrera-t-il l'exactitude de cette parole avec l'exemple de votre consciencieuse *Monographie de Mattaincourt* ?

C'est le plus ardent souhait de votre bien respectueusement dévoué

Pierre LELONG.

HISTOIRE DU VILLAGE DE MATTAINCOURT
EN LORRAINE

CHAPITRE I

Les origines. — La *curtis* de *Martin?* — L'*alleu* de Mattaincourt vers 1090. — Situation féodale de Mattaincourt. — Le « descort » pour la pasture entre Mattaincourt et Hymont.

A quelle époque trouve-t-on sur ce sol la première trace d'occupation humaine?

Il n'a livré jusqu'ici, à ma connaissance, aucun objet pouvant être daté de la période préromaine : pas de mégalithes, de pierres levées, de dolmens, d'allées couvertes; pas d'armes de silex ou de jade, par de sépultures celtiques.

Les appellations de lieux ne sont ici guère plus révélatrices; à moins qu'on ne veuille découvrir quelque lointaine étymologie au nom du limpide Madon, ou à celui de vieux finage de *Melhoué*, encore mentionné en 1791.

La charrue n'a pas davantage révélé de vestiges romains. On n'y trouve sur les hauteurs aucun de ces ouvrages dits *camps de César*; on n'a exhumé aucun débris de temples ou de thermes, aucun amphithéâtre, aucune mosaïque de villa; rien qui rappelle les beaux restes de Grand ou de Soulosse.

Et pourtant l'archéologie, ou tout au moins la toponymie, trahissent à proximité l'empreinte de la civilisation de Rome, le long d'une voie qui faisait communiquer le vieux centre de Langres avec les pays mosellans et Strasbourg. On en signale une partie encore visible sur un assez long trajet, de Lamarche à la source du Mouzon et sur les crêtes qui dominent Serocourt, Marey, Viviers-le-Gras, Saint-Baslemont; le long de la corniche même du talus calcaire qui forme le *seuil* célèbre entre Lorraine et Bourgogne[1]. De là elle semble se diriger sur Valleroy-le-Sec, qu'elle laisse à gauche pour gagner l'ancienne Sugène, et, la vallée de la Saule, jusqu'au relais bienfaisant, le *mansile*, le Ménil, auprès duquel, un peu plus tard, s'élèvera la *Basilica*, Bazoilles, l'église chrétienne, pour satisfaire aux besoins religieux des voyageurs et du groupement sédentaire déjà formé dans cette station.

Relais opportun, car, après lui, la route escalade une rude montée à travers l'antique forêt qui s'étend vers l'est, jusqu'au mamelon qui, plus tard, du nom de son propriétaire, s'appellera le mont d'Hindon : (*Hindonis mons* = Hymont). Puis elle redescend vers le val de Madon, traverse la rivière à l'emplacement de Mirecourt, dont le nom actuel ne rappelle peut-être celui du dieu Mercure qu'au prix de beaucoup d'imagination et de quelque bonne volonté. De là, elle s'élance, vers Charmes, à l'assaut des côtes de Moselle[2].

Or, le site actuel de Mattaincourt est à un bon mille du tracé de la voie romaine; et je soupçonne fort que les futaies de l'antique forêt de la Vosge faisaient encore en cet endroit, dans les premiers siècles de la conquête, une voûte d'impénétrable verdure aux capricieuses fantaisies du Madon.

Mais peu à peu l'homme prendra possession du sol vierge. A mesure que la population s'accroît et se fixe, elle élar-

---

1. Vidal de la Blache. *Tableau de la Géographie de la France*, dans le t. I de l'*Hist. de France* de Lavisse, p. 238.

2. Cette route, qui ne figure ni dans l'Itinéraire d'Antonin, ni dans la carte Théodosienne, est très nettement indiquée par Guillaume de l'Isle dans l'*Avertissement* qu'il a écrit au sujet de la carte du diocèse de Toul, placée par le P. Benoît de Toul en tête de son ouvrage. Cette même carte, dressée en 1707, porte une route de Nancy à Langres par la vallée du Madon, et qui semble suivre assez exactement, à partir de Mirecourt, le tracé de l'ancienne voie romaine sur le plateau qui forme le seuil entre Lorraine et Bourgogne. Cette route, qui fut utilisée lors de l'établissement de la *Grande Chaussée*, vers 1720, laisse en effet Mattaincourt à gauche, Remoncourt à droite; passe aux sources du Vair, etc... (V. *Histoire ecclésiastique et politique de la ville et du diocèse de Toul*, par le R. P. Benoît de Toul, capucin. In-4°. Toul, 1707).

git à son profit la zone vitale, au début fort étroite, créée tout d'abord le long de chacune des routes de la pénétration romaine. Nous arrivons à l'époque où, sur les rivières et les rus dépendants, souvent aussi à mi-côte des collines lorraines, sur la ligne d'affleurement des sources, les gallo-romains marquent partout l'emplacement de leur *curtis*, leur *villa*, leur *villare*, défrichent, labourent, ensemencent, aidés par de nombreux esclaves et de nombreux colons, auxquels ils adjoignent déjà des troupes imposantes d'ouvriers agricoles venus d'outre-Rhin et empruntés aux tribus germaines.

Bientôt ces Germains reviendront, farouches envahisseurs, parleront en maîtres, et imposeront aux vaincus le partage du sol. Ce furent vraisemblablement les Francs, pour le pays qui nous occupe, situé presque à la frontière des territoires burgondes à la fin du Ve siècle : les Francs Saliens, en tout petit nombre encore, mais augmentés bientôt d'un fort appoint de population gallo-romaine, déjà refoulée par les Francs Ripuaires qui s'emparaient violemment et brutalement des régions rhénanes.

Ces éléments divers peu à peu fusionneront avec les premiers occupants de la Vosge, et se répartiront, tantôt pacifiquement, tantôt par le droit du plus fort, les terres déjà mises en valeur ou les forêts incultes[1].

Voilà du moins ce qu'on peut déduire, concurremment avec d'autres indications, de la langue et de la toponymie de notre région. La *curtis*, la *villa*, le *villare* appartiennent, au Ve siècle, aux Francs Balderich (Baudricourt), Offred (Offroicourt), Bozon (Bouzemont), Hindon (Hymont); ou aux Gallo-Romains Remi (Remicourt), Martin (Martincourt).

Car Mattaincourt paraît bien avoir été Martincourt.

---

1. Mais il n'y eut pas chez nous de ces agglomérations franques, comme celles qui mirent leur empreinte germaine sur les cités des Flandres ou des bords du Rhin. La population de la *cité* touloise demeura, en grande majorité, gallo-romaine, de langue et de civilisation latines. On ne trouve, même dans notre patois, que bien peu d'apports germains.

Voici mes preuves :

Les mots, les noms propres, en particulier, sont des êtres vivants, qui se modifient, se transforment, se survivent, d'après des règles bien déterminées, tout comme les groupes ethniques qui les ont créés et les conservent.

Mattaincourt, ou mieux *Maitincou*, selon sa vraie forme de terroir, dérive de *Martinicurtis* par l'ordinaire suppression phonétique de l'*r*, comme *mailié* dérive de martel = marteau; *Damas*, de Dam-mard; *Poussay*, de Pourtsas; *gâchon*, de garçon; *pouché*, de pourcel = pourceau; *âbre*, de arbre, etc...

Les formes les plus anciennes sont en effet : *Metencort* (1127) et *Maitheincourt* (1305), puis Mathencourt, Mathaincourt, Matincourt, et l'actuelle : Mattaincourt.

Il y a bien, dans le premier document écrit où il soit mention de notre village, la forme *Maitulcurt*. C'est ainsi du moins qu'on nous a transcrit la chronique de Seherus, premier abbé de Chaumousey[1]. Or m'est avis, jusqu'à preuve du contraire, qu'on l'a mal transcrite, vu ce qui a été dit plus haut. Le nom existant de *Mattaincourt* = *Maitencou*, pas plus d'ailleurs que ses autres formes déjà indiquées, n'a

---

1. L'abbaye de Chaumousey fut, à l'origine, une simple dépendance de l'abbaye Saint-Léon de Toul. Elle eut pour fondateur le doyen Lutolf, vers 1090. Seherus, prêtre d'Epinal, en fut le premier abbé, et y introduisit la règle des chanoines réguliers de Saint-Ruf. (Cf. dom Calmet. *Hist. de Lorraine*, II, col. 328).

Seherus a conté les origines de son monastère, dans un ouvrage, qui reste un des documents les plus précieux pour l'histoire de notre pays. Malheureusement les transcriptions des nombreux noms de lieux qui y sont déjà cités, sont le plus souvent des plus fautives dans les textes qui nous restent, et rendent ces renseignements à peu près inutilisables.

C'est le célèbre P. Ch. Hugo, abbé d'Etival, qui fournit à dom Martène le texte de la chronique de Seherus. Martène la publia dans son *Thesaurus anecdotorum*, III, col. 1160. Migne a reproduit l'édition de Martène, *Patrol. lat.*, t. 162, col. 1120. On la trouve également dans les *Monumenta Germaniæ historica*, de Pertz, XII, 324-5. Dom Calmet en donne un texte incomplet dans son *Hist. eccl. et civile de Lorraine* (III, col. CCXLIV à CCXLVIII). Nous suivons le texte plus complet publié par M. Duhamel dans le t. II des *Documents rares et inédits de l'histoire des Vosges* (V. Pièces justificatives, n° 1).

certainement pu provenir, par aucune dérivation phonétique connue, du prétendu Maitulcurt ou Mattulcurt des XIe et XIIe siècles. Par contre, pour peu qu'on ait quelques notions de paléographie, on se rend fort bien compte qu'un copiste du XVe ou du XVIIIe siècle ait pu faire confusion de lettres et de jambages, et lire *tul* là où le texte aurait porté la syllabe *tin*, qu'on retrouve invariablement dans toutes les formes postérieures du même nom [1].

Que le lecteur ami veuille bien d'ailleurs accepter sous bénéfice d'inventaire toute la savante dissertation qui précède. Je n'ignore pas que, des domaines ténébreux de l'hypothèse ou de l'étymologie, on peut, de la meilleure foi du du monde, passer à ceux de la haute fantaisie.

Notons seulement, pour finir, que le nom de Martin se rencontre ailleurs sur le territoire de Mattaincourt : dans celui du finage de *Martinval* ; et nous allons apprendre que c'est un homme libre de *Dommartin* qui possède, à la fin du XIe siècle, l'alleu de Mattaincourt.

A présent, nous entrons dans l'histoire positive : Seherus, parlant du premier patrimoine de son monastère, relate qu'un vieillard de son voisinage, nommé Mascelin, de Dommartin [2], homme libre, très âgé et très pieux, un des grands bienfaiteurs de l'abbaye de Chaumousey, donna à celle-ci, du consentement de sa femme Hersende et de son fils Dreux, *la terre et alleu de Maitincourt*, en même temps que l'alleu de Bouzemont et partie de l'alleu d'Orvilliers [3].

Le pape Pascal II confirma cette donation, par bulle du 21

---

1. On trouve également, dans le même texte de Seherus le nom d'un certain Paulus de *Huldonismonte*. Il est assez probable qu'il faut traduire : Paul de *Hinmont*, ancienne forme de Hymont, dérivée de *Hindonismons*. Il serait tout au moins étrange de voir ici encore le copiste lire ces deux lettres *ul* en lieu et place de la même syllabe nasale : *in*.

2. Un Olry de Dommartin, fils d'un autre Olry, figure au XIIe siècle dans la liste des bienfaiteurs de l'abbaye de Remiremont. (Abbé A. Didier-Laurent. *L'abbaye de Remiremont*, Nancy, 1898).

3. *Documents rares... de l'hist. des Vosges*, t. II, p. 55.

mars 1109[1]; et Eugène III, en donna, en 1147, une seconde confirmation[2], où il appelle l'alleu de Mattaincourt : *alodium de Matinicurte*.

La *curtis* gallo-romaine avait déjà subi une transformation profonde. Tout d'abord les héritiers du maître primitif gardent un important domaine directement exploité par eux, avec l'aide des serfs attachés à leurs personnes, renforcés des *hospites* ou travailleurs agricoles nomades, et grâce aux corvées des tenanciers, serfs affranchis ou hommes libres, entre lesquels avait été partagé, moyennant redevances, le reste du territoire de la villa. L'*alleu* de Mascelin de Dommartin semble représenter ici le *manse dominical*, le territoire réservé, hors partage, transmis par héritage direct ou acquêt postérieur, sans aucune charge de redevance ou d'hommage vis-à-vis d'un suzerain quelconque. Ce n'est pas encore un *fief*.

Cent ans après, en 1247, nous sommes en pleine féodalité. A cette date Mattaincourt appartient au duc Mathieu de Lor-

---

1. *Ibid.*, pp. 59 et suiv.

2. Cette bulle d'Eugène III n'est pas mentionnée dans Potthast et Jaffé. On la trouve (comme celle de Pascal II), dans le superbe cartulaire de Chaumousey, des Archives d'Epinal (H13²), au f° 2. Ce cartulaire fut dressé en forme authentique à la prière de Jean de Bussignécourt, abbé, et de Jean Pillard, de Dompaire, prieur de Chaumousey, par Albert Nicolas, de Mirecourt, curé de Dompaire, notaire apostolique et impérial. Il commença son travail en novembre 1427. Dans la transcription de la bulle de Paschal II, on lit également la forme *Maitulcurt : cum alodio de Maituleurt* (f° V°).

La bulle d'Eugène III (f° II°) est adressée : « Dilectis filiis Rorico Calmosiacensis cenobii abbati ciusque fratribus tam presentibus quam futuris regularem vitam professis in perpetuum. Commisse nobis apostolice sedis nos hortatur auctoritas... »

C'est une confirmation générale des biens de l'abbaye, et nommément : « Ex dono Amalrici militis alodium Imberticurie, alodium de *Matinicurte*, alodium de Bulzeio, alodium de Giricurte, etc... » (Ambacourt, Matincourt, Bouzey, Gircourt).

« Datum apud Treverim, per manum Guydonis ecclesie romane diaconi cardinalis et cancellarii, X Kal. februarii, indictione Xj^a, incarnationis dominice anno M°C°XLVij° Pont. Dni Eugenii iij. Pape anno tercio. »

Dans une autre bulle de confirmation générale donnée par Grégoire IX aux ides de novembre 1187 (f° X du Cartulaire) on lit : « Grangiam de Imbecourt, grangiam de *Matrecourt* » S'agit-il de Mattaincourt ?

raine[1] qui y exerce le droit de maréchaussée et de mairie. Or, le dimanche après la Toussaint de cette année 1247, le duc donne à Vichart de Passavant, seigneur de Monthureux-le-Sec, tout ce qu'il avait « à Mathencourt, à Hymont et à Mandres (Ravenel) et à Bazolles, et ceu qui affiert à la maréchaucie et à la marie de Mathencourt qui à moy tenoit », et ce en échange de Remoncourt, Segonne[2], et Montfort, cédés au duc, sous réserve de droits encore importants, au profit de Vichart de Passavant[3].

Il est évident que le duc Mathieu n'a pas renoncé au droit de sa suzeraineté sur Mattaincourt. Il n'a pas non plus renoncé à toute propriété directe en ces parages. En 1305, le duc Thiébault possède encore le moulin « condis Sollainvalz qui siet sor la rivière de Madon entre Maitheincourt et Maironcourt » ; et il l'abandonne en toute propriété à Husson, fils de Baudouin de Valleroy, en échange du quart de la ville de Baudricourt, et du ban, des tailles, rentes, cens, bois, four, moulin, justice, etc., le tout cédé au duc par Husson de Valleroy[4].

---

1. C'est ici une preuve indirecte, à défaut d'autres, que Mattaincourt ne fit pas partie des domaines patrimoniaux des ducs lorrains de la maison de Bar. Il semble prouvé qu'ils ne furent jamais comtes du Xaintois, auquel nous appartenions, et dont nous avons subi les vicissitudes dans les partages des Mérovingiens et des Carolingiens. Un moment, le Xaintois fut même avec le Toullois, séparé des autres *pagi* lorrains pour former avec la Bourgogne la part de Thierry, en 596.

Le Xaintois avait ses comtes particuliers, M. Vanderkindere en nomme quelques-uns. (*Hist. de la formation territoriale des pricipautés belges au Moyen Age*, t. II, p. 453). Cf. également : R. Parisot, *Les origines de la Haute-Lorraine et sa première maison ducale* (Paris, Picard, 1909), p. 202.

2. Segonne, l'ancienne Sugène, sur la voie romaine, entre Remoncourt et le Montfort.

3. Vidimus de Thiebertus, abbé de Bonfays, en date du mardi de Pâques de l'an 1344 (*Arch. dép. de Meurthe-et-Moselle*, B. 810, n° 1.) Pièces justificatives, n° 2.

Cette pièce porte, sans aucun doute possible, le nom de *Thiebertus*. Les auteurs du *Gallia Christiana* donnent à ce personnage le nom de *Theobaldus*, et chose curieuse, se réfèrent uniquement à ce vidimus de 1344. (T. III, col. 1150.)

4. *Arch. dép. de Meurthe-et-Moselle*, B. 810, n° 7. Pièces justificatives, n° 3.

Et de Chaumousey et de l'antique *alleu*[1], il n'est plus question. En tous les cas, s'il est ici, comme ailleurs, représenté par les droits seigneuriaux, il faut croire qu'il fut, en définitive, aliéné au profit des ducs de Lorraine, et que même les droits cédés en 1247 à Vichart de Passavant leur firent promptement retour, car nous voyons de bonne heure les ducs seigneurs directs de Mattaincourt, dont ils perçoivent les tailles, sauf une partie réservée à des juveigneurs, qui étaient, en 1551, les sires du Chastelet[2], et, en 1627, les sires de Bassompierre et de Gournay.

Hymont appartenait au duc par échange avec Andreu de Domjulien.

On lit en effet, dans le « Papier de recettes du bailliage de Vosge », par Mangin Drouin, receveur, en date du 26 août 1426 :

« Item ceulx de Mathencourt devant Mirecourt doivent telle deux foys lan : cest assavoir à la Sainct-Remy et Pasques et vault la partie. Monseigneur contre les sieurs diugneurs Vj livres Vj sols, dezquelx le recepvour ne fait ne mise ne recepte, pourtant le procmoul[3] les resoit pour cez gaige à cause de son office de procmoul.

Et pour le terme de Pasque parellement contre les sieurs dessusdits, lesquelx le procmoul resoit.

Item doient encoir à mondit seigneur audit terme V sols iiij deniers, et pour la banwarderie xvj deniers. Tout ce resoit ledit procmoul à cause de ces gaige comme dessus est dit[4]. »

A peu près mêmes formules dans le papier de 1427, et la même somme totale de 11 livres 18 sols pour les tailles, en

---

1. Mattaincourt (si Matrecurt = Mattaincourt) n'est plus mentionné après 1187 dans le Cartulaire, sinon au f° 67, dans le nom d'un *Willemin de Mathaincourt*, fils Le Gaingnour, qui achète un cens de l'abbaye en 1331.

2. « Ceulx de Mattaincourt estant à Monseigneur et au sgrs du Chastellet par indivis doivent taille deux fois l'année. » (*Arch. dép. de Meurthe-et-Moselle*, B. 7015.)

3. Le procureur de Vosges, d'après le compte de 1427.

4. *Arch. dép. de Meurthe-et-Moselle*, B. 1019.

deux termes, partie revenant au duc, plus 5 sols quatre deniers, et, pour la bangarderie, 16 deniers.

La *bangarderie* (garde du ban), droit de police locale, répondant assez bien à celui de nos gardes-champêtres, est laissée, moyennant finance, à la disposition des manants de Mattaincourt.

De plus les ducs de Lorraine ont acquis à Mattaincourt et à Hymont des terres et des prés (onze fauchées) et des portions de censive, (représentant l'antique propriété du sol), en nombre assez considérable : rue Mourot, au Haut-de-Chaumont, à la Petite Praye, etc., le tout ressortissant aux accensements dits le *Bassin* de Mirecourt, d'après les nombreux Registres de Comptes du Domaine. Le registre de 1627[1], p. 53, précise d'une manière très nette la vraie situation féodale de Mattaincourt, telle qu'elle était établie à cette date :

« Mathaincourt et Hymont est une mesme paroisse et appartiennent à S. A. en tous droictz de haulte, moyenne et basse justice, de la juridiction de ce Receveur (de Mirecourt et Remoncourt), qui esdits lieux a congnoissance de tous crimes, délictz et faicts extraordinaires.

Item audit Mathaincourt le curé ou son chapellain a l'administration de la justice foncière, et, avec un eschevin qu'il commet, congnoist des actions personnelles, civiles et réelles, sans autre amende que de trois deniers pour ledit curé. En cas d'irrévérence faicte à justice, ledit Curé en faict raport au Receveur pour y procéder avec requises du sieur procureur général de Vosges.

Ledit receveur, chacun an, le dimanche devant la St Jean-Baptiste, après que les présents habitans luy en ont nommé neuf d'entre eulx, faict élection d'un, et le crée *maieur* pour l'an, prenant son serment en tel cas requis, et pareillement ordonne et crée un maieur audit Hymont en la forme que dessus. Lesquels maieurs sont tenus lever toutes tailles ordinaires et extraordinaires.

Les hommes de Mathaincourt, non comprinses quatre maisons les hommes desquelles sont tirables avec ceulx de Hymont, doivent tailles deux fois l'année, sçavoir : à Pasques *neuf* francs, et, à la

---

1. *Arch. dép. de Meurthe-et-Moselle*, B. 7138.

St Remy, *dix*. Et à chacun des termes le doyen prend deux sols, et les sieurs de Bassompierre et de Gournay, trente gros.

(Ces tailles et les droits de ventes furent vendus à faculté de rachat au baron de Bremoncourt).

Enfin les ducs avaient, avec la seigneurie, un four banal, dont les habitants rachetèrent la servitude moyennant 30 fr. par an.

Un sieur Dominique Vigneron tenait à ferme, en 1627, les grosses dîmes et le quart des menues de Mattaincourt et de Hymont. Le tiers des premières et le quart des secondes avaient qualité de fief mouvant de S. A.

A partir de 1580, au moment de l'essor de l'industrie des draps, Charles III est rentré en possession du moulin de Solenval, dont il arrondit le domaine par des acquisitions nouvelles [1]; il achète les moulins de Mattaincourt, Hymont, Neufmoulin, et beaucoup d'autres aux environs, moulins à la fois et battants pour le foulage des étoffes, et qui furent un moment, grâce à leur banalité, d'un assez beau revenu.

Mais jusqu'au début au moins du XVIe siècle Mattaincourt garda sa physionomie de l'origine. Plus tard nous verrons ses habitants très préoccupés de commerce et d'industrie; aux XIVe et XVe siècles, comme les pasteurs de la Bible, ils ne luttent encore que pour fixer les limites de leurs pâturages.

Il y eut, à la fin précisément du XIVe siècle, un long « descort » entre les bonnes gens de Mattaincourt et les bonnes gens de Hymont « pour la pasture des deux villes dessus dictes ». Pour y mettre fin, Poireson, maire de Hymont, et Remon, maire de Mattaincourt, furent « chargés par les prudomes des dous villes entièrement » d'établir à l'amiable les limites que ne devraient point dépasser les troupeaux des deux communautés. Ces détails sont intéressants,

---

1. *Arch. comm.* de Mattaincourt.

— 11 —

car ils nous tracent, d'après la tradition, la ligne de démarcation des anciennes *curtes* contiguës de Martin et d'Hindon.

« Assavoir est que les prudomes de Hymont puellent (peuvent) et doibvent pasturer leurs bestes grosses et menues jusques à la haye qu'on dit en la *Maladrie*, en la voye de Basoilles et ne pullent passer la haye, et dès la haie en amont ont leur pasturage jusques à Basoilles amonveleie et par devers Mathencourt; il ne peulent pasturer ès cortilles et darrier Mathencourt; il ne peulent passer le chemin qui vient à Mirecourt par endroict la ville et les mezes, et peulent passer awy de *Savanwal* et aller tout contremont le *Pasquis* jusques à *Champ le petit Poirot* et eniusques à *Vroville*; et ne peullent passer la haye que cloy les preys pour aller par devers Mataincourt; et peullent aller tout le contremont de *Holrus*, et ont tel droict, raison et action sur la pasture de Vroville con il avint de devant que cest dict rapport fut faict.

Item les prudommes de Mataincourt ont leur pasturage de leurs bestes grosses et menues iusques à dous poireis que sont en la fin de Hymont condit ès *Poireis de Mandres* par devers Hymon, et ne les peullent passer et doient aller dès lesdicts poireis droict à l'awe amon le prey condit en *Dehain* par sus ly awe et on *Chanon* jusques à *Warpon*, et ne peullent entrer ès champs, maicques ès preis; et ne peullent passer au dessus desdicts dous porreis et ne doient passer le chemin qui va par dessoub lesdicts porreis jusques au rux de *Plémont*. Et quand il vient esdicts pairois, ilz doient repasser par devers la ville de Mathaincourt et peullent aller contremont villes jusques à Basoilles. »

Cet arrangement fut ratifié de part et d'autre, devant Jean Noblet, de Charmes, receveur de Vosges, dûment écrit et muni du « seel pendant » dudit Noblet, et « ont promis les dessus dicts en sa main de tenir ledict raport ferme et stable à tousioursmaix pour eulx et leurs hoirs ». (Lundi avant la Saint-Michel 1397)[1]. Et si les prud'hommes mésusent l'un sur l'autre, ils paieront les amendes anciennement établies.

La fonction des bangards était précisément de constater

---

1. *Arch. comm.* de Mattaincourt.

ces *mésus*, et à chaque délit, de saisir des gages[1], comme nous le verrons à propos d'une semblable querelle survenue entre Mattaincourt et Mirecourt, en 1572.

La part faite à Hymont par l'accord de 1397 paraît assez belle. Il faut croire que les gens de Mattaincourt la trouvèrent trop belle. La guerre se ralluma, et, en 1457, on dut recourir à un nouvel arbitrage.

Voici, tout au long, les vénérables noms d'ancêtres qui, par procuration de tous les autres habitants, portèrent le débat devant noble homme Jaignet de Savigny, bailli de Vosges :

Willemin le Ravecoteux, de Mathaincourt, Drowin Ragot, Jean Ragout, Coullard François, Gérard Armal, le grant Maire, le Mauljean, Pernet le gros, Jean Coullard Pellette, le bel Mengin, Collard Parmentier, Collay Ferry, Jean dict Grasbouerel, Jean Xabrement, Collin dict Maul s'y boulte, Collin de Mandre, Jaicquin Gérard *Nacquard*, Willemin Vaquay, Jean Thibauls, Jeanson Henry, Jean Redry, dudict Mathaincourt;

Mengin Thomas, Jean de Rancourt, Jean Berney, Collin Robichon, Didier Roy, Mengin Marchant Milet, Jean Collin, Jean Thomas, Collay Boussay, Fourquin Thomas Moustarde, Jean du Ruix, Dédier Maljean Wariat, pour Hymont.

L'arbitre choisi fut Jean Philippin, receveur général de Lorraine, lequel le 31 octobre 1457, en présence de Jaignet de Savigny, de noble seigneur Andreu de Ville, sgr de Domjulien[2], de Jean Clerc, procureur de Vosges, de Woi-

---

1. Justice était ensuite rendue par les seigneurs justiciers, dans leurs *plaids annaux*.

2. C'est probablement son père dont on voit encore la jolie pierre tombale en l'église de Domjulien, marquée du portrait du défunt en pied, portant un écu de... à la croix de...

A l'entour on lit l'inscription suivante en beaux caractères gothiques :

Ci gist noble hôme Antoine de Uille seigneur de don-julien qui trespassent lan de grâce nostre S. MCCCC et XXV j. le darier iour du mops de ianvier. Pries Dieu pour lup.

ry des Pilliers, lieutenant du bailli, de Jean Richard de Wallefraucourt, demeurant a Mirecourt « et aultres notables gens et saige tant desdictes dous villes comme d'ailleurs, eulx existans sur le lieux dont débat est ».

Messire Jean Philippin jugea donc que Mattaincourt aurait droit de vaine pâture.

« Jusques à une croix de bois ou de pierre qui se mettera et se poserait de costé le petit ruissel descendant du bois et joindant à prey quest dessous le dict boix, que se mettrait par eulx de Hymont, et la maintanront a tousioursmaix. Laquelle envierait à une aultre croix de bois ou de pierre que ceulx de la ville de Mathaincourt feront mettre et la maintanront a tousioursmaix, eulx et leurs hoirs, successeurs et ayant cause; laquelle croix se mettrait et sahairat au rengnet[1] quest de costé le chemin qui vait audict prey dessus la ripvière de Madon ».

Chaque bête prise en contravention serait saisie par les bangards, et rachetée selon l'ancienne « peigie » ou amende, soit *trois deniers*.

Cet arrangement fut accepté de part et d'autre, et un instrument en fut dressé par Huet Grillet, tabellion à Mirecourt, et scellé en cire jaune sur double queue, en présence des témoins : Jean Richard de Wallefraucourt, Jean Gen-

---

Il y a, dans la même église, au milieu du chœur, une autre pierre tombale des plus intéressantes, mais malheureusement fort endommagée. Il ne serait pas impossible de retrouver le nom du personnage qu'elle recouvre.

C'est un protonotaire apostolique, mort en 1588, dont le portrait, en habits sacerdotaux, est finement gravé au trait sur la pierre dans une architecture des plus jolies, et autour, une inscription dont voici les débris encore lisibles :

...*in Christo Pater Pontificis maximi... tarius...olicus nonagenarius animam efflavit decimo sexto iulii anno Domini 1588 corpusque suum... hoc includi tumulo... Memento mei.*

On sait que l'église de Domjulien possède un beau retable d'autel Renaissance, en pierre sculptée (Ce retable a été malencontreusement encastré dans le mur du clocher, au-dessus de la porte d'entrée); et un intéressant *tombeau*, rappelant assez bien ceux de Ligier Richier.

1. Ravin. en patois : rénet.

til, sergent du bailli, Collin Paillette, de Moroncourt, Jean Berlin, de Domjulien.

Un peu plus de cent ans après, Mattaincourt était encore en lutte, avec Mirecourt cette fois, au sujet de la vaine pâture. Cette question était, en effet, une question vitale, dans l'antique organisation de nos bourgs agricoles lorrains. L'usage y était assez généralement de nourrir en commun pendant la seconde partie de l'année, une fois les récoltes enlevées, tous les bestiaux de la commune, mis pour cet effet en pâture sur les terres de tous les propriétaires indistinctement. Les pauvres pouvaient ainsi posséder quelques têtes de bétail à peu de frais, et rien ne fut plus impopulaire que l'*Édit des Clos* de 1767, qui permettait aux propriétaires riches de soustraire leurs terres à la servitude de la vaine pâture, en les entourant de clôtures [1]. Parfois quelques territoires étaient livrés à la vaine pâture pour quelques jours dès le printemps : « au haut poil levé », c'est-à-dire à la première pousse, et donnaient encore une fenaison jugée suffisante.

Ces détails feront mieux comprendre l'acte de 1572.

« Pour et à l'occasion que lesdicts de Mathaincourt s'étaient ingérez gager les bestialz et troupeaux des bestes blanches desdicts de Mirecourt en ung lieu nommé et appelé *sur l'Estanche* [2] et soubz le chemin tirant au bois du *Four*, dit de *Semevaulmont*, ban et finage du dict Mathaincourt par les banbards jurez et sermentez à la garde du ban dudict lieu, par le prix de unze porcs ».

Mirecourt se venge en faisant saisir par ses bangards « certaines bestes rouges à cornes appartenantes ausdicts de Mathaincourt en un pourpris de prey nommé et appellé *les Petits Avyots* ».

---

1. Card. Mathieu. *L'ancien régime en Lorraine et Barrois*, p. 461. — Nous verrons que le *Cahier des doléances* des habitants de Mattaincourt en 1789 demandait (paragraphe 13e), la suppression de l'Edit des Clôtures « qui enlèveraient, dit-il, à une partie des pères de famille de la campagne, autres que les laboureurs, le moyen d'avoir une vache pour élever leur famille et des brebis pour les vêtir, etc. » *(Arch. dép. des Vosges).*

2. Estanche=étang.

Enfin « les maires, manans et habitans de Mirecourt et Mathaincourt », voulant faire la paix, déléguèrent :

Antoine Clerc le jeune, mayeur, Georgeon Hurault, Laurent Raguier, tabellion, Jean Amyot, et Anthoine Poirot, pour Mirecourt ;

Nicolas Aulbry, mayeur, George Bailly, Matthieu Mareschal, Jean Paillotte Lhuylier, Didier François, Nicolas Pelletier, Jean Jean de Mandres, Georges Paillotte, Jean Poiresson, Nicolas Liégeois, et François Poirson, tabellion, pour Mattaincourt ;

Lesquels, après enquête sur place, convinrent que Mirecourt pourrait faire conduire ses bêtes rouges à cornes, à son bois de Semevaulmont, par le chemin qui y va droit, longeant le ban de Mattaincourt, sans que les bangards de Mattaincourt pussent les saisir, même si elles s'écartent dans le trajet ; et de plus les mener s'abreuver au lieu appelé *la Moilx*, proche du bois, sur le ban de Mattaincourt, « en saison vuyde, non en saison pleine », c'est-à-dire seulement après l'enlèvement des récoltes.

Pour les Petits Avyots, du finage de Mirecourt, sur lesquels les deux communes avaient droit de vaine pâture, il fut entendu que Mattaincourt ne pourrait y envoyer ses bestiaux que huit jours après Mirecourt, et Mirecourt seulement « huit jours après le haut poil levé ».

Passé et confirmé à Mirecourt devant le tabellion du bailliage, le 28 mai 1572[1].

---

1. *Arch. comm.* de Mattaincourt ; et *Arch. comm.* de Mirecourt, liasse AA.4.

CHAPITRE II

Quand le pays fut-il évangélisé ? — Les *patrons* du bénéfice en 1477. — La paroisse de Mattaincourt rattachée au chapitre d'Haussonville. — Curés de Mattaincourt.

L'Evangile fut prêché de bonne heure en pays rhénan. La vie romaine y était intense, grâce aux mouvements des légions cantonnées aux frontières, grâce aussi aux incessantes visites des commerçants qui, derrière les légions, y venaient de tout l'empire. Les premiers apôtres mirent à profit les relatives facilités de communications résultant de cette situation. Il y avait des communautés de chrétiens à Trêves et à Cologne au cours du IIIe siècle. On y signale des évêques dès le IVe siècle. Au IVe siècle également il y avait des évêques à Toul. Il y avait à Langres une chrétienté très importante et un évêque dès le IIIe siècle. Autant de filiations évidentes de la grande métropole de Lyon, tout le long de la grande voie de Cologne.

A ces dates reculées le christianisme n'avait guère d'adeptes en dehors des villes visitées par les premiers missionnaires. Ce n'est que peu à peu, et guère avant le IVe siècle, que commence d'une manière appréciable, en nos régions, l'évangélisation des campagnes. Mais cette œuvre progresse fort lentement. Malgré les édits impériaux proscrivant les anciens cultes, le fond de la population gallo-romaine, spécialement dans le *pagus* reculé, ou la *villa* campagnarde, est encore païenne. Seul le monachisme aura raison, parmi nos paysans gaulois (*pagani* = païens), de la vieille idolâtrie celtique ou romaine.

Je crois qu'il faut reculer jusqu'à l'époque mérovingienne au plus tôt l'établissement chez nous d'une paroisse proprement dite, c'est-à-dire d'une église desservie par un prêtre spécialement désigné, et investi des pouvoirs de baptiser, prêcher et administrer les sacrements. Par quelle voie parvint l'évangélisation au propriétaire et aux tenanciers de la *curtis* Martin, aux rives du Madon? Est-ce par la voie de Langres, à qui les reliait, nous l'avons dit, une route passant à proximité, route marquée de bonne heure d'une *basilica* ou oratoire chrétien[1], origine de Bazoilles, à une lieue à peine? Est-ce par la voie de Toul, en s'avançant progressivement à travers les forêts du Xaintois? Notre territoire faisait partie de l'antique *cité* touloise, qui forma le diocèse chrétien, si tant est qu'à ces limites, la cité eut des frontières bien précises. En tous les cas Mattaincourt n'appartint qu'au diocèse de Toul, ce qui est une indication. Peut-être l'Evangile nous fut-il apporté des deux côtés à la fois. L'ancienne église, qui évidemment n'était pas elle-même l'église primitive, fut dédiée en 1509, par Christophe Collet, évêque de Christopolis et suffragant de Toul, sous le vocable à la fois de saint Evre de Toul et de saint Claude de Besançon. Mais il ne faut pas oublier que le chapitre d'Haussonville, curé primitif de la paroisse à cette époque, avait pour patron saint Claude.

Nous ignorons jusqu'à présent si l'abbaye de Chaumousey, devenue vers l'an 1100 propriétaire de l'alleu de Mattaincourt, se chargea d'y assurer le service pastoral. En tous les cas elle ne garda pas longtemps, si elle l'eut jamais, le droit de patronat[2], c'est-à-dire le droit de choisir le curé,

---

1. Ces *basilicæ* ou *basiliculæ*, le plus souvent oratoires privés et même monastiques, étaient déjà fort nombreuses en Gaule au Vᵉ siècle. (Cf. Saint Avit. *De oratoriis vel basiliculis privatis*. P. L. LIX, col. 296).

2. Effectivement Mattaincourt ne figure pas dans la liste des prieurés dépendant de l'abbaye de Chaumousey, qui sont : Marast, au diocèse de Besançon; Chenoy, au diocèse de Metz; Ambacourt, Bettegney, Saint-Brice, Oncourt, Dompierre, et la paroisse de Chaumousey, au diocèse de Toul.

représentant le droit du fondateur de l'église; car ce droit, tenu en fief, il est vrai, du duc René II de Lorraine, était, au 22 janvier 1477, en possession des héritiers de feu messire Jehan d'Haussonville et dame Hermesson, sa femme, dont les fils, Balthasar et Jehan, avec messire Didier de Darnieulles, en son nom et au nom de dame Philippe de Marche, sa mère et de ses sœurs, en font cession au chapitre de l'église collégiale d'Haussonville, en échange de portions des villes, terres, et seigneuries de Cintrey, Padoux et Bazoilles, sur lesquelles le chapitre leur abandonne tous ses droits;

« en suppliant très humblement à hault et puissant prince notre tres redoublé et souverain seigneur monseigneur le duc René, duc de Lorraine et marchis etc., de qui ladite collacion et patronage de Mactaincourt est tenue et mouvant en fied, qu'il lui plaise ceste présente renunciation et transport louer, rattifier, etc... »

Le duc René loua et ratifia en effet par charte du 14 avril 1478.

Et le pape Innocent VIII, par bulle du 13 février 1482, commit l'archidiacre de Toul pour l'union définitive de la cure de Mattaincourt au chapitre d'Haussonville [1].

On ne connaît jusqu'à présent que deux noms de curés de Mattaincourt antérieurs à ces dates : Jean, cité en 1401, dans l'acte de fondation de la chapelle de Notre-Dame en l'église de Darnieulles [2]; et « Me Pierre Bazoilles, de Mirecourt, curé de Mathaincourt », mentionné dans l'acte de fondation de la chapelle de l'hôpital de Mirecourt; le 20 juillet 1461.

---

1. Ces trois pièces aux *Arch. dép. de M.-et-M.* H. 1320.

2. *Arch. dép. des Vosges*, G. 1278 : Acte de fondation de la chapelle Notre-Dame par Ancel, sire de Darnieulles et Aliz de Montjustin, sa femme. — Ils nomment chapelains perpétuels de cette chapelle : M. Vuillaume d'Espinal, M. Rarat, curé de Dommartin, « *Monsieur Jean, curé de Matincourt* » et M. Jean de Soncourt. Dimanche après l'Assomption, 1401. (Copie du XVIIIe siècle).

Ils eurent pour successeur un certain Didier Thouvenin, également de Mirecourt, dont « la discrette personne » semble, à distance, avoir été un peu trop disposée à tondre outre la mesure convenable ses pauvres brebis, « les manans et habitans des villes dudict Mathaincourt et de Himont, ses parochiens ».

Car le curé établi à Mattaincourt paraît avoir eu, dès le début, sous sa juridiction, le village de Hymont[1].

Messire Didier Thouvenin prétendait donc avoir à se plaindre « tant du faict de la justice qu'il a et tient audict lieu, comme à cause de plusieurs censes, rentes, droictures et revenues, etc... » qu'il disait appartenir à sa cure.

D'où le procès.

« Ce véant les dictes parties, considérans les grands fraiz, missions, coustenges, despens, que journellement ils soustenoient, de part et d'aultre, aussy les grandes rigueurs, haynes et malivolence estant entre eulx à l'occasion des dicts différens, »

veulent faire la paix.

Sur le conseil de Jean Thiébaut, de Saint-Remimont, procureur de Vosges, et de Nicolas des Pilliers, de Mirecourt, lieutenant du bailli de Vosges, Me Thouvenin entre en pourparlers avec Milet, d'Hymont et Andreu de Maudre, de Mattaincourt, ayant procuration et pleins pouvoirs, en date du 17 novembre 1488, de tous les intéressés représentés par :

Colin Marchant, maire de Hymont, Didier François, maire de Mattaincourt, Hanry Jehan, dit le Ruty, Jacquin Andreu Pelletier, Colin Crouvesier, Jehan Thiébault, Paris Claudon, Jehan Xobremant, Gérard Grosjean, Jehan Hanry, Jehan

---

1. Il n'y eut une chapelle à Hymont que vers 1629, consacrée le 14 août de cette année par Mgr de Gournay, sous le vocable de Saint-Jean-Baptiste.

La communauté d'Hymont pourvoyait à l'entretien de cette chapelle. (*Pouillé ecclésiastique et civil du diocèse de Toul* (par le P. Benoît), Toul, 1711, t. II, p. 185).

Tous les droits paroissiaux de l'église de Mattaincourt étaient réservés

Necquart, Jehan de Mandre, Colart Pernel, Mathieu Jean Courdey, Jehan Pernel, Martin Grosjean, Collart Mengien, Gérardin Le Serrier, Colart Maljean, Demenge Belmengin, Poiresson Dideloy, Colart Françoy, Jehan Mengin, Didier du Vay, Willemin Drowin, Jehan Gérard, Didier Poiron, Jehan Marchant, Claude Paigney, Jehan du Ruis, Parisot Claude Breton, Gérard Bagart, Mengeury Thomas, Michiel, son fils, Didier Roy, Claude Mareschal, Jehan Colin, Didier Colin, Willemin Riesse, et Claude Mussey, qui donnent pleins pouvoirs, conjointement ou séparément à Messire Ferry de Paroye, messire Didier de Darnieulles, chevaliers, Pierre du Fay, écuyer, seigneur de Bazoïlles, Jehan Goudoy, chancelier, Jehan Thiébault, de Saint-Remimont, tabellion, Johannes, demeurant au Châtelet, Milet, de Hymont et Andreu de Mandre, de Mattaincourt.

Milet et Andreu de Mandre traitèrent avec M⁰ Thouvenin sur ces bases :

1º Le curé ou son lieutenant de justice, pourront, pour les dommages « commis sur aucuns héritaiges ou usuaires » percevoir une amende de 12 deniers à la première et à la seconde faute, et 5 sols pour la seconde récidive. Pour chaque jugement de 5 sols, le curé aura 5 sols et 3 deniers comme droit de justice. « Et s'il est jugé par faulte que on ait mesfait sur chemin ou usuaire de ville, le mesfaisant demeurera à amende. »

2º Si le curé veut mettre un lieutenant « pour tenir sa justice », il devra convoquer les paroissiens, qui désigneront trois candidats, « desquels panra celui qui lui plaira ». Le lieutenant aura le tiers des droits de justice revenant au curé.

3º Les paroissiens pourront faire « toutes boisons[1] touchant leur communauté, grosses et petites » sans que le curé ait à en connaître.

---

1. *Boison* = amendes de polices.

4° Tous « les servants maistres à louyer », le domestiques, qui sont à leurs pièces pour au moins 40 jours, paieront dîme personnelle.

5° Quiconque demande le jugement du curé paiera 5 sols pour le jugement.

6° Le curé pourra gratuitement « mettre bestes au troupel, ainsi que font les confrères curés du doyenné ».

7° « Les parochiens de ladite paroche payeront et seront tenus payer offrande de pain trois fois l'année, aux jours qu'ils ont accoustumez. Lesquelles ils paieront de bien en mieulx selon que Dieu les inspira. Lesquelles doient excéder trois mailles pour chacune fois. Et paieront chacun ménage par chacun an audit curé une gerbe de blé, comme ils faisoient auparavant. Et toutes et quantes fois que le dict curé fera solemnité de mariage en sadicte église, il aura et doit avoir pour chacune fois, pour son droit, quatre gros ».

8° « Item a esté pareillement accordé que ledict curé aura et doibt avoir la cognoissance de tous les Iñctz qui se douront par les chastelliers[1] de sadicte église le jour de la feste du Patron et aultres jours.

Et pour ce, aura une paire de gans pour son droict. Et toutes offrandes et oblations rapportera à ladicte église, à l'occasion desdicts Iñctz, comme cierges, torches et drap d'autel doient estre mises et converties au proffict de ladite église, sans les commettre ne convertir en autres profitz. Et ne les poura ne doibt prendre ledit curé ne les mectre à son singulier profict. »

9° « Item en après a ésté accordé que ledict curé et sesdits parochiens esliront les dismeurs[2], lesquels payeront demy cetier de vin pour ledit curé, et demy cetier pour lesdicts parochiens, sans faire aucunes bouneries. Et lui nommeront lesdicts parochiens les banvars. Desquels dismeurs et banvars ledict curé panra le serment. »

10. « Item quant au faict de la justice, lesdicts parochiens cognoissent et confessent que ledict curé ait la justice au dict lieu. Touchant laquelle justice a esté accordé que pour toutes désobéissances faictes en présence et faice de justice, après trois commande-

---

1. Les *chât lliers* étaient les administrateurs laïques des deniers d'église, appelés ailleurs marguilliers et, plus récemment, fabriciens.

2. Nous retrouverons les *dîmeurs* sous le nom de *pauliers* au XVIIIe siècle, chargés de lever les dîmes.

mens fais, sans dire cause et raison, ledict curé aura cinq solz d'amende d'iceluy qui sera désobéissant.

Et, pour toutes autres désobéissances non faictes en présence de justice, pour chascune douze deniers d'amende. »

11º « Item a esté accordé que toutes et quantes fois que ledict curé ou son lieutenant tiendront siège de justice pour aucuns débas et différens, et il y a aucun semblant au droict à dire et à bouter hors, tous les parochiens que seront présens seront tenuz à aller au conseil de l'eschevin. Et se ledict curé ou lieutenant veoient aucuns desdicts parochiens ou estans par devant leurs maisons, et ilz les font apeller par l'eschevin, pour aller à son conseil, ilz sont tenus d'y aller sous peine de douze deniers d'amende. Et s'il advenoit que aucun procès se mheu par jour non accoustumé de plaidoier et tenir plaict audict lieu, comme pour forestiers (étrangers) ou aultrement, et ledict curé ou son lieutenant avoient mestier (besoin) de gens pour aller au conseil de leur eschevin, et ilz sçavoient aucuns parochiens en leurs maisons, ilz les pourroient faire appeller par leurdict eschevin pour aller audict plaict. Lesquels seront tenus y aller sur peine de douze deniers d'amende. Mais ils ne les peullent faire adjourner en leurs dictes maisons le soir pour le matin, ne le matin pour le soir pour aller audict plaid. »

12º « Item a esté accordé que quand aucuns requerroit avoir la faulte et qu'ilz la mèneront sur aucuns lieux, après la première et seconde fois qu'ils l'aueront menée, ils poutront apoincter, si bon leur semble, sans ce que le curé y ait aucun droict. »

13º « Item a esté accordé au faict de l'eschevin, que celui qui sera esté eschevin par an, en yssant de son office, nommera lequel qu'il luy plaira pour estre eschevin, duquel le curé panra le serment, et aura demy cetier de vin pour son droict. »

14º A esté encore accordé que toutes et quantes fois que commandement se fera de cloire sur chemins, usuaires et aultres choses, au proffict de leur communauté, dedans certain terme, pour chacune fois qu'ils seront deffaillans, après le terme passé inclus, aura ledict curé, d'iceluy qui n'auera clos et faict selon le commandement, douze deniers d'amende. »

15º « Item est accordé que ledict curé aura dix huit deniers pour la saincte eulle pour chacune fois qu'il l'aministrera. »

Tous ces articles furent acceptés solennellement de part et d'autre. Et l'acte en fut dressé le 20 octobre 1491 [1].

---

1. *Arch. comm.* de Mattaincourt.

J'ai rapporté ici d'importants extraits de ce prolixe document, — dans ce vieux langage suffisamment compréhensible et dont nous avons tous reconnu nombre d'expressions, à peine déformées dans le bon patois lorrain de nos grand'mères. — Il nous peint sur le vif la petite constitution paroissiale de Mattaincourt à la fin du XVe siècle. Le curé est encore un puissant seigneur justicier. Le tribunal qu'il compose avec son échevin, représentant plus directement la population, bien que non électif, comme à l'origine, jouit d'un ressort assez étendu. Un siècle après, quand les ducs de Lorraine auront constitué leur Etat, ils en réduiront quelque peu les attributions. Enfin cette pièce nous livre encore une fois les noms des notables des deux villages, parmi lesquels nous sommes fiers de trouver déjà des gens de notre sang, et enfin elle nous signale, parmi les châtelains et personnes de condition du voisinage, ceux qui avaient la confiance des bons manants de Mattaincourt et de Hymont. Messire Didier de Darnieulles, ici nommé, paraît bien celui qui abandonnait le patronat de Mattaincourt au chapitre d'Haussonville, 15 ans auparavant.

Il faut croire que tels étaient, en effet, les droits des curés de Mattaincourt. Mais il fut reconnu à l'usage que cette dîme personnelle, perçue d'ailleurs de toute antiquité, sur les salaires des ouvriers, manœuvres, gens de métier et domestiques, bien que, en vertu d'arrangements postérieurs, elle ne fût levée que sur les deux tiers de leurs gages (l'autre tiers étant réservé pour leurs vêtements), constituait une servitude fort onéreuse, d'où il résultait que « plusieurs pauvres enfants desdits lieux » quittaient le pays et trouvaient difficilement à se marier. Cette situation émut à la fois vénérable et discrète personne maître Nicolle Thouvenin, doyen de la chrétienté de Jorxey, curé de Blaye et de Mattaincourt en 1555, et les bons ancêtres dont les noms suivent, chargés en cette affaire de représenter toute la paroisse :

Jehan Larrin, le gros Colin, Willaume Marchant, Michel Bourellier, Claudon Jean de Mandres, François de Girancourt, Claudon Roy, Demenge Wiryot, Jehan Pierrot, Demenge Barbier, Jehan fils Georges Paullotte, François Magnien, Jehan Drappier, Thouvenin Willaume, Remy Poiresson, Didier Mathiot, Gérard Mathiot, Mengin du Hault, Colin Corvysier le jeune, le grand Mengien, Thiébault Corbene, Andreu de Mandres, Colas Bourellier, Mathieu Gournes, Demenge Charrier, Demenge Jean Richier, Georges Bailly, Didier Hilaire, Jehan Vencent, Mathieu Mareschal, le petit Colas, Demenge Liénard, François Cordier, Didier de Lerrin, Claudon Hilaire, Jehan Leuller, Nicolas de Mandres, Pierre Maljean, Jehan Paccotte, Pierrot Limosin, et Bastien Boullengier, de Mattaincourt;

Jehan du Neufmoulin, Jehan Colin *aliàs* Le Clerc, Didier de Valleroy, Mengin Marchant, Willaume Marchant, Michiel Mugnien, Claudon Charpentier, le petit Jean Roy, Demengeot Roy, Demenge Le Clerc, *aliàs* Colin, Jehan Coulon, Jehan Marulier, Jehan Husson, Colas Pieron, Demenge George, et Thiébault Lolier, de Hymont.

Ces braves gens se mirent d'accord très facilement sur les points suivants :

Messire Thouvenin renonçait pour lui et ses successeurs à perpétuité à cette malencontreuse dîme personnelle, et pour dédommager ses successeurs du supplément de ressources qui leur était ainsi enlevé, il donnait à l'église et aux curés de Mattaincourt six journaux de terre acquis de ses propres deniers, à savoir :

Deux jours à la saison de. *Hault de Chaumont* au lieu dit *On trail de l'Ousche;*

Un jour à la saison du *Hault de Solainval*, au lieu dit *A la Quengine*, entre la chènevière de la cure de Mattaincourt et les hoirs Jean Poiresson;

Un jour à la même saison, à la *Haie de Vroville;*

Un jour à la saison *Derrier la Ville*, à la *Rahie;*

Un jour « *ès poinctes de Mars* » d'une part, et le chemin de la *Creusse*, d'autre part; le tout libre de toutes charges et servitudes. Son vicaire, Jehan Vincent — car, hélas! Messire Nicolle Thouvenin ne résidait pas en sa cure, — y ajoutait :

Un jour de terre au ban de Mattaincourt, « ès plaines des *Hayes de Mandres* ».

Enfin les manants de Mattaincourt complétaient ce *bouvrot*[1], en y ajoutant :

Douze jours de terre au lieu dit *On bois de Rux*, entre le bois des *Taillottes* et le bois de *Piedmont*;

Et ceux de Hymont :

Quatre jours de terre au *Hault des Savrons*.

Dont acte fut passé et scellé devant témoins le 16 septembre 1555[2].

Comme il l'avait promis, Me Thouvenin demanda et obtint, le 14 mai 1558, la ratification de cet arrangement par le « Prévost et chapitre de l'église Monsieur Saint-Claude de Haussonville », dont il était le « vicaire perpétuel en la cure de Mathaincourt appartenant, dit l'acte, et unye par le Saint-Siège apostolique à nostre église ». La pièce était signée du prévôt Demenge Fabri et scellée du sceau du chapitre[3].

Enfin on se munit également de l'approbation de Toussaint d'Hocédy, évêque et comte de Toul, approbation qui fut donnée par acte du 10 septembre 1558.

Nous voulons croire que tous les excellents bourgeois qui intervinrent dans ces négociations n'étaient pas encore les mécréants et débauchés qui vont rendre la besogne si lourde, quarante ans après, aux débuts de l'apostolat de saint

---

1. On appelait *bouvrot* ou *beuvrot*, en Lorraine, l'ensemble des biens fonciers appartenant à une cure : la *mense curiale*.
2. Copie aux *Arch. comm.* de Mattaincourt.
3. *Arch. comm.* de Mattaincourt.

Pierre Fourier; mais on peut au moins soupçonnner que la vie religieuse diminuait d'intensité. Et il faut bien ajouter que Messire Nicolle Thouvenin ne faisait rien pour enrayer cette décadence, s'il se contentait d'être un peu moins âpre au gain que feu messire son oncle, et s'il se croyait dispensé, par les bénéfices qu'il cumulait, de paître par lui-même ce pauvre troupeau de Mattaincourt et de Hymont dont il avait la charge devant Dieu.

D'ailleurs le caractère de la population de Mattaincourt se modifie à vue d'œil à partir du milieu du XVIe siècle. Toutefois cette transformation se fait graduellement. Pendant un temps ils restèrent encore cultivateurs, tout en devenant drapiers. A preuve ce curieux arrangement de 1572 sur le droit de pâture, conclu avec les bourgeois de Mirecourt[1].

Seize ans seulement après, nous apprenons, par des lettres patentes de Charles III, que « ledict village est peuplé d'un grand nombre d'artisans de diverses praticques, spécialement de drappiers. »

Mattaincourt était devenu, d'un village agricole, une petite ville industrielle et commerçante.

---

1. Voir plus haut, p. 14.

CHAPITRE III

LA DRAPERIE

Origines de la draperie à Mattaincourt. — Le commerce au début du XVIe siècle. — La Confrérie des drapiers de Mattaincourt, Mirecourt et Poussay. — Moulins et battants. — Les draps de Mattaincourt. — Petite Genève.

Il nous est bien difficile encore de savoir quand et comment prit naissance à Mattaincourt cette industrie de la fabrication des draps qui devait, pendant cent ans et plus, élever ce pays à un haut degré de prospérité matérielle.

Il est bien certain que les trente dernières années du XVe siècle furent peu favorables en Lorraine au développement de l'industrie et aux transactions commerciales. Le roi René d'Anjou fut, pour ses sujets lorrains, un duc lointain et tout honoraire. Son petit-fils, René II, put, à grand'-peine, arracher son duché aux convoitises de Louis XI; mais il fut bien près d'en être spolié par les convoitises non moins âpres de son voisin Charles le Téméraire. En 1473, celui-ci y faisait occuper nombre de places-fortes par des garnisons bourguignonnes.

C'est seulement après sa déconfiture à Granson que le bâtard de Vaudémont et le « petit Jean » de Vaudémont purent lui reprendre la forteresse dont ils portaient le nom. Mais il y avait encore à Mirecourt une garnison de plus de 400 Bourguignons, Anglais et Picards, contre lesquels bataillaient sans cesse les Lorrains de Vaudémont.

Un jour, les soudards de la garnison de Mirecourt ayant eu l'audace de venir piller les villages situés au bas de la côte de Sion, les Lorrains se mirent à leur poursuite;

« auprès de Pouxey les trouvèrent, à beaux coups de lances sur eulx ont chargiez, tous ensemble se sont de grands coups donnez; lesd. de Vaudémont maintes en ont ruez par terre; près de la rivière estoient; plusieurs y en eut des noyez, tous les aultres leurs bestiaulx, leurs prisonniers ont laissez, et tous à Mirecourt se sont retirez[1] ».

Il y avait également une garnison bourguignonne à Dompaire, de sorte que Mattaincourt était exposé sans aucune défense aux coups de mains des envahisseurs.

La bataille de Nancy et la mort du Téméraire eurent pour effet de ramener la paix.

En tous les cas, trente ans après, la communauté de Mattaincourt semble en bonne situation, puisque, dans les premières années du XVIe siècle, elle reconstruit son église. Celle-ci fut consacrée le 4 novembre 1509, en l'honneur de saint Evre et de saint Claude, par Christophe Collet, évêque de Christopolis et suffragant de Toul, comme il appert de l'acte de consécration trouvé dans une boîte de plomb qui était renfermée dans le vieux maître-autel, démoli par M. Hadol.

Nous voyons aussi qu'elle achète des terres : trois jours sis à *Entre-deux-bois*, à Jean des Pilliers, de Mirecourt, en 1518; des champs sis au *Gros-Pommier*, à Thiébault Loillier, de Mattaincourt, en 1538; une maison sise rue de *Morot*, à Didier Thiébault, de Mattaincourt, en 1571, etc...

Nous apprenons également que, dès 1513, les habitants de Mattaincourt se transportent en grand nombre aux foires et marchés de la région. Y vendaient-ils déjà autre chose que les produits de leurs cultures? En 1513 précisément, ils adressent une requête au duc Antoine pour être maintenus dans la jouissance de leur droit d'exemption au passage du pont de Châtenois; ceux de Châtenois ayant franchise au pont de Mattaincourt. Le péage de celui-ci devait être en effet d'un bon rapport, se trouvant sur la route d'Epinal,

---

1. *Chronique de Lorraine* (Dom Calmet, VII, col. XCIV).

où tout le pays allait encore acheter des vins d'Allemagne, « admenés par marchands forains audit Espinal »[1]. Ce qui tendrait à prouver que la culture de la vigne était encore peu développée sur nos coteaux[2]. Pour l'affaire du pont de Châtenois, le duc ordonna une enquête, qui fut faite par Errard de Dommartin, bailli des Vosges, et Henri de Gironcourt, capitaine de Châtenois. Comparurent et confirmèrent leurs dépositions en jurant sur les Evangiles :

Jean Collin, de Hymont, 40 ans « de bonne souvenance » ; Colin Marchant, de Hymont, 40 ans; Jean Marchand, de Hymont, 36 ans; Jehan Musnier, de Longchamps, à présent prévôt de Châtenoy, 40 ans; Ferry Talon, de la Neufveville-sous-Châtenoy, 50 ans; Jean Thouvenet, de la Neufveville, 24 ans; Didier Sallet, de Madecourt, 46 ans; Gérard Husson, de Madecourt, 36 ans; Humbert de Châtenoy, 40 ans; Jean de Mandres, de Mattaincourt, 46 ans; Andreu, de Mattaincourt, 50 ans; Andreu de Mandres, de Mattaincourt, 40 ans; Pierre *Nacquard*, de Mattaincourt, 56 ans; Collin Paillette, de Mattaincourt, 30 ans; Willemin *Nacquard*, de Mattaincourt, 30 ans; Drowin Paillette, de Mattaincourt, 40 ans; Demenge Morel, de Mattaincourt; Jehan Rechié, de Mattaincourt; Husson Chauveney, receveur de Mirecourt; Johannes de Mattaincourt, tabellion de Mirecourt; Guillaume Amyot, Thiriet *Nacquart*, natif de Mattaincourt, demeurant à Mirecourt[3]

L'affaire aboutit à la satisfaction des gens de Mattaincourt, et le duc Antoine les maintint dans leur franchise au péage de Châtenois par un acte solennel en date du 14 janvier 1514 (n. s.)[4].

---

1. *Arch. comm.* de Mattaincourt.
2. Il y avait des vignes à Mattaincourt en 1571. Des amendes furent infligées à des habitants par la justice ducale, pour *vol de plants de vignes*. (*Arch. dép.* de M.-et-M. B 7024).
3. A noter ces Nacquart, de Mattaincourt, et particulièrement ce Thiriet Nacquart, de Mattaincourt, établi à Mirecourt, pour ce que nous dirons plus loin des origines maternelles de saint Pierre Fourier.
4. *Arch. comm.* de Mattaincourt.

Il y eut un peu plus tard une grosse émotion au village, pour un sujet analogue. Etienne Mesgnien, Hilaire Charpentier, Jean Poirson et Claudon Parpignant avaient refusé d'acquitter au fermier du Chapitre de Saint-Jean de Vaudémont les droits de ventes et passages pour la foire de la Saint-Jean Décollet (décapité), 29 août, de l'an de grâce 1535. Ils se prévalaient du droit d'exemption dont jouissaient, en la châtellenie de Vaudémont, tous ceux de la châtellenie de Mirecourt, à laquelle appartenait Mattaincourt. Ceux de Vaudémont jouissaient de la réciprocité pour les foires de Mirecourt. Le fermier de la foire ne fut pas convaincu, et il les contraignit de laisser un florin d'or en gage. Le litige fut porté au tribunal du duc, et la Chambre des Comptes de Nancy, en son audience du 22 décembre, condamna le fermier à rendre aux plaignants leur florin d'or, à charge pour eux de faire la preuve de leur droit.

On fit donc une enquête, de laquelle il résulta, par dépositions et serments de témoins fournis par Jean Le Clerc, de Hymont, et Jean Chauveney, de Mattaincourt, témoins venus de Mirecourt, Vroville, Gugney, Vaubexy, que les gens de Mattaincourt et Hymont étaient de la châtellenie de Mirecourt, et à ce titre jouissaient de l'exemption des droits « de *ventes*, *rouages* et *passages*, tant en la chastellenie dudict Vaudémont que à Fraisne et circumvillages », avec la réciproque pour Vaudémont. Le tout attesté par M⁰ Etienne Poiresson, tabellion juré du comté de Vaudémont (23 décembre 1535)[1].

Or, l'industrie de la draperie existait à Mattaincourt dès cette époque. C'est sous le duc Antoine (1508-1544) que les drapiers de Mattaincourt, Mirecourt et Poussay se groupent en une corporation unique, à qui le duc concède la faculté d'élire l'un d'eux pour *maître drapier*, avec obligation

---

1. *Arch. comm.* de Mattaincourt.

pour celui-ci d'aller prêter serment entre les mains du président de la Cour souveraine de Nancy[1].

Nous avons un acte du 29 avril 1561, passé devant Claude Brahault, tabellion de Mirecourt, par lequel Georges Bailly, mayeur de Mattaincourt, Nicolas Hilaire, Jean Paillotte Saulnier, Mathieu Mareschal, permettent à Colin Huot, meunier à Solenval, moyennant 6 francs de Lorraine, *de prendre de la terre grasse à dégraisser les draps* au lieu dit *On bois des fort terres*, et de mener en vaine pâture 40 porcs à la fin du Haut de Solenval[2], jusqu'à la Saint-Omer « onquelle les bleds y sont semés ». Il y avait donc à Solenval, en 1561, un battant à fouler les draps.

Des nombreux documents déjà cités on peut inférer que la *loi de Beaumont* nous fut appliquée de bonne heure. Au XVIe siècle, l'organisation municipale de Mattaincourt rappelle en beaucoup de points le régime actuel. Le mayeur, qui n'avait guère été au début qu'un répartiteur des tailles, devenait véritablement le représentant et chargé de pouvoirs de la commune entière. Il était aidé et contrôlé, dans ses fonctions, par trois *élus* ou *commis de ville*, choisis chaque année au scrutin public par l'assemblée générale des habitants. Nous avons précisément un procès-verbal de 1587, relatant l'élection et procuration générale donnée à Jean Barquant, mayeur, Jehan Marchant le Vieil, Jehan Poirson le Vieil, et Nicolas Bonlarron, par les habitants de Mattaincourt dont les noms suivent :

« Honorables hommes » *François Poirson*, tabellion, Remy Poiresson, Bastien Claididier, Jean de Mandres, Jean Poirson, tabellion, Jean François, Claudon Martin, Jean Géris le Vieil, Jean Antoine, Claudot Symonin, Jehan Petitjean de Mandres, Demenge Mesgnien, Blaise Parmentier, Colas Lié-

---

1. *Arch. comm.* de Mirecourt, AA 4.
2. La même permission de pâture au Haut de Solenval, au Dehain et au Chanot, fut donnée, en 1574, à Jean Vigneron, meunier à Solenval, par le mayeur Jean Lhuillier.

geois, François Grantfrançois le Vieil, Colard Roy, Jean Roy, Didier Pelletier, Claude Girancourt, Demenge Boullangier, François Racoveteux, Jean Racoveteur, Claudon Jean de Mandres le jeune, Bernard de Mandres, Jean Willaume Marchant, Jean Bon Larron, Jean Guiot, Noël Ougier, Blaise Lhuillier, Nicolas Marchant, Jean Marchant de Ville, Remy Guiot, Martin du Void, Remy Gardien, François Aubry, François Grantfrançois le jeune, François Bregeot, Nicolas de Velotte, Demenge Drappier, Claudon Jeanfils, Bastien Claididier le jeune, Jean Géris, Colas Géris, Jean de Favoncourt, Chrestien Chrestien, Claudot Valtrin, Guiot Waltrin, Claude Ragnon, Epvrot Parmentier, Jean Mathieu, Claudon Martin, Georges Hilaire, François Girancourt, Pierrot Maljean, Demenge Cochien, Jean Doron, Claudon Paillotte, Pierrot Peccotte, Demenge Huot, Antoine Rouyer, Toussaint Rouyer, François Doron, Demenge Mesgnien Parmentier, Claudon de Mandres dict Petitseul, Demenge Millot, Jean de Louvreux le jeune, Didier Grantfrançois, Jean Galé, Mengin Collotte, Colin Maljean, Colin Colas Coxey, Jean Mengin, Jean Hilaire, Jean Piard, Didier Charpentier, Husson Husson, Hilaire Hilaire, Claude Gérard et Jean Pignard, tous manans et habitans de Mataincourt, faisans et représentans la plus grande et saine partie du corps de la commune dudit lieu. »

Il est à croire qu'on eut cette année quelque raison spéciale de dresser un procès-verbal authentique de la procuration donnée aux élus de la commune. En effet, ils furent chargés de faire parvenir au duc Charles III une requête où il était exposé :

Que depuis l'acquisition, faite par lui en 1582[1], du moulin

---

1. En effet, le 25 février 1582, le duc Charles III acquit pour 10.000 fr., de Nicolas Michel et Jeanne Mathiot, de Villers près de Mirecourt, leur part, c'est-à-dire la moitié, plus le dixième de l'autre moitié, des moulin et battant de Mattaincourt ; « au dessous de l'église paroissiale dudit Mathaincourt et au dessus du grand pont, chargé de 4 francs de cens annuel au duc de Lorraine et de 15 gros à la chapelle de Boulach, érigée en la paroisse de Mirecourt, 6 gros à la dame douairière de Bassompierre, et 6 bichets de blé au seigneur de Mathaincourt. » (*Arch. dép.* de Meurthe-et-Moselle B 810, n° 45).

et battant de Mattaincourt, celui-ci était devenu banal, d'où obligation pour les habitants d'y porter d'abord leurs grains à moudre et leurs draps à fouler, avant de les porter ailleurs, ce qui créait souvent de la gêne et de l'encombrement.

« Et nonobstant que ledict village est peuplé d'un grand nombre d'artisans de diverses praticques, spécialement de drappiers, il y en ait de sept à huict vingtz qui n'ont aucun moyen pour se nourrir et entretenir eulx et leur famille que par le travail de leurs bras, qui sont contrainctz, chacun iour de samedy achepter au marché de Mirecourt le grain qui leur est nécessaire pour leur nourriture la semaine suyvante, et à mesme instant le faire mouldre et cuyre. »

Il en résultait des pertes de temps et d'argent. Aussi les habitants de Mattaincourt demandaient que fussent rendus banaux les deux autres moulins de Solenval et de Neuf-Moulin, appartenant aussi au duc, et qu'ils pussent en user librement pour la mouture de leurs grains et le foulage de leurs draps. Le duc leur accorda pleinement tout ce qu'ils demandaient, à condition pour eux de dédommager le fermier du moulin de Mattaincourt pour les deux ans restant à courir de son privilège. Et des lettres patentes en furent dressées à Nancy le 23 décembre 1588 [1].

On constate, en effet, vers cette époque, que le duc est rentré en possession du moulin de Solenval, jadis cédé à Husson de Valleroy, et que, de plus, il s'assure la propriété de nombreux moulins et leurs dépendances dans toute cette région de Mattaincourt, Hymont, Remoncourt. Ces moulins sont affermés, et les fermiers retrouvent leurs frais en percevant, sur la mouture ou le foulage des draps, les droits établis par l'usage ou les ordonnances ducales.

Pour le blé, le meunier a droit au *vingt-huitième*. Christophe Bostel, fermier du moulin de Mattaincourt en 1589, trouva cette proportion insuffisamment avantageuse. Il se

---

1. *Arch. comm.* de Mattaincourt.

Histoire de Mattaincourt.

dédommagea en faisant quelques retouches à ses mesures. Plainte des intéressés, ordonnance du procureur général de Vosges, prescrivant une vérification, et enquête faite, en effet, par le receveur, le contrôleur et le greffier de la recette de Mirecourt, le 5 juillet 1589, au domicile de Nicolas Bonlarron, « hostellain audict lieu. »

Bostel et Simonin, son sous-fermier, avaient laissé intacts la *mesure*, le *double bichet* et l'*imal*, mais leur *bichet* fut trouvé défectueux et ramené à l'étalon.

En 1592, Christophe Bostel prétendait encore au droit du *vingt-quatrième*, et faisait appel d'un mandement de la Chambre des Comptes de Lorraine lui ordonnant de briser ses vieilles mesures. Les manants de Mattaincourt, représentés par le mayeur Claudon Anthoine, *François Poirson*, tabellion, et Blaise Parmentier, tous deux commis de ville, soutenaient que le meunier n'avait droit qu'au *vingt-huitième*. Vérification faite, on trouva que les mesures usitées au moulin étaient en fait au 22e, 22e 3/4 « à l'estalle », et au 21e au comble. C'était, en effet, excessif.

La Cour confirma son premier arrêt, et condamna Bostel à remplacer ses abondantes mesures par de nouvelles, en fer, et ramenées au 28e, conformément à l'étalon des moulins de Mirecourt.

Mis à exécution par le Receveur de Mirecourt et Remoncourt, le dernier jour de juillet 1592, « comparants Claudon Anthoine, mayeur, Blaise Parmentier, Demenge Mesgnin, François Racoisteur, commis de ville, *François Poiresson*, tabellion, Nicolas Bonlarron, Jean Poiresson le Vieil, Jean Poiresson le jeune, tabellion, Claudon Andreu, Jean de Louvreux, Demenge Mulot, Claudon Thaurel, Jean Willaume Marchant, Demenge François, Jean Bourellier et *François Marchand*. Et ledit Bostel avec Demenge Symonin, sous-fermier du moulin[1]. »

Mais il semble que bientôt le moulin en question, ainsi

---

1. *Arch. comm.* de Mattaincourt.

que ceux de Solenval et du Neuf-Moulin, furent tout au moins aussi occupés au foulage des draps qu'à la mouture du froment.

Le droit à percevoir au profit du duc avait été primitivement de 1 gros par pièce de drap. Par lettres patentes du 16 décembre 1611, S. A. porta ce droit à 3 gros pour les moulins de Mattaincourt, Neuf-Moulin, Solenval et Hymont, lui appartenant. Les habitants s'engagèrent à prendre la ferme desdits moulins pour *1540 francs* par an, d'après lettres patentes de 1618. Et, cette ferme expirant en 1623, ils renouvellent le bail pour 12 ans, au prix de *1800 francs*.

Cette progression est significative.

A partir de 1590, l'industrie des draps se développe, en effet, avec rapidité. Les fabricants, non contents des foires très importantes de Mirecourt, en ont établi à Mattaincourt, puis se sont créé au loin des débouchés. Mais ils ont à lutter au début contre la vieille organisation fiscale de ce duché, fait de pièces et de morceaux, coupé d'enclaves de tout genre, où leurs convois étaient arrêtés à chaque pas pour l'acquittement de droits de transit. Charles III leur donna de bonne heure toutes les exemptions en son pouvoir. Il recevait, en 1594, une requête des « compagnons drapiers de son villange de Mathaincourt », lesquels lui remontraient :

Qu'à l'occasion des deux foires établies à Mattaincourt « depuis six ans en çà tout freschement », le Receveur de Mirecourt a déjà mis « en ouye » l'impôt de six deniers par franc sur la vente, et même sur les marchandises envoyées hors de Lorraine, comme en Bourgogne, « dont ils sont fort prochains..., sans discrétion que jà ils sont admodiéz au burreau de Mirecourt où ilz font accommoder leurs draps, et y font la plus grande et meilleure partie de leur faction (façon), à la grande augmentation dudit burreau », et que, « à raison de la grande quantité de draps qu'ils font, » ils sont obligés d'aller les vendre au loin hors du pays, en payant tous les droits de passage, haut-conduit, Salin, La

Tappe, frais de voiture, etc... : ce qui les empêche de faire du bénéfice, « et leur donra occasion de quitter ceste belle commerce qui apporte non seulement à eulx proffict et utilité, mais aussy à son domaine », soit par la vente, soit par les marchandises qu'ils rapportent de Bourgogne et autres pays.

Ils demandaient au duc d'imposer silence au Receveur et de les exempter de l'impôt pour les draps vendus hors de Lorraine. Charles III acquiesça à leur demande par lettres données à Nancy le 24 août 1594.

Délivrés de ce droit abusif sur les marchandises exportées, nos compagnons drapiers se voient discuter leur franchise sur les matières premières importées d'Allemagne et d'Alsace. Ils s'adressent de nouveau à Son Altesse, pour lui exposer :

« Que la plus grande partie dudict village se compose de drapiers, qui, pour entretenement d'eulx et de leurs familles, sont ordinairement contrainctz d'aller et envoyer quérir des laines tant au lieu de Francfort, Strasbourg, que aultre part hors les pays de S. A.; qu'ilz font venir et amener audict Mataincourt, là où ilz les travaillent et font réduire en draps, qu'ilz envoyent ès pays de Savoye, Suisse, Bourgogne, et aultre part, de là où ilz ramènent grande quantité d'aultres marchandises de plusieurs et diverses sortes, qu'ilz font entrer ès pays de S. A. en payant le passaige et hault conduict comme d'ancienneté. »

Or, bien qu'ils aient toujours entré leurs laines en franchise, Claudin Honnoré, fermier à Mirecourt du passage et haut conduit de Salin La Tappe[1], prétend les leur faire payer. Ils demandent donc à S. A. le maintien de leur exemption.

Cette requête fut renvoyée à la Cour des Comptes pour information. La Cour demanda un rapport aux Receveur et contrôleur de Mirecourt et Remoncourt, lesquels convoquè-

---

1. Les drapiers de Mirecourt avaient été exemptés de ces droits pour les marchandises chargées à Baccarat à destination de Mirecourt, par décret de S. A. du 21 février 1578. (*Arch. comm.* de Mirecourt. BB 2).

rent les parties le 23 octobre 1598. Enfin le duc Charles III délivra, le 16 janvier 1599, des lettres patentes où il déclarait que :

« Désirantz favoriser l'art et manufacture de drapperie audict Mattaincourt, et donner tant plus de commodité aux habitants dudict lieu pour y augmenter le commerce et manufacture de drap, »

il les décharge de tout droit de passage et haut-conduit de Salin La Tappe, pour les laines « qu'ilz feront passer par ledict destroict », pour estre manufacturées à Mattaincourt. Les abus entraîneraient la perte du privilège[1].

A cette date les drapiers de Mattaincourt, Mirecourt, Remoncourt et Poussay étaient groupés en une puissante corporation ou confrérie. Le droit d'entrée de chaque nouveau membre était de 10 francs, payables en deux ans. Dans chacun des quatre groupes il y avait deux *scelleurs* qui apposaient à chaque pièce fabriquée et reconnue bonne la marque de garantie de la corporation[2]. Le droit de marque était de 6 deniers par pièce. De plus, le trésor de la corporation percevait une partie des amendes imposées pour malfaçons.

En l'an 1616, les drapiers de Mattaincourt arrêtèrent « que celuy d'entre eulx qui seroit trouvé avoir achepté l'eau pour sa comodité en payant plus, pour fouler ses draps, que le taux ordinaire, encourreroit la *boison* de cinq francs applicable ung tier à l'église, ung autre à S. A. et le dernier à leur frairie ». Mais, dit le Compte de 1631, personne n'a encouru ladite amende[3].

Le centre principal de cette fabrication des draps n'était pas Mirecourt ou Remoncourt, comme pourrait le faire croire le chiffre plus élevé de leur population et leur qualité de

---

1. *Arch. comm.* de Mattaincourt.
2. Comme en Hollande. Tout le monde connaît le fameux tableau des *Plombeurs* ou Scelleurs (Staalmeesters) de la Gilde des Drapiers, de Rembrandt. (Musée d'Amsterdam).
3. *Arch. dép.* de Meurthe-et-Moselle. B 1744.

chefs-lieux du bailliage et de la prévôté; mais bien Mattaincourt, ainsi qu'on en peut juger d'après les Comptes annuels des maîtres de la Confrérie. En 1577, Jean Marchant, « commis maître des drapiers de Mattaincourt », déclare, pour la production du village, un total de *1577 pièces*, alors que la production de Mirecourt, pendant le même temps, n'est que de *693 pièces*. En 1591 on a fabriqué *1586 pièces* à Mattaincourt, *476* à Mirecourt. Rarement on atteignit ces chiffres; on n'est plus qu'à 747 pièces, pour Mattaincourt, contre 150 pièces pour Mirecourt, en 1596; à 312 pièces, contre 126, en 1631. [1]

Cette même industrie de la draperie s'était considérablement développée en beaucoup d'autres localités de Lorraine bien avant que Colbert eût donné en France quelque importance aux manufactures de Sedan, de Beauvais ou d'Elbeuf. [2]

Il est évident aussi qu'il ne s'agit pas d'une fabrication organisée à la manière moderne. Beaucoup de nos drapiers étaient encore cultivateurs. Ils travaillaient à domicile sur des métiers à tisser à navette. La tradition locale rapporte, d'après des échantillons vus au XVIIIe siècle, que le drap de Mattaincourt était d'un tissu compact et de couleur brune. On y fabriquait également une étoffe mi-laine, mi-fil, dite *miselaine*. Aux spécialistes à contrôler ces détails techniques. Ce qui paraît avéré, c'est que ces tissus étaient plus solides que brillants, et destinés de préférence au vestiaire des gens du peuple.

Cette intéressante industrie ne disparut pas tout à fait dans la noire période de guerres et d'occupation étrangère qui va de 1630 au règne de Léopold. Dans la population survivante, horriblement décimée, il y avait encore des dra-

---

1. *Arch. dép.* de M.-et-M. B 7031, 7039, 7059, 7145.

2. Il y avait au commencement du XVIIe siècle, de florissantes corporations de drapiers à Baccarat, Bar-le-Duc, Vic, Vézelise, Rambervillers, Neufchâteau, Nomeny, Gondrecourt, Bitche, Blamont, etc...

piers : les Mathis, les Boucher, les Marchand, les Girancourt, les Maujean, les Martin; il y a un tondeur de draps, Thiébault Thomassin, mort le 8 novembre 1675. Charles IV, dans une des rares éclaircies où la France lui laissa l'illusion de tenir le sceptre ducal, exempta les habitants de la prévôté, ville et office de Mirecourt, de l'ancienne obligation de fournir 1500 livres de laine aux maîtres de la manufacture de Nancy, parce que, déclarait-il, il n'y avait plus en ce pays que deux bergeries, dont une à l'abbesse de Poussay, et l'autre au comte de Galdau, et déjà bien décimées par la maladie, au point que la laine fournie par elles ne suffisait pas à « la manufacture considérable » encore existant à Mattaincourt, ni à la grande quantité des drapiers de Mirecourt, qui devaient s'en procurer ailleurs.

A noter que l'arrêt est du 16 août 1665.[1]

Nous savons qu'à Mattaincourt il y avait des artisans de « diverses pratiques ». Dès la fin du XVIe siècle, les historiens nous y signalent, entre autres, un centre très actif de la fabrication des dentelles, plus spécialement dévolue aux doigts agiles de nos aïeules. Elle a survécu plus longtemps que la draperie aux révolutions politiques et économiques. Ceux de ma génération ont encore été bercés au cliquetis babillard des fuseaux des dentellières.

Le P. Bedel parle aussi quelque part (p. 70) d'un commerce actif de soieries, d'étoffes d'or et d'argent, exercé par les bourgeois de Mattaincourt. C'est possible. En tous les cas, il ne se peut agir que de produits d'échanges faits par eux à Lyon ou ailleurs dans leurs lointains voyages.

On comprend dès lors la richesse, si souvent affirmée, de cette petite ville, dont la population devait s'élever au moins, d'après mes calculs[2], au chiffre de 2,000 à 3,000 âmes. Rien

---

1. *Arch. comm.* de Mirecourt. AA 3.
2. Calcul basé sur le procédé de recensement adopté pour les élections de députés en 1789 : Multiplier par 28 le chiffre annuel des naissances. Y eut souvent, après 1600, une moyenne de 100 baptêmes.

d'étonnant qu'on y recherchât le luxe de la table, le luxe des habits (nos dentellières devaient faire de si jolies choses!), et le luxe des habitations. Quelques vieilles maisons, échappées aux ravages réitérés, laissent reconnaître de belles fenêtres à meneaux de cette époque.

On peut dire que, dès le début du XVIIe siècle, la population de Mattaincourt n'était plus une population agricole. Son territoire était peu cultivé et ses bourgeois devaient s'approvisionner à Mirecourt des grains et denrées nécessaires. Nous en avons une preuve nouvelle dans le procès du *panonceau*. Les habitants de Mirecourt avaient émis la prétention de se servir les premiers aux marchés qui se tenaient dans leur ville, et de ne permettre à leurs voisins d'acheter à leur tour que lorsque eux-mêmes, étant fournis, auraient levé un *panonceau* ou drapeau indicateur. Les habitants de Mattaincourt s'opposèrent énergiquement à cette injuste prétention et, grâce à l'aide de saint Pierre Fourier et de ses nombreux amis, ils eurent gain de cause. Ceci se passait vers 1628.

En résumé, voici la situation de Mattaincourt sous le règne de Charles III.

Au temporel, il faisait partie du domaine direct des ducs de Lorraine, qui y percevaient la *taille*, répartie entre chacun des habitants par les soins du mayeur, avec réserve toutefois d'une minime partie appartenant aux seigneurs de Bassompierre et de Gournay, héritiers eux-mêmes des seigneurs du Châtelet, représentant les anciens juveigneurs du domaine. Le duc avait de plus, en outre de quelque *cens* sur divers immeubles, la propriété foncière des moulins et battants à foulon de Mattaincourt et Solenval, et les redevances établies sur le commerce des draps et celles consenties pour le rachat de servitudes comme celle de four banal, ou l'abandon des droits de police locale, comme le choix des *bangards*.

De plus les ducs possédaient, sur les manants de Mattain-

— 41 —

court, le droit de haute, moyenne et basse justice criminelle, exercé en leur nom par le Receveur de la recepte dite de Mirecourt et Remoncourt. Nous verrons un peu plus tard une juridiction spéciale instituée pour les fameux procès de sorcellerie.

La justice foncière, concernant les propriétés (justice civile), était rendue, au moins en première instance, par le curé, en qualité de co-seigneur, ou, à son défaut, en cas d'absence, par son chapelain ou vicaire ou un lieutenant de justice, avec le concours d'un échevin de son choix. Il avait à connaître de toutes les actions personnelles, civiles et réelles.[1] Toutefois s'il devait prononcer une amende, celle-ci ne pouvait dépasser trois deniers (qui étaient à son profit). Si les parties lui manquaient de respect en justice, il en référait au Receveur, qui avait alors à juger le délit, sur réquisition du procureur général de Vosges.

On sait avec quel scrupule saint Pierre Fourier remplit ces fonctions judiciaires, et quel parti il sut en tirer à l'avantage de son ministère pastoral. Mais on ne pourrait pas affirmer que ses prédécesseurs y apportèrent toujours la même conscience, et surtout le même désintéressement.

Au spirituel, la paroisse Saint-Èvre de Mattaincourt relevait de l'archidiaconé de Portsas, dans le diocèse de Toul. Elle était, nous l'avons vu, à la nomination du chapitre de l'église collégiale d'Haussonville, qui y avait commis, en 1577, Mre Demenge Bridart[2], dont la réputation a quelque peu souffert de la comparaison faite entre lui et son sublime successeur. Le revenu de la cure était maigre, paraît-il; ce qui n'empêcha pas Bridart d'atteindre un certain embonpoint : *Notre gros curé*, disaient, en parlant de lui, les paroissiens de 1597.

Le brave homme était-il peu zélé? la grande aisance ap-

---

1. Saint Pierre Fourier définissait ainsi sa magistrature. *Præpositus in foro judiciali civili* (Arch.- dép. de M.-et-M. H 1343).

2. Arch. dép. de Meurthe-et-Moselle. H 1320.

portée au pays par le commerce avait-elle contribué au relâchement des mœurs? Les bons marchands de Mattaincourt, en courant le monde pour vendre leurs draps et leurs dentelles, avaient-ils rapporté quelques habitudes fâcheuses? Ils auraient pris, dit-on, aux luthériens d'Allemagne et aux huguenots de Genève un scepticisme exagéré à l'égard des pratiques religieuses et un manque de révérence trop marqué pour messieurs les gens d'Église. Messieurs les gens d'Église leur apparaissaient peut-être, depuis un peu de temps, sous un jour singulier. On se demanderait parfois si saint Pierre Fourier n'a pas mis un petit grain de satire dans cette réponse faite à sa belle-mère, inquiète sur la pauvreté du bénéfice: « En épargnant un verre de vin chaque jour, j'espère me suffire à moi et aux pauvres ».

En somme nos bons ancêtres, en 1597, étaient, en grande partie, quelque chose comme des mécréants. C'est du moins le P. Jean Bedel qui nous l'assure. Quelqu'un *de leur race* allait venir qui réveillerait leur foi malade, et referait d'eux à la fois d'heureuses gens et de bons chrétiens.

CHAPITRE IV

SAINT PIERRE FOURIER

Fourier de Xaronval. — Nacquart de Mattaincourt. — Les vieilles familles de Mattaincourt. — Des noms. — Saint Pierre Fourier est-il mort curé de Mattaincourt? — La *Bourse de Saint-Evre*. — La Congrégation de Notre-Dame.

Les historiens de saint Pierre Fourier nous apprennent qu'en butte aux mauvais procédés de ses confrères de Chaumousey, il fut enfin tiré de là par les démarches de ses amis et parents, mis trop tard au courant de sa triste situation, et qui lui firent offrir les deux cures de Saint-Martin de Pont-à-Mousson et de Nomeny. En même temps, la cure de Mattaincourt étant également vacante, les habitants de cette paroisse le demandèrent pour leur pasteur. Pierre Fourier donna à Mattaincourt la préférence par désintéressement et zèle apostolique. C'est très possible et même vrai, puisqu'on nous l'affirme. Mais on n'a pas assez mis en relief un autre ordre de considérations très honorables, quoique simplement humaines, auxquelles certainement nos aïeux doivent bien un peu l'honneur d'avoir été ses ouailles préférées.

Ce jeune chanoine, sans doute, ne leur eût pas été complètement inconnu, vu la proximité de sa ville natale et les brillants succès de ses études universitaires, vu surtout leurs relations commerciales avec son père, qui exerçait la même profession que la plupart d'entre eux, et faisait probablement partie de leur confrérie de drapiers. Mais ils l'avaient perdu de vue depuis de longues années déjà, depuis au moins son entrée à Chaumousey, en 1585.

S'ils songèrent au jeune P. Fourier pour être leur pasteur ; s'ils prirent la peine de lui députer, afin de l'obtenir, l'homme le plus considérable de leur communauté, le notaire François Poirson[1], c'est que Pierre Fourier était parent à beaucoup d'entre eux, et leur tenait de près par ses origines maternelles.

Mirecourt s'enorgueillit à juste titre d'avoir eu le berceau de notre saint ainsi que ses belles années d'enfance et de jeunesse ; mais ce n'est pas tout à fait exact de dire que Mirecourt est sa patrie. Les Fourier venaient de Xaronval, d'une bonne race de laboureurs, solide, terrienne. On y vivait bien et longtemps : témoin le grand-père de Pierre Fourier, qui mourut à 120 ans. Son père, Demenge Fourier, une fois anobli, après son second mariage, ne revint pas à Mirecourt, mais à Xaronval, le pays de ses ancêtres, dont il était devenu seigneur. Il mourut à Vézelise en 1620.

Il est tout probable qu'il s'était fixé à Mirecourt et avait pris la profession de marchand drapier à l'occasion de son mariage avec Anne Nacquart, la mère de tous ses enfants. Or les Nacquart venaient de Mattaincourt en droite ligne.

On y trouve un Jacquin Gérard Nacquard, nommé dans le procès d'arbitrage au sujet de la pâture, en 1457 ; un Jehan Nacquart, dans l'accord de 1491, avec la discrète personne de M⁽ʳᵉ⁾ Didier Thouvenin ; un Pierre Nacquard, âgé de 56 ans ; un Willemin Nacquard, âgé de 30 ans, un Thiriet Nacquart, natif de Mattaincourt, demeurant à Mirecourt, tous trois nommés dans l'enquête de 1513 sur le péage du pont de Châtenois ; un Jehan Nacquart, dont les héritiers paient un cens au duc, en 1551, un autre

---

1. Saint Pierre Fourier écrivait au P. Gauthier, le 5 juin 1635 : « Un très honorable personnage, qui était vraiment *pater patriæ* à tout le pauvre bourg, et tabellion de son état ;... vint de la part de Dieu, ce me sembloit alors, et de tout le peuple qui l'envoioit, me demander en l'abbaye pour prendre cette charge : c'étoit le sieur François Poirson ». (Lettres du B. P. Fourier, V, p. 483).

Ce fait a été confirmé au procès de béatification, par le témoignage de Daniel Ferry, soldat, âgé de 76 ans, petit-fils de François Poirson.

Jehan Nacquart, de Mattaincourt, également soumis aux accensements pour un jour et demi de terre, sis au Haut de Chaumont, de 1570 à 1577 [1]. Je soupçonne véhémentement ce Thiriet Nacquart, né à Mattaincourt et fixé à Mirecourt, d'être la souche des Nacquart de Mirecourt, et par conséquent l'ancêtre de Saint Pierre Fourier, tout bonnement son grand-père maternel [2].

D'ailleurs les Nacquart ne disparurent pas de Mattaincourt, et leur illustre parent en compta parmi ses paroissiens, comme en font foi les registres baptistères de 1620 et 1627. Ceux de Mirecourt laissèrent également une descendance, qu'on retrouve en relations étroites avec les Fourier.

Sur plusieurs rôles des habitants de Mirecourt, dressés par le fisc ducal pour les corvées ou les tailles, à partir de 1577, je relève, avec le nom de Demenge Fourier, et, à partir de 1588, avec celui de la *veuve* Demenge Fourier [3], ceux de Thiériot Nacquard, Demengeot Nacquart et Syméon Nacquart, celui-ci boucher; la veuve Didier Nacquard et Louis Nacquard en 1576; le même, avec Thiriet Nacquard le jeune et Thiriat Nacquard le vieil en 1618; enfin, en 1630, la veuve Louis Nacquard et Georges Nacquard; la veuve Louis Nacquard et la veuve Jacques Fourier, demeurant toutes deux au faubourg de Mattaincourt, et Didier Nacquard, en 1637 [4].

Le registre de 1601, de la paroisse de Mirecourt, le pre-

---

1. *Arch. dép.* de Meurthe-et-Moselle, B 7015, 7023 à 7031.

2. Ceci enlève toute vraisemblance à l'affirmation de l'auteur d'un article sur la « Parenté de saint Pierre Fourier », dans le *Bulletin de la Canonisation*, n° 10, p. 19, qui prétend que les Nacquart vinrent de Champagne à Mirecourt, vers l'an 1500.

3. Il est possible qu'il s'agisse ici de la grand'mère paternelle de saint Pierre Fourier. C'est par l'une de ses grand'mères (nous ignorons laquelle) que les premières religieuses de la Congrégation de Notre-Dame apprirent plusieurs particularités de l'enfance de leur fondateur. (*Acta beatificationis*, Bib. nat. de Paris, H. 1300.)

4. *Arch. dép.* de M.-et-M. B 7031, 7040, 7059, 7119, 7157.

mier que nous ayons, porte cette mention, trop brève pour nous : *Obiit uxor le sieur Nacquart*.

A la même époque, deux autres Nacquart, déjà nommés : *Thiriet* Nacquart, boucher, et Louis Nacquart, ont des parents et des alliés à Mattaincourt. Et il se trouve que ces parents et ces alliés sont les mêmes que ceux des Fourier. Il suffit, pour s'en convaincre, de parcourir encore les registres baptistères de l'époque :

Jeanne, fille de Jacques Fourier et d'Anne Martin, baptisée le 3 juillet 1605, a pour parrain Claude Ragon[1], de Mattaincourt ; le même Claude Ragon est parrain, le 12 février 1611, de Didière, fille de Louis Nacquart. Et Jeanne Fourier, devenue une jeune fille de seize ans, est marraine d'Anne Epvrot à Mattaincourt, le 8 mars 1621.

Les Nacquart sont apparentés aux Marchant, une vieille famille de Mattaincourt, s'il en fut. Le 23 mars 1616, est baptisée Gabrielle, fille de Claude Marchant, qui a pour parrain Thiriet Nacquart, et pour marraine Marie, veuve de Martin Nicolas. Or la fille de ce Martin Nicolas est encore marraine de Dominique Fourier, baptisé le 14 septembre 1616 en même temps que Marie, sa sœur jumelle[2]. Quant à François Berlier, le neveu chéri du Bon Père, le fils de sa sœur

---

1. Nommé dans le procès-verbal de procuration générale donnée par les habitants de Mattaincourt à leur mayeur, en 1587. Voir plus haut, p. 32.

2. Voici la liste des enfants de Jacques Fourier, nommés aux registres de Mirecourt :

Jean, mort le 13 août 1604 ; Demenge, baptisé le 5 juin 1604 ; Jeanne, baptisée le 3 juillet 1605 ; Jacques, baptisé le 27 mars 1610 ; Poiresson, bapt. le 17 janvier 1612 ; Martin, bapt. le 18 septembre 1614 ; Dominique et Marie, jumeaux, baptisés le 14 septembre 1616 ; Poirson, bapt. le 13 mai 1618. Il est évident que plusieurs de ces enfants moururent en bas âge. Les autres grandirent et firent la joie de leur saint oncle qui écrivait à sa belle-sœur, après la mort de leur père, cette charmante lettre que nous connaissons tous :

« Ma très chère sœur, je vous honore et chéris uniquement au profond de mon cœur, car vous le méritez... (Puis, parlant de ses neveux) : Je les remarque si modestes, si dévots, si respectueux, si ponctuellement obéissants, si souples, si dociles, si sujets à leur très chère mère, si aimables les

Marie, il semble bien être ce François, né en octobre 1614 de Pierre Borlier (malheureusement le nom de la mère est laissé en blanc au registre). Or les Borlier (= Borelier, Bourlier,) aussi étaient nombreux et anciens à Mattaincourt. François Borlier était, en même temps qu'un commerçant très actif (trop actif, au gré de son saint oncle), un personnage considérable dans la bourgeoisie de Mirecourt. De son mariage avec Marie..., il eut un fils, nommé Eustache, baptisé le 12 mai 1642, et dont la marraine fut Anne Nicolé, femme de Vuillemin Nicolé, contrôleur de la recette de Mirecourt[1], qui avait été lui-même parrain de Marie, fille de Jean Gaucher, bourgeois de Mattaincourt, trois ans auparavant, le 15 mai 1639.

Je viens de nommer Jean Gaucher. Celui-ci, comme les Fourier, sortit de sa roture, et pouvait tout comme eux, en effet, prétendre à demander pour parrain de ses enfants le gouverneur ou le contrôleur de Mirecourt. Il est gratifié de *noble* Jean Gaucher dans les registres de Mattaincourt de 1669. Ces Gaucher eurent une descendance. Un autre Jean Gaucher, cavalier en la compagnie du comte de Cauny, au régiment Royal étranger, fut tué à 30 ans à la bataille de Fleurus, le 11 juillet 1690. Un Dominique Gaucher

---

uns avec les autres et d'un si bel accord que ce n'est qu'un cœur et qu'une âme d'eux tous ; et si diligents au reste à travailler pour le bien du ménage et le contentement de Dieu et de leur bonne mère qu'ils feraient conscience, de laisser en toute leur journée un seul demi quart d'heure, voire même un petit moment, qui ne fût employé. Je m'imagine que j'entends plusieurs dames de parmi la ville qui se disent les unes aux autres que dame Anne Martin est une des toutes plus heureuses mères en enfants qui soient à Mirecourt et par adventure en toute la Lorraine, et que Jacques Fourier, leur père, les aide puissamment au ciel par ses bonnes prières, et qu'il reçoit une joie particulière de ce qu'ils sont si sages... ». Il y en a aussi pour ses nièces, et du plus gracieux. Ceci était écrit le 31 décembre 1639, et ces enfants étaient de grands jeunes gens et de grandes jeunes filles.

A noter, d'après ce qui précède, qu'il faut se méfier des généalogies dressées par l'abbé Deblaye, qui ne semble pas avoir consulté les Reg. baptistères de Mirecourt.

1. Le parrain fut Eustache-Marie du Breuil, gouverneur de la ville et citadelle de Mirecourt.

maria sa fille Jeanne, le 26 février 1669, à Simon Hugo, fils de Simon Hugo, maire de Vaudémont, dont le frère, Mre Pierre François Hugo, était curé et chanoine dudit Vaudémont. Ce Simon Hugo se fixa à Mattaincourt[1].

Or les Gaucher, s'ils tenaient bon rang parmi les notables de la paroisse, n'étaient peut-être pas une des plus anciennes lignées du terroir. Dans les listes de noms données plus haut avec intention, chaque fois que l'occasion s'est présentée, on trouve des souches plus vieilles encore. Exemple les de Mandres, les Maujean, les Xaubremont, les Marchant[2], nommés parmi les notables de Mattaincourt et de Hymont dès le milieu du XVe siècle.

On trouve un Jean Le Clerc à Hymont en 1535, cité dans une enquête où figure également Jean Chavenez[3], de Mattaincourt. Ce voisinage est intéressant, car nous avons là sûrement deux aïeux dont les filles se trouveront côte à côte dans l'établissement de la Congrégation de Notre-Dame. Le nom primitif des Le Clerc paraît avoir été Colin, car le même personnage est ainsi désigné dans un acte de 1555 : Jehan Colin, *alias* Le Clerc, avec un autre ainsi nommé : Demenge Le Clerc, *alias* Colin. Or on trouve déjà un Jean Colin à Hymont en 1457[4].

---

1. Il est l'ancêtre des Grillon, par Catherine Hugo, qui épousa Claude Grillon, venu de Houssainville en 1757.

2. Les Marchant sont fort nombreux au XVIe siècle. On les trouve à Hymont, à Mirecourt, à Mattaincourt. Ici ils se divisent en deux branches : les Marchant tout court, et les Marchant de Ville. La *brebis perdue*, François Marchant, appartenait à cette dernière branche. Les Marchant sont les ancêtres des Bonnard, de Mattaincourt, par Marie-Thérèse Marchant, qui épousa Nicolas Bonnard. Les Bonnard sont originaires de Bourgogne.

3. Ce nom se retrouvera plus tard sous la forme Chauvenel.

4. Le père de la Vénérable Mère Alix Le Clerc s'appelait Jean Le Clerc. Il s'était fixé à Remiremont et y avait épousé Anne Sagay (Cte Gandelet, *La Vénérable Mère Alix Le Clerc*, p. 17). — Les Le Clerc ne disparurent pas de Hymont, leur pays d'origine. Il y eut une autre *Alix* Le Clerc, fille de Demengeot Le Clerc, marraine d'un Claude Durand, en 1619. Ce Demengeot était parrain lui-même d'un Robert de Laize en 1623. Une troisième *Alix* Le Clerc, fille de Jacques Le Clerc, était baptisée le 2 septembre 1654. Françoise Marulier, veuve de Claude Le Clerc, maire de

— 49 —

Pour rester dans cet ordre d'idées, on rencontre dès 1587, le nom de Louvroir, sous sa forme vraie de Louvreux, correspondant à la prononciation locale[1]; Bregeot, également à la même époque; André, sous sa forme Andreu, en 1513[2]. Il y avait un François en 1457, un Gardien en 1587[3].

Mais nous savons par saint Pierre Fourier lui-même que le personnage le plus considérable de la ville et communauté de Mattaincourt, lors de sa nomination à cette cure, était le notaire François Poirson, digne homme jouissant de l'estime populaire, « le père de la patrie », écrit le saint.

Nous regrettons d'autant plus, après un pareil témoignage, d'avoir si peu de renseignements sur ce sympathique tabellion. Nous savons seulement qu'il avait un neveu, Nicolas Poirson le jeune, lequel lui manqua de respect, et fut pour ce méfait condamné à 10 francs d'amende par le Receveur de Mirecourt. Et ce, par le Compte du même Receveur pour l'an 1627, lequel nous apprend également que François Poirson mourut en 1628, car il y est question de Marguerite sa veuve. Les Poirson, en effet, sont nombreux[4]

Hymont, très estimé du Bon Père, morte le 3 février 1696, « a esté enterrée le 4, dans l'église de Mattaincourt en la place de son marit ».
Il est tout probable que les Le Clerc laissèrent une descendance à Remiremont. En 1739, Dominique Le Clerc, chanoine de Remiremont fonda une messe haute par an, en l'église de Mattaincourt, et lui assigna un revenu de 6 gros, hypothéqué sur un gagnage de Jean Claude Bastien à Hymont. (Comptes des châtelliers de l'église de Mattaincourt. *Arch. comm.*)

1. Claude de Louvreux était mayeur de Mattaincourt en 1628.
2. Luc André, ancien mayeur de Mattaincourt, mourut le 9 octobre 1689, à Bois d'Arcy, près de Versailles, paroisse dont son fils, Nicolas André, était curé (mort lui-même le 6 décembre 1688).
3. Pour mémoire : toutes ces familles fournirent les premières religieuses de la Congrégation de Notre-Dame.
4. *Arch. dép.* de M.-et-M. B 7138.
Fr. Poirson eut encore ses *reversalles* en 1627 et 1628, c'est-à-dire les lettres du duc qui le maintenaient annuellement en possession du greffe de Mattaincourt, moyennant un cens de 33 francs de Lorraine (*Ibid.*, B 810, n° 101).
François Poirson est l'ancêtre des Ferry, par Daniel Ferry son petit-fils.

à Mattaincourt à cette époque. Dans le même Compte il est question d'un Jean Remy Poirson, et d'un Adam Poirson. Dans la procuration de 1587, souvent citée, figure, outre le notaire François Poirson et Remy Poirson, un Jehan Poirson le Vieil, qui était moins vieil en 1572, lors de l'accord sur la pâture entre Mattaincourt et Mirecourt, où il intervient avec François, son fils sans doute. Il était tout à fait jeune en 1535, quand il luttait, à la foire de Saint Jean Décollet de Vaudémont, contre le fermier de Messieurs du Chapitre. Enfin, il est possible que ces Poirson se rattachent au maire Poireson d'Hymont de l'accord de 1397.

Tous ces détails n'ont d'autre but que de faire connaître quelque peu le milieu dans lequel va s'exercer le zèle du saint pasteur. Le procès verbal de 1587 a cela de précieux qu'il nous donne les noms de beaucoup de chefs de famille à dix ans d'intervalle. Je prie le lecteur de s'y reporter [1].

Si l'on y ajoute les familles suivantes, d'après les Registres baptistères :

De Larring, Borlier, Anthoine, Perry, Thiry, Simonin, Poirel, d'Ablenne, Durand, Gault, Saulnier, Buisson, Girault, Jacques, Drouin, Billotte, Pierrot, Xabrement, Mulot, Colin, Michiel, Chrétien, Eulry, Ferry, Ambroise, Petitdidier, Frémy, Lambo, Parpignan, Masson, Mougenot, Epvrot, Henry, Vincent, Piccard, Grattepaille, Liégier, Jandel, Maire, du Bois, Courier, Jeanres, Messin, Machin, Cousat, Vernant, Vosgien, Perrin, Baltor, Coural, Burlot, Moloup, du Val, Parisot, Renaud, Landry, Bruot, Guillaume, Noël, Valentin, Humbert, Aubry, Bailly, Potier, Pater, Crouvesier, Gourdot, Janel ou Janet, Thomassin, Garnot, Jeandot, Corbier, Gaspard, Ory, Petitjean, Arnold, Granddidier, Toton, Vuillemin, Grosdidier, Guilleret, Demengeot, L'huillier, Beurand, Louys, Priccatte, Robichon, Jamain, Conval, Morel, Voiry, Cochien, Talatte, Apparu, Grandgeorges, Jantrop, Girault, Galliot, Tocquart,

---

1. Voir plus haut, p. 31.

Lallemand, de Laize, Claudin, Didot, Trop, Jeanday ou Jeandart, Laurent, Maillard, Grosdemange, Barthrevin ou Barthélemy, Corbile, Voiriot, Gury, Ratte, Perrel, Bougelot, Georgeot, Voiselot, Salmon, Béchelet, Duvaud, Vadot, Cabled, Pasquin, Provençal, Mordagne, Coquart, Calot, Loupvet, Gohier, Renaudin, Aubertot, Gillet, Machamp, Merlier, L'Auvernoy, Caluel, Grandclaude, Wisselot, Mayaud, du Jaz, Fontaine, des Maisons, etc...;

on aura à peu près le recensement des familles de Mattaincourt au temps de saint Pierre Fourier [1]. Et tous ces noms agrémentés de fort jolis prénoms à l'appel desquels nos grands-pères et nos grand'mères présentaient leurs honnêtes minois :

Pour les garçons : Mougin, Mengin, Claudon, Gand, Demenge, Colas, Thiébault, Didier, Pierron, Pierrot, Epvrot, Erric, etc...

Pour les filles : Jeannon, Mougeon, Mougeotte, Mengeon, Claudotte, Toussaine, Idatte, Alix, Lucion, Lucionne, Gante, Isabillon, Pentecoste, Hellevix, Annon, Barbon, Manne, Esdeline, Havix, Cunin, Biétrif, Yolande, Didelot, Prinçon, etc...

Population fort nombreuse, on le voit. Les registres de 1619 accusent pour les deux villages, 64 baptêmes. Il y en eut 111 en 1621, et 120 en 1625. La moyenne des naissances annuelles est de 80 à 85, jusqu'aux épouvantables dévastations de 1635. Nos bons aïeux étaient donc, à cette époque, en même temps que d'excellents chrétiens, d'honnêtes pères de famille. On peut en donner comme type deux Nicolas de Mandres, l'un de Hymont, l'autre de Mattaincourt, chez chacun desquels les registres indiquent une naissance nouvelle à peu près tous les ans à partir de 1620. La peste ne changea rien à ce touchant usage. Il y a un petit *Bastien* [2] de Mandres baptisé le 11 janvier 1633.

---

1. Voir aussi le rôle des tailles en 1596 et 1618, aux pièces justificatives.
2. Saint Sébastien était le grand patron invoqué contre la peste.

Voilà des précisions qui n'auraient pas dû être négligées par les biographes de saint Pierre Fourier. Je suis hélas! au nombre des coupables. Mais il n'y a pas lieu de refaire ici la besogne qu'ils ont bien faite, à savoir de retracer la vie du saint prêtre, bien que son histoire soit l'histoire même du pays. Je me contenterai d'éclaircir quelques points de détail[1], touchant son ministère pastoral et son rôle de chef de justice. Ceci nous aidera à comprendre les généralités parfois banales de Bedel et de quelques autres.

Sur l'état lamentable de la paroisse, sur la procession du Saint-Sacrement qui fut son premier acte de ministère en 1597, on avait des relations très circonstanciées, basées sur le témoignage de la Mère Gante André; sur sa charité et ses abondantes aumônes, les récits de son propre neveu. Diverses autres particularités de sa vie, par des religieuses de Notre-Dame, originaires de Mattaincourt : les Mères Maul jean, François, Gardien. Sur sa prédilection pour les petits enfants, on entendit Louis Gérard, marchand, âgé de 75 ans, qui avait suivi ses catéchismes; sur l'austérité de sa vie, Elisabeth Gérard, servante des religieuses de la Congrégation, et, après elle, Elisabeth Gaspard, qui fut également servante de la Congrégation de Notre-Dame pendant 38 ans, porta à manger au saint curé, quand il était à Mattaincourt, pendant 12 ou 13 ans, jusqu'en 1637, et déposa au procès de 1683, âgée de 82 ans. Il avait un petit domestique nommé Petitjean, puis Nicolas de Mandres, qui devint frère servant chez les chanoines réguliers de Notre-Sauveur, et déposa au procès, âgé de 64 ans; enfin Nicolas Durand, qui fut détroussé par les voleurs en allant le rejoindre à Gray, le servit jusqu'à sa mort et témoigna lui aussi au procès, âgé de 56 ans.

Le sacristain de Mattaincourt était Nicolas Géry. Elisa-

---

1. Surtout d'après les procès-verbaux des *Actes de Béatification*, dont le recueil officiel se trouve, on le sait, à la Bibliothèque nationale de Paris, dans la section des Imprimés, sous les cotes H 1299 et 1300.

beth Gaspard et Catherine François avaient la charge de la propreté de l'église. Fourier leur écrivait pour leur faire ses recommandations.

Les historiens n'ont rien exagéré quand ils ont parlé de la richesse de l'église de Mattaincourt, au temps de saint Pierre Fourier. Malgré les dévastations de la guerre, il en restait encore de belles épaves en 1684, si l'on en juge d'après l'inventaire de cette année, publié par l'abbé Deblaye [1] :

Il y avait à cette date quatre calices d'argent, dont un ayant servi au saint curé ; il y avait une croix de procession en argent, ornée de rubis, « faite par les soins et la piété dudit B. Père, l'an mil six cent quatorze », portant sur une face, autour du crucifix, les quatres évangélistes, aux extrémités des croisillons ; et, sur l'autre face, Notre-Dame et des anges ; il y avait un bras d'argent contenant une relique de saint Evre, fait aussi par lui en 1606 ; une aube, faite en 1613, et une infinie variété d'ornements de soie et de brocart. Enfin on voit encore aujourd'hui la masse du bedeau, faite en 1622, au manche en bois des îles, surmon-

---

1. *Inventaire du trésor de l'église de Mattaincourt en 1684* (Nancy, Lepage, 1864). L'auteur signale trois autres inventaires dressés en 1694, 1731 et 1757. Je ne les ai pas retrouvés aux archives.

La dévotion des fidèles et des pèlerins accrut considérablement ce trésor :

Jean Marchand et sa femme Anne Michel offrirent en 1666 une grande image, en argent, de Notre-Dame, avec une plaque portant l'inscription : « Marie a été conçue sans péché », « pour rétribution et paiement à la Confrérie de la Conception N.-D. qu'il avait eu par enchère pour Bastienne, Jeanne-Marie, et Charlotte les Marchand, ses trois filles ».

Une image d'argent de Pierre Fourier lui-même fut donnée par la présidente de Nemours, en ex-voto pour la guérison de sa fille ; il y avait sept lampes d'argent dont « une grosse lampe d'argent à jour donnée par Mme la princesse de Cantecroix à ladite église ».

A ce propos il est intéressant de rappeler que la célèbre favorite de Charles IV fit un court séjour à Mattaincourt en 1662. C'est Beauvau qui en témoigne dans ses *Mémoires*, p. 234.

Béatrix de Cusance, jalouse d'une nouvelle passion du duc pour Isabelle de Ludres, était venue à Mirecourt pour le ressaisir : « Mais le duc contraignit cette princesse désolée de s'en retourner comme elle étoit venuë, et tout ce qu'on put gagner, fut qu'il luy permit de demeurer dans un petit village appelé Matincourt, et qui n'est pas fort éloigné de Mirecourt ».

tée d'une statuette de saint Evre en argent, et ornée de divers écussons, dont l'un, figurant un pont, pourrait bien être celu' de la communauté de Mattaincourt.

Nous connaissons au moins l'un des petits chantres et servants d'autel du saint curé : Erric Lallemand, probablement le fils de Gérard Lallemand, mayeur en 1633 [1]. Erric Lallemand devint prêtre et curé de Blaye, mourut, à 75 ans, le 19 juillet 1695, et fut enterré dans l'église de Mattaincourt, devant cet autel où il l'avait si souvent servi. Il faut lui joindre peut-être Daniel Ferry, fils de Didier Ferry et petit-fils de François Poirson, qui racontait au procès de 1683 l'avoir accompagné, tout jeune, dans un voyage qu'il fit à Dommartin et Ville-sur-Illon, et conserver encore le souvenir de sa charmante conversation et de ses sages conseils. Maître Daniel n'en profita pas toujours. A 23 ans, il se permettait, dit un officiel grimoire, de composer et chanter des « libelles diffamatoires » contre Gérard Lallemand, la femme de celui-ci, et, chose plus grave... Melle Lallemand. Il fut, pour ce fait, banni de Lorraine, et ses biens confisqués [2]. Les juges de Mirecourt, on le voit, n'y allaient pas de main morte. Daniel se fit soldat, probablement au service de la France, courut le monde, rentra plus tard au pays, et put témoigner qu'il avait ouï dire à Paris et à Rome que le bon curé de son enfance était un saint

Et la *brebis perdue?* Qui ne connaît la brebis perdue et retrouvée? Celui qui répondit à ce nom toute la fin de sa vie s'appelait François Marchand de Ville. Il était quelque peu dévergondé et ne faisait pas ses Pâques. C'est du reste sa femme qui nous a renseignés là-dessus, d'après la déposition de Dominique Barthélemy. Or on sait comment saint Pierre Fourier retrouva cette brebis en rupture de bercail.

---

1. Un Parisot Lallemand était meunier à Solénval en 1620.
2. *Arch. dép.* de M.-et-M. B 1745.

Revenant de porter la communion à un malade, il entre à l'improviste chez François Marchand, et lui présente l'Eucharistie en s'écriant : « Je viens chercher ma brebis perdue ! » Marchand se convertit et devint un très saint homme.

On a insinué que saint Pierre Fourier avait un vicaire. C'est on ne peut plus exact. Le vicaire fut tout d'abord, et sans doute en même temps, maître d'école[1]. Il s'appelait maître Etienne Richard, il était de Bazoilles. Il exerçait déjà ses fonctions en 1619, il les exerçait encore en 1630. Le vicaire maître d'école habitait à part dans une petite maison sise au midi du presbytère[2].

Le saint curé avait aussi des auxiliaires bénévoles, non seulement en la personne de ses amis les Jésuites ou autres religieux de passage, mais le plus ordinairement en la personne de deux prêtres du voisinage qui s'étaient mis sous sa direction : Claude Julien, curé de Dommartin, et Dominique Thomassin, chapelain du château de Ville-sur-Illon.

Celui-ci ne venait pas seul à Mattaincourt : il y était souvent accompagné par son seigneur, Henri de Livron, marquis de Ville, ami très cher de notre saint, qui comptait, d'après Louis Gérard, bien d'autres relations dans les demeures nobles du voisinage : M. de Brionne, un Bassompierre, marquis de Removille, M. d'Haraucourt, le baron d'Hagécourt, le seigneur de Darnieulles, surtout MM. de Romain et de Galéan. Avec ces derniers, nous dit Mathias

---

1. Il y eut plus tard un maître d'école laïque : Me Gratian en 1636, Noël Oger, 1642-1672, Dominique Colin, 1678, etc.
Dans ses absences, saint Pierre Fourier, voulait être tenu au courant de ce qui se passait dans ses écoles et sa paroisse. Il écrivait à ses religieuses de Mattaincourt :
« Mandez-moi si le régent est de retour de chez son père, et, s'il a force enfans en ses escholes, et vous des escholières aux vôtres, si on y a presché, depuis mon partement, et s'il s'y retrouve encore des débauchés, des buveurs, des cabarets ». (*Lettres*, II, 170).

2. *Arch.* de l'église de Mattaincourt.

— 56 —

Landry, il réussit à mettre fin à un procès qui divisait depuis un an les habitants d'Hymont et de Bazoilles.

On a imprimé bien des choses inexactes touchant son rôle de chef de justice[1]. J'ai clairement établi plus haut en quoi consistait exactement cette curieuse juridiction. Elle était exclusivement *foncière*, c'est-à-dire civile, disent les textes, et n'avait à connaître en aucune façon des crimes et délits; la police et la justice correctionnelle et criminelle étaient du ressort du duc et relevaient du Receveur de Mirecourt, qui avait à les exercer d'une manière très effective, même sur les paroissiens convertis de Mattaincourt. Qu'on en juge. En 1627, Nicolas Collotte est condamné à 60 sols d'amende, pour avoir donné un coup de corde à Jean Bourlier; Pierre et François Maljean, à 13 francs 9 gros, et 3 francs 9 gros, pour avoir battu et injurié la femme de Claude Parpignant; Didier Voirin, à 10 francs, pour sa femme Prinçon, qui, la charmante créature, avait « commis des excès » contre Demenge Ambroise. En 1631, Mathieu Simonet, de Hymont, à 133 francs 4 gros d'amende[2], pour port prohibé d'une arquebuse à rouet[3], etc...

En cas d'irrévérence commise à son tribunal, le curé de Mattaincourt devait en faire rapport au Receveur, pour y être procédé en due forme. Je dois avouer que Fourier manquait parfois à ce devoir, par exemple dans le cas de cette gracieuse femme Haviotte[4], qui jouit de quelque no-

---

1. Chef de justice, non « chef de police... en vertu de pouvoirs extraordinaires qu'il tenait du duc de Lorraine », comme l'écrit le docteur Liégeois (*Saint Pierre Fourier et les médecins*, p. 43). — Le distingué docteur Liégeois me pardonnera de signaler ici cette erreur un peu grosse, tout en le remerciant de m'avoir rendu un service analogue au sujet du cœur de saint Pierre Fourier, et d'avoir ainsi enfreint la consigne de la conspiration du silence organisée en 1897 autour de la seule vie de notre saint écrite par un enfant de Mattaincourt.

2. *Arch. dép.* de M.-et-M. B 1733, et 1745.

3. Contrairement à une ordonnance de Charles III, du 26 septembre 1599. (*Arch. comm.* de Mattaincourt).

4. C'est là son nom vrai, d'après les Actes de la béatification. Elle

toriété dans l'histoire du Bon Père. Parce que celui-ci avait dû la condamner dans un procès, elle le traitait à chaque rencontre de *voleur* et d'*assassin*. Pierre Fourier assassin ! Rentrant à Mattaincourt une veille de Noël, il trouve, en descendant de charrette, le mayeur Claude Parpignant qui le venait saluer. « Quoi de nouveau ? demande le Père. — Rien, répond le mayeur, sinon que la Haviotte est morte et ne vous injuriera plus. — Quel dommage ! s'écrie Fourier, je n'aurai plus personne pour me dire mes vérités [1]. »

Fourier, au dire de Jean Gaucher et de Nicolas Henry, était un juge intègre autant que désintéressé. Il évitait de condamner à l'amende, l'amende étant à son profit. S'il y était obligé, il restituait secrètement le montant de l'amende au condamné. Il exerçait le plus souvent, surtout au début, cette magistrature par lui-même, mais il avait, pour le suppléer dans ses absences, un lieutenant de justice. Le choix de ce personnage était des plus importants. Aussi tenait-il chaque année à présider lui-même à son élection, en même temps qu'à celle des divers officiers de la communauté, mayeur, doyen, bangards..., élections qui avaient lieu à la Saint-Jean-Baptiste.

Il écrit en 1623 à ses filles de Dieuze :

« Je cherche à dérober trois ou quatre jours... ; mais je ne puis vous les donner quand bien ce seroit pour gagner un monde. Il faut par nécessité que je les porte à mes paroissiens de Mattaincourt pour dimanche prochain, jour anniversaire, de toute ancienneté, là-dedans, pour établir un marguillier, un maître d'école, un lieutenant de justice et un doyen, pour ajourner et gager les mauvais payeurs qui sont maintenant en grand nombre. La création de ces officiers dépendant du curé, je ne puis y manquer sans me mettre en danger de faire un très grand mal, et renverser,

---

était de Mirecourt. On ne trouve pas de Haviotte dans les Reg. de Mattaincourt. Par contre un Poirson Haviotte, de Mirecourt, est donné comme parrain, le 28 septembre 1631. Le même figure au rôle des tailles de Mirecourt de 1630. (*Arch. dép.* de M.-et-M. B 1744).

[1]. Récit de Louis Gérard.

par manière de dire, toute ma paroisse. J'ai vu autrefois combien mon absence à tel jour (qui n'est arrivée qu'une fois) leur a cousté et comme la pauvre petite barquette s'est presque enfoncée et perdue dans un abîme de procès et de frais et de difficultés... Aussi serois-je un très misérable homme de m'y jouer encore [1] ».

Pierre Fourier fut effectivement curé de Mattaincourt pendant trente-cinq ans, de 1597 à 1632, date de sa profession dans la Congrégation de Notre-Sauveur et de son élévation au généralat.

C'est un fait qui ne semble pas discutable [2], qu'à sa mort il n'était plus en fait ni en droit *curé*, depuis huit ans. Voici en deux mots la démonstration.

Depuis 1477, la cure de Mattaincourt appartenait au chapitre d'Haussonville, qui la faisait desservir par un *vicaire perpétuel*, à sa nomination, investi à cet effet, par l'évêque de Toul, de la juridiction paroissiale.

Dans l'hypothèse du maintien de cette situation, Fourier ne pouvait cesser d'être vicaire du chapitre que par sa démission volontaire (laquelle pouvait être exigée par son abbé de Chaumousey, en vertu du vœu d'obéissance), ou bien par déposition canonique [3]. Mais cette situation changea en 1630,

---

1. Cité par le Rme dom Vuillemin, *La Vie de saint Pierre Fourier*, p. 80.
2. L'article de M. l'abbé Chapelier dans le *Bulletin de la Canonisation*, n° 19, p. 28, ne m'a pas convaincu. Mais je lui concède bien volontiers que les affirmations des chanoines réguliers de Lorraine manquent de la sérénité qui convient à l'histoire, tout comme en ont manqué, à notre époque, celles des Clercs réguliers de Verdun, ou plutôt de leurs amis, dans un conflit plus récent avec les chanoines réguliers de Latran. Nos ancêtres, dans leurs procès, alléguaient surtout la volonté, clairement exprimée par saint Pierre Fourier, de reposer à Mattaincourt.

3. Les positions sont nettement spécifiées :
1° Par l'acte du 28 mai 1597, par lequel Pierre Fourier accepte du chapitre d'Haussonville la *vicairie* de Mattaincourt;
2° Par un autre acte passé à Toul devant le notaire Sylvestre, le surlendemain (30 mai 1597), par lequel il reconnaît que la cure de Mattaincourt n'est ni régulière, ni dépendante de Chaumousey, et renonce au droit d'exiger du chapitre d'Haussonville la portion congrue (Dom Calmet, *Hist. de Lorraine*, IV, col. 379.)

où, par acte du 13 mai, le chapitre d'Haussonville, en échange de la cure de Saint-Mard (sous réserve d'un gagnage de 5 quarts de vigne), cédait au chapitre régulier de Belchamp tous ses droits sur la cure de Mattaincourt, qui devait être désormais desservie par un ou plusieurs chanoines réguliers, envoyés par le général de la Congrégation, et approuvés par l'évêque, aux termes mêmes d'une ordonnance du cardinal Nicolas-François de Lorraine, évêque de Toul, ratifiant, le 30 août 1630, les arrangements conclus entre les deux chapitres.

Un mois auparavant, il y avait eu un acte de transport du droit de patronage et autres de la cure de Mattaincourt, fait par le chapitre de Belchamp, au corps de la Congrégation de Notre-Sauveur, représenté par M. Guinet, général. Apparemment cette procédure n'avait pas été regardée comme valide, ou tout au moins solide, car par divers actes d'avril et mai 1632, approuvés par le cardinal Nicolas-François, la cure de Mattaincourt fut distraite de la mense conventuelle[1] de l'abbaye de Belchamp, pour être unie au Séminaire de la Congrégation de Notre-Sauveur, à Pont-à-Mousson. On voulait enlever par là toute base aux objections d'ordre juridique — les plus sérieuses — faites par le Bon Père à son élévation au généralat.

A cette date, il ne pouvait donc plus être question de vicaires ou curés *perpétuels* de Mattaincourt, l'acte même d'union, et la discipline canoniale stipulant que les curés de cette cure, désormais *régulière*[2], étaient commis et révocables à volonté par les autorités de la Congrégation. Fourier fut en effet maintenu par elles dans ses fonctions jusqu'au 20 août 1632. Mais il est bien évident qu'en l'élevant ce jour-là

---

1. Dans les abbayes tombées en commende, on appelait *mense conventuelle* la partie des biens fonds et revenus laissés aux religieux, et mense *abbatiale* la partie affectée à l'abbé commendataire, dans la *partition des menses*.

2. Ainsi désignée au *Pouillé de Toul* de 1711, t. II, p. 185.

au généralat de la Congrégation, on le *révoquait* implicitement de ses fonctions curiales[1], désormais impossibles à exercer, de son propre aveu. On ne pouvait d'autre part lui laisser l'ancien titre du bénéfice, celui de *vicaire perpétuel*, effectivement possédé autrefois par des curés non résidants, car ce titre avait été aboli par l'union de la cure à l'abbaye, puis au Séminaire. Le P. Gauthier et le P. Hannus, nommés par lui, furent curés[2] *amovibles* de Mattaincourt au même titre auquel il l'avait été lui-même dans la période de 1630 à 1632. Ajoutons que le Séminaire rétrocéda la cure de Mattaincourt à l'abbaye de Belchamp, par acte du 5 janvier 1678[3]. Et cette situation ne fut pas modifiée jusqu'à la Révolution.

Quoi qu'il en soit, que Pierre Fourier soit resté ici 35 ou 40 ans à l'ouvrage, il y a fait incontestablement d'excellente besogne.

Il a déshabitué nos voisins de nous décocher le sobriquet peu flatteur de « Petite Genève ». Mattaincourt arriva, sous un tel pasteur, à une très haute intensité de vie religieuse. Je pourrais ici multiplier les traits qui le prouvent; mais ils sont dans toutes les mémoires, et, en tous les cas, dans toutes les Vies du Saint. Ce serait cependant exagéré d'affirmer que personne, parmi les habitants, ne résista à son apostolat. Il y avait la *bande perdue*. Et même parmi la bande sauvée, il n'y avait pas que des saints à canoni-

---

[1]. C'est bien ainsi qu'il le comprit lui-même. Dans une lettre de 1637, adressée à ses anciens paroissiens, il signe : Votre *ancien* curé. — J'ajoute que cette thèse fut adoptée par l'avocat à la cause de béatification. A l'objection que Fourier avait déserté sa paroisse pour se réfugier à Gray, il répondit que son élection au généralat « l'avait délié du lien de sa paroisse », un chanoine régulier curé pouvant toujours, aux termes des Constitutions de Benoît XII, être rappelé au cloître. (*Bib. nat.* de Paris. Impr. H 1300.)

[2]. D'ailleurs, dans ses lettres, il leur donne le titre du *curé*. Ce qui ne l'empêche pas de s'intéresser encore, et jusqu'à sa mort, à l'administration de sa chère paroisse.

[3]. Tous ces actes au chartrier de Belchamp. (*Arch. départ.* de M. et M. B 1320.)

ser, puisque leurs petites faiblesses humaines, nous l'avons vu, offraient encore matière à exercer la moyenne et basse justice de S. A. Mgr le Duc.

Fourier était arrivé à ces magnifiques résultats par l'ascendant personnel de sa sainteté, au besoin par le miracle, car il en fit de son vivant, c'est prouvé surabondamment; par l'entraînement de sa parole, et par l'activité inlassable de son œuvre pastorale.

Il fut de plus un grand charitable. Sa charité était proverbiale: il considérait comme une bonne aubaine chaque pauvre qui venait se fixer dans la paroisse. Mais il rêva et réalisa une organisation sociale de plus haute portée et de plus durable effet que l'aumône individuelle. C'est sa *Bourse de Saint-Èvre*, société de prêt et de secours mutuel, sur laquelle nous sommes renseignés par ses historiens, mais dont je ne désespère pas de trouver la trace en quelque coin d'archives. Dans le même ordre d'idées, il commença d'établir un tribunal d'arbitres libres, correspondant à une justice de paix. Institutions fort utiles et qui étaient appelées à donner aux bourgeois de Mattaincourt de précieux bienfaits.

Mais son œuvre maîtresse, à la fois religieuse et sociale, fut celle de l'enseignement populaire. Il y avait bien à Mattaincourt un maître d'école, qui renouvelait tous les ans son contrat avec les habitants. Or son enseignement n'était pas entièrement gratuit, et son école réunissait les deux sexes. Fourier voulut avoir davantage. Il eut son école de filles; il essaya de former pour les garçons un corps d'instituteurs chrétiens, il n'y réussit pas, et, à défaut de mieux, confia pendant un temps l'école des garçons à son vicaire. Quant à la Congrégation de Notre-Dame, créée pour les petites filles de Mattaincourt, elle déborda presque aussitôt les étroites limites de son berceau, et faillit, par suite de circonstances malencontreuses, servir à tous les autres et manquer à son fondateur.

Alix Le Clerc, Gante André, Claude Chauvenel, Isabelle et Jeanne de Louvreux, après un premier essai fait à l'abbaye de Poussay, sous la direction de Mme d'Apremont, revinrent, en 1599, ouvrir une école à Mattaincourt, dans une modeste maison[1] achetée par l'illustre chanoinesse. Cette maison étant promptement devenue insuffisante, Mme d'Apremont entra en pourparlers avec les habitants pour acquérir le presbytère. Apparemment sa proposition reçut mauvais accueil, car elle songea tout de suite à transporter en son hôtel de Saint-Mihiel les nouvelles institutrices, et ce ne fut que sur les pressantes instances de saint Pierre Fourier qu'elle consentit à lui laisser Isabelle de Louvreux avec quelques jeunes postulantes, pour maintenir son école de Mattaincourt. Cette école fut toujours modeste, bien que très fréquentée par les petites filles du village et des pays avoisinants. Le saint prêtre en avait fait un auxiliaire très précieux de son ministère pastoral. On y étudiait très sérieusement, outre les éléments des sciences humaines, la doctrine chrétienne; on y préparait les chants à exécuter à l'église et les jolis mystères et dialogues qui furent une des créations originales du bon pasteur. Dans les premiers temps elle fut encore la pépinière qui fournissait leurs premiers sujets aux maisons nouvelles, fondées rapidement en Lorraine et en France, à partir de 1603, où la Congrégation fut établie à Nancy. Isabelle de Louvreux quitta Mattaincourt en 1604, pour la fondation de Pont-à-Mousson. Par contre Alix Le Clerc y revint en 1609, mais elle n'y fit qu'un très court séjour.

D'autres jeunes filles de la paroisse étaient venues l'une après l'autre grossir le bataillon d'élite recruté à la première heure. La plupart s'en allèrent, comme Alix Le Clerc,

---

1. C'est l'ancienne école des garçons, sise à la rue Géry. Cette maison historique fut démolie par le grotesque maire « Nané », pour faire place à une école laïque de filles, dont personne n'éprouvait le besoin et qui a endetté la commune.

Gante André, Claude Chauvenel, les sœurs de Louvreux, Jeanne Maujean, les sœurs Gardien, mourir au loin, dans les monastères déjà nombreux de la Congrégation.

Ces monastères étaient au nombre de 50 à la mort du Bon Père. La plupart d'entre eux avait reçu une érection canonique, pris la clôture, et adopté une constitution régulière avec la profession de la vie religieuse proprement dite. Le Saint-Siège avait approuvé la Congrégation, et sanctionné officiellement son existence parmi les familles monastiques de l'Église. Un couvent s'était fondé à Mirecourt au commencement de 1619, et un autre, en 1620, à Épinal. Celui de Mirecourt fut canoniquement érigé et soumis à la clôture régulière le 31 mai 1620. La cérémonie fut présidée par François Paticier, l'abbé de Chaumousey [1]. Le vieil ami du Bon Père, M. Jennin, curé de Saint-Eloi de Châlons, était de la fête. Il revint à Mattaincourt avec lui, le soir, et fut témoin de son premier miracle connu, la résurrection de la petite fille noyée dans le puits de la ruelle Landry.

A Mattaincourt on n'éprouva pas le besoin, ou du moins on n'eut pas la possibilité d'ériger un monastère régulier de la Congrégation, avant la mort du fondateur. La maison primitive offerte par Madame d'Apremont étant trop petite, on dut la quitter pour une construction plus vaste, faite tout à neuf par un bourgeois du pays, précisément pour enlever aux religieuses tout espoir de s'établir en cet endroit qu'elles convoitaient, et qui dut pourtant la leur céder, avouait-il, par une sorte d'impulsion intérieure à laquelle il lui était impossible de se soustraire [2]. Il s'agit évidemment de ce qui fut la maison définitive de la Congré-

---

1. Il s'agit de François II Paticier, le neveu. Il avait succédé à son oncle, du même nom (1586-1601), qui lui-même avait succédé à Gérard du Haultoy (1570-1586).
— Les Paticier étaient une famille très considérable de Mirecourt. Le curé de Mirecourt, en 1631, était Claude Paticier. (*Arch. départ.* de M. et M. B 7147.)

2. Rme dom Vuillemin, p. 187.

gation jusqu'à la Révolution, au nord-est de l'église, sur l'emplacement de la cour de l'école actuelle des garçons, et dont il reste une dépendance au *Pelleu*, en face de l'ancien moulin.

Dans les registres baptistères de 1620, il est fait plusieurs fois mention d'Elisabeth Vincent, « fille en la Congrégation de Notre-Dame ». J'ignore si, à un moment donné, ses compagnes furent nombreuses dans la résidence de Mattaincourt. En tous les cas, en 1646, il n'y avait à Mattaincourt que *trois* Sœurs de Notre-Dame, vivant sans clôture et sans avoir prononcé de vœux de religion, selon les premières règles tracées par le fondateur. Pour assurer l'avenir, elles cédèrent alors leur maison avec ses dépendances au monastère de la Congrégation canoniquement érigé à Mirecourt, où étaient rentrées, après la mort du Bon Père, huit des quatorze religieuses qui l'avaient suivi à Gray.

Cette cession fut faite du consentement des habitants de Mattaincourt, représentés par : Georges Cochin, mayeur, Nicolas Ambroise, doyen, Gérard Collon, lieutenant du mayeur, Jean de la Fosse, Gérard Lallemand, Jean Humbert, Jean Marchand, Claude Claudot, Nicolas Vincent, Jean Marchand Vuillaume, Claude de Mandres, Demenge Humbert, Jean Harmant, Jean Guyot, Demenge Landry, François François, Didier Tallotte, Claude Rouyer, Nicolas Aubry, Claude Gaspard, Jean Gaspard, François M., Claude Moloup ; lesquels, considérant que quelques jeunes filles de Mattaincourt et de Hymont, réunies d'abord sans vœux ni clôture par le R. P. Fourier, ont fondé la Congrégation de Notre-Dame, depuis canoniquement érigée,

« pour y vivre en clôture et en l'observance des trois vœux de religion qu'elles y ont fait, à la réserve voirement de Sœur Catherine François, dudit Mattaincourt, Sœur Anne Iroy, native de Hymont, et Sœur Catherine Grandemange, native de Bouzemont, lesquelles, sans aucun vœu particulier, se sont toujours maintenues dans l'observance de leur primitive façon de vivre, et y persévèrent encore présentement avec édification du prochain, et satisfaction du public »;

Que, d'autre part, empêchées par leur âge et le malheur des temps, d'ériger un monastère, elles jugent avec raison que leur œuvre serait mieux assurée par les professes de la Congrégation;

Ils déclarent que « désirant de conserver l'image du très révérend P. Fourier en la personne de ses chers enfants en Jésus-Christ, » ils ont déjà demandé et obtenu, le 14 mai de cette année, du général des Chanoines réguliers de Notre-Sauveur, la promesse de la fondation d'une résidence de leur Congrégation; et confirment l'établissement d'un monastère de religieuses de la Congrégation de Notre-Dame à Mattaincourt, jouissant de tous les droits et privilèges de tous les autres habitants : droit au pâturage et au troupeau, droit à la valeur de 2 arpents de bois par année dans les bois communaux, à dater du jour où les professes de Mirecourt auront pris possession du monastère de Mattaincourt.

Le P. Gauthier accepta cet arrangement au nom des religieuses; et l'acte fut passé devant notaire le 1er juillet 1646 [1].

L'érection du monastère eut lieu sans aucun doute peu après cette date. Il n'y fut point construit de chapelle distincte, mais, pour lui assurer le service religieux tout en respectant les exigences de la clôture, on établit une communication entre le couvent et l'église paroissiale, dont le mur du nord fut percé d'une baie grillagée ouvrant sur le chœur et permettant d'assister aux offices. Il y avait également un confessionnal ouvrant à la fois sur l'église et le monastère [2].

C'est miracle qu'il y ait eu encore à Mattaincourt, à cette date de 1646, trois survivantes de la Congrégation. On en conviendra après la lecture du chapitre suivant.

---

1. Arch. de l'église de Mattaincourt.
2. Reg. mortuaires de 1728 et 1743.

CHAPITRE V

LES GRANDES CALAMITÉS

Possessions diaboliques. — Procès de sorcellerie à Mattaincourt. — La peste. — La guerre. — Après trente ans d'occupation française.

En redevenant chrétienne sous la houlette de saint Pierre Fourier, la population de Mattaincourt ne semble pas avoir souffert dans sa prospérité matérielle. Le commerce de la draperie, sans être aussi considérable qu'il y a trente ans, est demeuré considérable. Nous avons vu que la fabrication annuelle, en 1631, est de 312 pièces [1].

Le nombre des naissances va en progressant : Il atteint le chiffre extraordinaire de *120* pour les deux villages [2] en 1625; il est encore de 96 en 1628, de 98 en 1634, et de 105 en 1635.

Et pourtant, à cette date la paroisse a été ravagée par les plus épouvantables calamités. Le Bon Père écrivait en 1628 :

« En cette paroisse de Mattaincourt, où je suis dès le 14 de ce mois (septembre), sont quatre-vingt-cinq tant possédés de l'ennemi que tourmentés de diverses autres sortes de maléfices. Les uns grondent comme des pourceaux, les autres aboient comme des chiens, et tous tellement inquiétés qu'ils ne peuvent travailler pour

---

[1]. Il y a, en 1630, neuf admissions nouvelles dans la frairie des drapiers, d'après la déclaration de Demenge Charpentier, commis-maître à Mattaincourt. Ce sont : Jean Mouton, Dédier Beurard le jeune, François Marchand Chrétien, Claude Claudot, Dominique du Ru, Jean Poirson, Jean Xabremant, Estienne Marchant, Estienne de Mandres. Six admissions en 1631 : Pierre Mathieu, Dédier Grosfils, Claude Moloup, Dédier Grandidier, Nicolas Symonin, Hilaire Cabled.

[2]. Ce qui supposerait une population de 3.500 habitants.

entretenir leur pauvre vie. Ce sont presque toutes jeunes filles et quelques femmes; je n'y connois qu'un homme et un garçon ou deux. Quand ils se retrouvent dans l'église durant l'office, ils mènent le plus étrange bruit, que l'on ne peut entendre ni chant, ni sermon, ni autre voix que les leurs, qui épouvantent les assistants. Et quand ils sont adjurés par le Père vicaire des Cordeliers de Toul, qui a esté cinq ou six semaines à l'entour d'eux, ceux qui parlent crient constamment, en hurlant, détestant, blasphémant, que ça esté une telle, qu'ils nomment par nom et surnom, qui les a envoyés là, et qu'il faut la brûler, et ne sortiront de la créature que cela ne soit fait. C'est une extrême pitié. »

Il y avait, en effet, depuis une cinquantaine d'années, une étrange épidémie de sorcellerie ou de suggestion diabolique sur divers points de la Lorraine. Il ne semble pas que la guerre féroce faite à ce genre de méfaits par Nicolas Remy depuis 1576 ait apporté beaucoup d'amélioration à ces misères. Né à Charmes vers 1530, lieutenant général au bailliage de Vosges en résidence à Mirecourt, il fut appelé en 1576, par Charles III, au tribunal des Echevins de Nancy, chargé depuis 1520, par le duc Antoine, de toutes les causes de sorcellerie, pour être jugées avec circonspection et modération, et soustraites, dans ce but, aux justices inférieures. Charles III, lui, donna l'ordre à Nicolas Remy « de ne laisser aux sorciers aucun instant de repos ». On était affolé; des cas, plutôt rares, de possession diabolique, se compliquaient de cas fort fréquents d'hystérie, avec tous les étranges symptômes de cette curieuse maladie. Et ces symptômes, inexpliqués par la médecine de l'époque, étaient malheureusement reconnus, par la justice, comme signes évidents de l'action du malin esprit; ainsi l'insensibilité partielle, dite alors *marques* du diable. Alors en route la torture, par les grésillons, l'échelle, les tortillons; souvent le patient avouait des crimes imaginaires, et c'était le bûcher.

Nicolas Remy fut pendant trente ans le grand pourchasseur de sorciers. Il écrivit un curieux ouvrage : la *Démo-*

nolâtrie, où il expose ses rigides principes sur cette matière mystérieuse et les règles de sa cruelle procédure. Il n'est pas exagéré d'affirmer, d'après ses propres aveux, qu'il condamna au feu de 2,000 à 3,000 sorciers et sorcières. Ce rigide magistrat était un honnête fanatique, brave homme au demeurant. Il mourut sans remords, dans sa ville natale, en 1616 [1].

Le mal ne disparut pas, au contraire; et les procès et exécutions continuèrent de plus belle. Les Comptes du duc de Lorraine pour les années 1630 et 1631 en signalent encore à Mirecourt, Bettoncourt, Remoncourt, Pont-sur-Madon, Maroncourt. Mais les plus célèbres et, à coup sûr, les plus étranges à cette époque furent les procès de Mattaincourt. Sur les faits qui y donnèrent lieu, nous avons, il faut bien le remarquer, non plus les informations discutables de Nicolas Remy, mais le témoignage on ne peut plus positif d'un homme comme Pierre Fourier, appuyé du témoignage authentique de toute une population. Dès 1605, une certaine Catherine, veuve de Claude Bailliet, de Mattaincourt, et Claude, son fils, accusés du fait, alors très suspect, de nourrir des crapauds en leur maison, avaient été inculpés de sorcellerie et mis à la question, mais, n'ayant pas avoué, avaient été simplement condamnés au bannissement [2]. En 1608, un procès fut intenté à trois autres habitants de Mattaincourt, inculpés de sortilège. Faute de preuve et d'aveux ils furent acquittés [3].

Nous avons, hélas! tout autre chose en 1628. Les exorcismes pratiqués à plusieurs reprises sur les possédés ou pré-

---

1. Abbé Eug. Martin, *Hist. des diocèses de Toul, Nancy et Saint-Dié*, II, p. 73. — Ch. Pfister, *Nicolas Remy et la Sorcellerie en Lorraine*. (Revue historique, année 1907). Alb. Fournier, *Une épidémie de sorcellerie en Lorraine aux XVIe et XVIIe siècles*. (Annales de l'Est, V. 1891.)

2. *Arch. dép.*, de M. et M. B 7084. — L. Quintard, *Procès de deux sorciers en 1605*. (Bulletins mensuels de la Société d'Archéologie lorraine, 1906, p. 16.)

3. *Arch. dép.* de M. et M. B 7092.

tendus tels n'avaient guère produit de résultats. Le pouvoir civil fut invité par les victimes elles-mêmes à intervenir dans cette triste affaire. Le duc Charles IV, « porté d'un charitable désir de soulager ses pauvres et affligés subjects de Mattaincourt », lesquels, en effet, lui avaient fait parvenir leurs plaintes « au sujet des afflictions qu'ils avoient receus pour la plupart en la diminution de leur santé ou perte d'icelle et de leurs biens par les sortilèges et maléfices et possessions diabolicques, qu'un nombre de sorciers et de sorcières leur avoient causés », commit Charles Sarrazin, avocat à Saint-Mihiel et conseiller d'État, pour procéder aux premières informations. Sarrazin se transporta à Mattaincourt pour tâcher de découvrir « d'où tant de maux pouvoient procéder[1]. » Il y passa dix jours au mois de novembre 1628, fit son rapport à S. A. qui prit l'avis de son « Parlement de Saint-Mihiel, » et donna pleins pouvoirs à Charles Sarrazin, Jacques Rutand[2], et Blaise d'Amblemont, également conseillers d'État aux Grands Jours de Saint-Mihiel, « pour congnoistre et juger souverainement et instruire les procédures les uns en l'absence des autres ». Les juges commissaires furent assistés de René Le Clerc, avocat à Nancy, représentant le procureur général de Vosges.

Ils se transportèrent à Mirecourt en janvier 1627 et y firent un premier séjour de 35 jours, durant lesquels cinq personnes furent condamnées et mises à mort. Nous avons leurs noms dans un mémoire de René Le Clerc, à savoir :

---

1. « Sorts, maléfices, possessions d'esprits malings, dont diverses personnes estoient affligées à Mattaincourt et lieux circonvoisins », dit encore le rapport de Sarrazin. — Tous ces renseignements sur les sorciers de Mattaincourt sont tirés des Comptes de S. A; aux *Arch. départ.* de M. et M. B 7143, 7144, 7145 et 7147, cités une fois pour toutes. Les rapports originaux de Sarrazin et de ses collaborateurs y sont annexés comme pièces comptables.

2. Probablement un ancêtre de cette Charlotte de Rutand, dont le cardinal Mathieu a conté la touchante histoire.

Claudotte de Vaux, Jean Poirot dit Vosgien [1], Jeannon, fille de celui-ci, Didière, femme d'Antoine Picard, ces quatre de Mattaincourt, et Anne, femme de Claudon Pelletier, d'Hymont.

D'autres procédures furent alors laissées en suspens, et reprises du 3 mai jusqu'au 4 juin, par Charles Sarrazin, sur commandement exprès du duc. Quand les informations furent terminées, Sarrazin écrivit à MM. Ruland et d'Amblemont, qui revinrent, assistés de Charles Barrois, avocat à Saint-Mihiel, et N. de Mussey, conseiller d'État. Ils condamnèrent et firent mettre à mort Maulin, femme de Claude du Rux, et emprisonnèrent Didier Parpignant [1], Jeannette, femme de Claude Jeangoult, de Mattaincourt, et la sage-femme de Mirecourt, Etiennette Chichey. Ceux-ci furent condamnés et exécutés en août suivant.

Au mois d'octobre de cette année tragique, furent emprisonnés Claudon Pelletier, d'Hymont, Didier François, Françoise, femme de Jean Plan, et Nicolas Vosgien, fils de Jean Vosgien, brûlé au mois de mai. Leur procès fut repris en 1630. Aucun d'eux n'échappa au bûcher. D'autres les y suivirent.

Il est à remarquer que ces exécutions se limitent à certaines familles, mais que, hélas! elles y font des coupes vraiment trop sombres :

les *Parpignant* : Didier Parpignant et sa sœur, Claudotte de Vaix; sa femme, Jeannon Parpignant, sa belle-fille, Claudotte Géry, femme de Nicolas Ambroise;

---

1. D'après une requête présentée au duc par les habitants de Mattaincourt, ce Jean Vosgien, s'accusait lui-même de sortilège.

2. Ce Parpignant était riche. Il s'était fixé à Maroncourt, il avait épousé Jeannon, veuve en premières noces de Jean Géry dit Mathis. Elle avait eu de Géry une fille, Claudotte, qui, comme elle, périt sur le bûcher. Il y eut de longues procédures pour la confiscation de leurs biens, nombreux et importants à Mattaincourt. Le 17 juin 1631, fut vendue aux enchères et adjugée à Vuillaume Estienne, pour 990 francs, leur maison sise en la Grande Ruelle, dont la porte d'entrée regardait le grand chemin qui vient de la rue Géry. Une somme de 10.000 francs à prendre sur ces ventes fut allouée à François Maldiné, chirurgien du duc. (*Arch. départ.* de M. et M. B 7147.)

les *Pelletier*, de Hymont : Pierrot Pelletier, Claudon, son fils, Anne, femme de celui-ci ;

les *Poirot*, dits *Vosgien* : Jean Vosgien, un des premiers frappés, en 1629, ses enfants : Jeannon, Nicolas et Anne ;

les *François* : Didier Warin dit François, et Claudon François ;

les *Picard* : Didier Picard et Didière, femme d'Antoine Picard ;

les *Noël* : un Jean Noël et sa fille Nicole.

Il eut en outre un Jean Boudin, une Helleouy Maljean, peut-être un Poirson Grandcolas.

On le voit, la funèbre liste est fort longue. Et encore quelques inculpés échappèrent par la fuite. Ainsi Françoise Marlier, femme de ce fameux Jean Marlier qui, un jour, avait osé frapper le Bon Père. Claudin Jacques, de Mattaincourt, fut envoyé à sa recherche du côté de Strasbourg, mais on ne dit pas qu'il l'ait ramenée.

Le papier où nous puisons ces renseignements a des détails aussi curieux que macabres. C'est le Compte, dressé par l'avocat René Le Clerc, des dépenses extraordinaires du procès d'Anne Vosgien « exécutée pour crime de sortilège et d'inceste » :

« Aux sieurs Le Noir et Louys, maistre chirurgien audit lieu (Mirecourt), pour assister à la recognoissance et sonde des *marques insensibles*[1]... sur le corps de ladite Anne, et jugées estre diaboliques par les susdits... 6 francs.

Audit sieur de Laforge pour deux jours par luy employés pour aller prononcer les arrêts rendus contre Jeannon Parpignan et Didier François dudit Mattaincourt...

Au sieur Barthelemy Ravache, hostellain audit Mirecourt, pour seize repas faicts par messire Estienne, vicaire dudit Mattaincourt, d'Espinal, Cabled, et autres, appelés pendant l'instruction...

A luy mesme pour dix pots de vin envoyés aux Pères Capucins, de l'ordonnance dudit sieur Sarrazin, pour avoir iceux assistés

---

[1]. On reconnaît ici l'application des principes exposés par Nicolas Remy dans ses *Démonolâtrie*.

ladicte Anne, la visiter souvent et l'exhorter de dire entièrement la vérité sur les interrogations qui luy estoient faictes, à six gros le pot... V francs.

A la veuve de Jean Husson, commise pour la garde de ladicte Anne... pendant vingt six jours et nuictées qu'elle a esté en prison...

A encore iceluy (receveur) fourny deux fagots par jour et un ymal de braize, attendu qu'autrement ladicte Anne ny sa garde n'eussent pu subsister en ladite prison, à cause de la froidure extrême qu'elles y enduroient...

A Claude Bourlier dudict Mirecourt ont esté payés par ledit sieur recepveur six francs pour fourniture de gros bois et trois francs pour un demi cent de fagots pour brusler le corps de ladicte Anne.

A Nicolas Charles, pour un posteau...

A Demenge Marchal, maistre des hautes œuvres, pour avoir razé et sondé la susdite, l'exécuté, et fourni la chaîne de fer et le crochet... 15 francs. »

A part les Parpignant, qui étaient riches, et dont les biens furent confisqués au profit du trésor ducal, la plupart de ces sorciers étaient de pauvres diables. Beaucoup laissaient après eux femmes et enfants, réduits par leur mort à la mendicité. D'autre part ces enfants eux-mêmes étaient suspects, pour avoir participé, de leur propre aveu, « aux assemblées diaboliques ». Aussi les habitants de Mattaincourt et de Hymont adressèrent une requête au duc Charles IV pour lui remontrer humblement :

« Que le sieur Sarrazin, après plusieurs exécution faites desdits convaincus, détient encore arrestés Claude, Bastien et Mengeotte, enfans de Claudon Pelletier, dudit Hymon, et d'Anne, sa femme, exécutés pour ledit crime, bas d'aage, et au dessous de douze ans; et Toussaine et Jean les Noëls, dudit Mattaincourt, enfans de Jean Noël, aussy exécuté pour mesme crime, et aagés, ladite Toussaine de quatorze ans et ledit Jean d'unze, lesquels confessent d'avoir esté aux sabbats et assemblées diaboliques, sous la conduite, les premiers de leurs dits père et mère, lesquels ont encore un frère audit Hymont de l'aage de cinq ans qu'ils disent avoir esté porté aux dits sabbatz par ladite Anne, leur mère, et les autres, de Nicole leur sœur, aussi exécutée pour ledit cas; lesquels déposent encore d'avoir vu assemblées Anne et Françoise les du Bois, issues d'une mère sorcière, et sont accusées par un nombre d'autres, lesquelles, nonobstant ce, ne veulent entrer en confession.

Et comme lesdits remonstrans appréhendent qu'au deffault de preuves suffisantes ledit sieur Sarazin ne doive les renvoyer iusques à rappel, et qu'à ce moyen ils en deussent demeurer chargéz et en souffrir à l'advenir pareilles afflictions ou plus grandes que desdits exécutés, par la fréquentation qu'ils auront avec leurs enfants, qu'ils pourroient séduire, ainsy qu'il est arrivé ailleurs, et que d'abondant il y a fort peu ou point du tout d'espérance qu'ils puissent retourner à Dieu et changer de vie, puisque trop faibles pour résister au maling esprit, si puissant ennemi, qu'ils sont aussy destitués de toute assistance humaine. Et encore moings que lesdits remonstrans puissent estre chargés de les nourir et entretenir en quelque lieu particulier, considérée l'extreme pauvreté de la plupart d'entre eux, qui sont contrainctz de mendier leur vie à la foule et surcharge de ceulx qui ont quelques commodités.

Ils accourent aux bénignes grâces de Son Altesse, avec suppliquation très humble qu'ils lui présentent que, comme son bon plaisir a esté jusqu'à présent de fournir toute la despense nécessaire à faire chastier ceulx et celles qui leur ont procuré tant de malheurs, qu'aussi sa charitable et souveraine bonté estende ses effects à les descharger de l'entretien de ces enfans, leur fournissant de quoi pour vivre et un lieu pour leur retraite, affin d'asseurer les leurs contre la mauvaise nourriture qu'ils pourroient contracter de la fréquentation d'iceulx, et d'éviter le danger qu'il y auroit d'en recepvoir les maux et langueurs que leurs semblables sont accoustumés de causer... »

Ils font observer en terminant que les malfaiteurs déjà mis à mort étaient pour la plupart venus d'ailleurs, sorciers avant leur arrivée au pays, et qu'ils avaient été, du reste, trop facilement admis. Aussi demandent-ils à S. A. la faculté de n'admettre les étrangers qu'après suffisante information de leur bonne vie et mœurs.

Le duc répond, le 16 mai 1631, que les enfants susnommés seront réunis et enfermés dans une des maisons confisquées sur les suppliciés, sous la garde d'une femme d'âge, et nourris aux dépens de son trésor;

« De plus, ajoute-t-il, nous sommons et interpellons le Curé de Mattaincourt de soigner à leur éducation spirituelle ainsi qu'il appartiendra. »

La gardienne à choisir devait prêter serment et recevoir pour gages 40 gros par jour. Didière, veuve de César Mesgnien, se chargea un moment de ces fonctions pour 30 gros.

Il y a une étrange connexion entre ces faits de possession et la sainteté du bon curé. Ce serait la revanche du diable après la transformation religieuse si complète de l'ancienne « Petite Genève ». Le P. Bedel[1] raconte le fait suivant, consigné dans une lettre envoyée de Lyon à une dame lorraine :

Un magicien, demandant à son diablotin la raison pour laquelle il avait gardé le silence pendant trois jours, en reçut cette réponse :

« Je viens d'un village de Lorraine dont le curé nous persécute à outrance, lance contre nous des personnes de tout âge et de toute condition, comme s'il voulait ruiner notre empire ; mais qu'il aille dans sa cure quand il voudra, nous lui avons fait beau ménage et taillé plus de besogne en un jour qu'il n'en dévidera en une seule année[2] ».

Le saint homme était loin d'être crédule. Il attacha d'abord peu d'importance aux premiers symptômes du mal, qu'il avait remarqués dès la Saint-Evre de 1627. Mais quand, revenu à Mattaincourt en septembre 1628, après avertissement du

---

1. P. 232.

2. On connaît le fameux succès remporté par Fourier dans les exorcismes de Mme de Ranfaing. Une fois le diable s'en prit à lui directement. Son neveu, Henri Fourier, de Nomeny, lui servait un jour la messe à l'abbaye Saint-Rémy de Lunéville. Un moment le missel se ferme tout seul; Fourier le rouvre, il se referme; un cierge s'éteint brusquement. Et le Bon Père, sans se méprendre sur l'auteur de ces vexations, de répéter avec animation : « Oust, cagne! oust, cagne! »

duc et sur l'ordre de l'évêque de Toul, il constata l'épouvantable spectacle décrit dans sa lettre citée plus haut, il mit en œuvre tous les moyens en son pouvoir pour remédier à ces misères. Il y avait 85 personnes plus ou moins atteintes de maux étranges et réputés diaboliques. Le Bon Père jeûna, pria, appela à son aide, pour les exorcismes, ses amis les Jésuites, les Cordeliers, et les prêtres séculiers les plus savants et les plus vénérables de sa connaissance. Rien n'y fit. Dieu ne permit pas qu'il fût vainqueur dans cette lutte.

C'est alors que le pouvoir civil institua la répression terrible et radicale que nous savons. Fut-elle toujours aussi justifiée? On pourrait en douter après le fait raconté par Bedel. Parmi les victimes fut un riche marchand de Mattaincourt, inculpé de sorcellerie sur plusieurs preuves, dont l'une était qu'il aurait signé deux contrats à la même date, l'un à Genève, l'autre à Besançon, chose impossible naturellement avec les moyens de communication de l'époque. On avait oublié que Genève alors, comme aujourd'hui la Russie, n'avait pas adopté la réforme du calendrier faite par Grégoire XIII, ce qui donnait en effet une différence de dix jours, fort suffisante à notre homme pour faire le voyage. Fourier, malgré ses démarches, ne put l'arracher au bourreau. Il semble bien, d'ailleurs, qu'en toute cette affaire, les terribles juges ont un peu laissé de côté le curé de Mattaincourt.

En tous les cas, après ces années sanglantes, il ne fut plus question de sorcellerie ni de sorciers, et... pour cause; car les habitants de Mattaincourt eurent bientôt à compter avec d'autres fléaux.

Depuis cinq ou six ans, leur saint curé laissait échapper d'inquiétantes paroles. Un jour, en chaire, se plaignant de quelques désordres qui avaient reparu dans la paroisse, il annonça la guerre, la peste, la famine, l'invasion de soldats étrangers dont on n'entendrait pas la langue :

« Gardez votre vin pour la disette prochaine, disait-il aux uns. — Vous perdrez tout, » disait-il à un hôtelier qui se plaignait d'avoir éprouvé des revers. A Pont-à-Mousson, il fut encore plus explicite : « Si on ne s'amende pas, Dieu prépare de rudes châtiments pour tout le pays : les trois fléaux instruments de sa colère sont suspendus sur nos têtes... » Et aux religieuses qui lui demandaient des explications : « Avisez seulement à avoir du pain pour lors, car du reste il n'y faut pas songer [1] ».

Ces heures funèbres sonnèrent trop vite. L'année 1631 vit se déchaîner sur la Lorraine tout entière une terrible famine, bientôt suivie de la peste. Fourier, qui ne résidait plus guère dans sa paroisse, où il était suppléé par maître Etienne Richard, résista aux sollicitations pressantes de ses filles de France, qui lui offraient un asile pour échapper à tant de maux.

Il leur écrivait le 31 mai 1631 :

« Mes paroissiens meurent à moitié de faim ; je n'ai rien cependant pour les aider du mien, mais ma présence (s'il faut que je me vante devant vous) y fait bien quelque chose... On crie alarme après le pain à Mattaincourt, et le traître (à Dieu et à son peuple) se promèneroit par la France dans la bonne chère, à manger du pain tout blanc et boire des vins délicieux ! Oh ! l'indignité ! »

Et aux religieuses de Bar, qui le pressaient également de se réfugier chez elles :

« Mes chères Sœurs, nos pauvres paroissiens sont en extrême nécessité de pain et tout ensemble ou en extrême ou en probable danger de la contagion... Serait-il raisonnable et séant que j'abandonnasse ces pauvres affligés, qui sont en si grand nombre et qui crient après moi ?... O mes bonnes sœurs, si vous saviez ce que c'est d'être curé et d'avoir, en une paroisse, deux ou trois cents personnes qui n'ont point de pain, point d'argent, point

---

1. Rme dom Vuillemin, p. 269.

de beurre, point d'ouvrage pour travailler, point de crédit, point de meubles pour vendre, point de parents, ni d'amis ni de voisins, qui veuillent et puissent les aider, et en quelques uns point de santé, je m'assure que vous m'écririez : Gardez-vous bien, curé, d'abandonner ces deux pauvres villages, tenez bon devant ce mauvais temps, ne venez pas à Bar; laissez maintenant tout le reste du monde, si ce n'est pour aller par les autres villes et villages voisins de chez vous, avec une besace ou une hotte sur vos épaules, demander des aumônes pour ces pauvres gens-là; faites leur du potage tous les jours, ou leur en procurez pour tremper leur pain d'avoine moisi et à demi rôti sur le charbon du foyer, par eux qui n'ont pas la patience ni le loisir de le cuire en un four... » (25 mai 1631).

Il accourut en effet à Mattaincourt, toutes autres affaires cessantes. Il y séjourna sans interruption une année entière, ce qu'il n'avait pas fait depuis longtemps. Ses lettres en témoignent, et aussi le registre baptistère, tout entier écrit de sa main du 19 juillet au 7 décembre 1631. Il se multiplia pour procurer de toutes les manières les consolations à ses pauvres affligés. Il sollicita et obtint de tous les côtés, de ses amis, de ses Congrégations, des secours en argent et en nature pour subvenir aux besoins les plus urgents. Il trouva moyen d'en faire quelquefois part aux pauvres habitants de Mirecourt, plus cruellement frappés encore.

Il ne semble pas en effet que la peste ait fait alors beaucoup de victimes à Mattaincourt, grâce à ses prières sans doute, grâce également aux rigoureuses mesures sanitaires dont il prit l'initiative, et dont il surveilla lui-même l'application. Par contre, elle faisait d'épouvantables ravages dans les pays environnants, notamment à Mirecourt[1], dont quelques habitants se réfugièrent précisément à Mattaincourt ou

---

1. Qu'on en juge, d'après ces notes prises aux Registres de l'Hôtel-de-Ville de Mirecourt, de 1631 :

Il est fait défense d'aller à la foire Saint-Nicolas, à cause de la contagion.

Claude Guyot, pâtissier à Mirecourt, est mis au fond de la fosse de la

dans des maisons de campagne isolées. Une Elisabeth Geoffroy et un Nicolas Colatte, de Madecourt, sont baptisés à Mattaincourt, avec la permission du curé de Rancourt, le 3 juillet et le 5 août, « à raison de la maladie contagieuse qui régnoit audit Rancourt ».

« *Bastienne*, fille de George Ruzet, de Mirecourt, et Marguerite sa femme. Parrain Jean du Hault, dict d'Ambaicourt, bourgeois de Mirecourt; maraine Nicole, femme de Didelot Ruzet, dudict lieu. Baptizée le seiziesme jour de septembre 1631 par le curé de Mattaincourt, *aux champs* proche du village, avec permission du sieur curé de Mirecourt, et du consentement des habitants dudict Mataincourt, à raison de la maladie contagieuse régnante audict Mirecourt, le père de l'enfant estant en voiage à ses traffiques, et la mère logée en un jardin lez ledict Mirecourt. Elle envoia un franc pour distribuer aux pauvres dudict Mataincourt au iour du baptesme de ceste sienne fille. Nre Seigneur luy veuille rendre en ce monde et en l'aultre. »

Tout cet acte est écrit de la main du Bon Père.

Chose étrange, le registre ne fait mention d'aucun baptême de décembre 1631 jusqu'en août 1632. A cette époque,

---

tour des Haus pendant six jours, au pain et à l'eau, pour être allé à Ramecourt, lors de la contagion (16 août).

Marguerite Des Jardins, atteinte de la contagion, est isolée dans une loge au lieu dit les Jardenels (6 août).

Traité avec François Louis, chirurgien, pour soigner les malades (8 août).

Règlement de police défendant de faire sortir des meubles et de sortir soi-même de la ville, et d'aller visiter les malades (19 août).

Traité avec Claude Hugo, le Hollandais, lequel s'oblige à enterrer tous les corps morts soit en ville, soit dans les loges, moyennant 40 francs par mois et la nourriture (20 août).

Le 14 janvier 1632, on décide la construction d'un nouvel hôpital, l'ancien étant malsain. Jean Fourier, de Nomeny, donna, en 1634, 500 francs pour cette bonne œuvre. (*Arch. comm.* de Mirecourt, BB 7 et 8.)

Didier Sauvage, juge assesseur au bailliage de Vosges, demanda au duc réduction sur la ferme du tabellionnage de Mirecourt, le curé Claude Paticier et le mayeur Pierre Martin demandèrent également décharge de leurs redevances, à cause des préjudices à eux causés par « la contagion qui se glissa devant ledit Mirecourt au commencement de juillet (1631), et, continua jusqu'au commencement du présent mois de décembre, laquelle contraignit les bourgeois d'abandonner ladite ville ». (*Arch. départ.* de M. et M. B 7147.)

la contagion avait gagné Mattaincourt, car un *Sébastien* Ogier, de Hymont, fut baptisé à Bazoilles, « à cause de la maladie contagieuse qui estoit à Mattaincourt ». Le 10 octobre, *Sébastienne* Missaire fut baptisée par le vicaire devant la maison de ses parents, « à cause du danger de la contagion dont ceste maison estoit pour lors suspecte. »

Ces simples citations du registre baptistère ont leur éloquence. Mais sur la marche du fléau et sur les précautions prises pour prévenir et arrêter ses ravages, c'est encore saint Pierre Fourier qui nous renseignera le mieux. Dès septembre 1631, il écrit de Mattaincourt : « Nous n'attendons que l'heure d'être empoignés demain ou après, en ce lieu [1]. »

Et il signale plusieurs alertes, et il redouble de précautions. Il obtint un décret du duc, donnant de larges pouvoirs au mayeur pour prendre des mesures préventives.

Mais en août 1632, « la pauvre ville de Mirecourt est furieusement affligée de la contagion ». A Mattaincourt, il y avait eu un cas suspect dans la maison de Martin François : Fourier écrit le 27 août au P. Gauthier, son remplaçant :

« Je présume que nos Messieurs avec votre Révérence auront apporté toute sorte de prudence et de diligence et d'autorité (qui est grande par le décret qu'ils en obtinrent l'an passé de son Altesse Mgr le Duc), à régler la maison de Martin François et celles de ses voisins et de ses appartenants, qui pourroient y avoir fréquenté... Je pense que l'on a publié qu'incontinent qu'une personne se trouve mal de sa santé quelque peu que ce soit et de quelque maladie que ce puisse estre, on ait à en donner incontinent advis au sieur notre mayeur. Il conviendroit ajouter, ce me semble, que si quelqu'un trouve sur son corps ou sur celui de son enfant quelque aposthume ou clou (qu'ils appellent), ils le déclarent aussitôt au sieur mayeur par quelque autre personne. Il me feroit moult grand bien que l'on chatiât exemplairement et rigoureusement ceux qui ne garderont les articles de police et

---

1. *Lettres*. IV, p. 338.

mettront en danger de la vie tant de pauvres bonnes personnes innocentes qui sont en notre bourg[1] ».

Le 7 septembre, ayant reçu du P. Gauthier de mauvaises nouvelles, il lui répond d'Epinal « à 11 heures du soir » :

« Je vous envoie tout exprès ce porteur pour vous prier de donner ordre que personne ne se trouve aujourd'hui à la messe, ni à la première, ni à la seconde. Il suffira que chacune d'icelles se dise par le prêtre assisté seulement de son ministre, et que, pendant ce temps, les habitants se tiennent en prière chacun en sa maison, et que cela soit tantôt publié par l'échevin ou autre au devant de toutes les maisons les unes après les autres. Semble aussi expédient de ne point chanter de vêpres, mais bien de les sonner afin que le peuple se mette lors en dévotion, et vous-même pourrez les réciter à l'église. Seroit aussi très bon que de la part de M^r le Maire et des sieurs ses commis se fît défense bien rigoureuse et sous de grosses peines que l'on n'ait à hanter les uns avec les autres ni se trouver ou tenir arrêtés deux ou trois ensemble, ni entrer en pas une autre maison sans grande nécessité et une permission de M^r le Maire ou de quelques autres qui seroient députés[2] ».

Il vint à Mattaincourt le surlendemain. Nous savons par d'autres lettres, écrites de Frenelle le 20 septembre et de Nancy le 26 octobre, que la peste avait été signalée au village dans six ou sept maisons, « mais on espère, ajoute-t-il, que le mal ne passera plus outre ». Les marchés de Mirecourt se tenaient à Mattaincourt « tous les samedis (ou presque tous les jours[3]) ».

Mais le danger était toujours menaçant. Aussi Fourier, de près comme de loin, faisait-il bonne garde. Un de ses messagers ayant rencontré, sur la route de Pont-à-Mousson, Nicolas Jeandel et son fils qui ramenaient à Mattaincourt une

---
1. *Lettres*, V. p. 82-83.
2. *Lettres*, V. p. 87.
3. *Lettres*, V. p. 89 et 92.

— 81 —

« grosse voiture de laine », il écrit aussitôt de Nancy au P. Gaultier, le 28 octobre :

« d'en donner avis secrètement au sieur notre mayeur, afin que lui avec nos sieurs commis pour la santé examinent le fait et sachent dudit Jeandel et de son fils, en les interrogeant chacun à part, pour mieux découvrir la vérité du fait : 1º A quel jour et quelle heure est entrée dans leur maison la laine qu'ils ont amenée depuis vendredi dernier qui étoit le 22 de ce mois; 2º S'ils ont apporté attestation des lieux où ils avoient levé ladite laine; 3º En quels villes et villages ils l'ont prise; 4º Combien en telle et telle ville ou en tel et tel village qu'ils auront allégués; 5º S'ils prêteront bon et loyal serment qu'ils n'en ont point amené de lieux qui soient suspects de maladie contagieuse ou aient été défendus pour ce sujet-là, depuis tel ou tel temps que leur nommeront les examinateurs, qui doivent être extrêmement diligents en ces faits-ci, sans craindre les malgrâces. Tout ce qui vient de devers le Pont, et des autres endroits aussi, touchant les laines, doit être examiné[1] ».

Il semble bien qu'en effet, en octobre 1632, la peste ait disparu de Mattaincourt, mais elle sévissait encore à Mirecourt, et nos drapiers, ne pouvant y faire teindre leurs draps, devaient les porter à Saint-Nicolas. Une première fois, le portier de cette ville fit des difficultés pour leur en permettre l'entrée, parce que le certificat de santé qu'ils lui présentaient n'était pas scellé du cachet du curé, chef de justice de Mattaincourt. Fourier prit donc la peine d'écrire aux religieuses de la Congrégation de la maison de Saint-Nicolas, pour les prier de faire intervenir M. Alba et leurs autres amis, afin de

« faciliter l'entrée à plusieurs marchands dudit Mattaincourt que l'on présume devoir se présenter aujourd'hui ou demain audit S. Nicolas avec grande quantité de pièces de drap qu'ils y mènent à la teinture (parce que la ville de Mirecourt n'est encore en liberté). » Et il les charge de faire expliquer au besoin au

---
1. *Lettres*, V. p. 94.

maire de la ville que l'absence de cachet doit lui être imputé à lui seul, « parce qu'ils ne l'ont pas présentement audit Mattaincourt, où le tiens enfermé en qualité de curé et chef de justice audit lieu; je ne leur ai pas encore rendu depuis que je sortis de là[1]. »

Le 29 mai 1633, il écrivait encore au P. Gauthier :

« Je crois que Mr le Maire est bien averti que l'on se trouve mal au Pont-St-Vincent, à Acragnes (Frolois), à Vézelise et encore en quelque autres villes[2]. »

En somme la tourmente passa rapidement, et, grâce à son inlassable vigilance, ne laissa pas de traces trop profondes, car, les années qui suivirent, le nombre des naissances augmenta encore. Il est de 90 en 1633, de 98 en 1634, pour passer au chiffre étonnant de 105 en 1635.

Hélas! l'année d'après, il n'est plus que de *39*, de *12* en 1638, de *6* en 1639[3]. Jusqu'en 1650 il n'atteindra pas une seule fois la trentaine.

Quel épouvantable cyclone a donc passé sur notre pauvre pays ?...

La Lorraine, par la perfidie de Richelieu, et beaucoup par les folies de Charles IV, allait perdre pour la première fois son indépendance. Nancy est occupé par les armées françaises, le 24 septembre 1633. On sait que Richelieu voulut, à cette occasion, avoir une entrevue à Saint-Nicolas, avec l'illustre curé de Mattaincourt. On sait également que celui-ci fut mandé à Mirecourt en janvier 1634, par le duc Charles IV, qui trouvait intolérable le séjour de sa capitale, occupée par l'étranger. De cette conférence sortirent les plus

---

1. *Lettres*, V. 92.
2. *Lettres*, V. p. 165.
3. Dans les Comptes de 1637, il y a nombre de requêtes en réduction de tailles A Mattaincourt, Hymont, Villers, Haréville, disent les requérants, tous les propriétaires sont morts de la peste. (*Arch. dép.* de M. et M. B 7157.)

graves résolutions : l'abdication de Charles IV, le mariage du cardinal Nicolas-François avec la princesse Claude et son accession au trône ducal. Ainsi fut sauvée notre dynastie nationale, qui d'ailleurs ne devait rentrer en possession effective de son duché que 60 ans plus tard, après la paix de Ryswick.

Mirecourt et Mattaincourt furent occupées par les troupes françaises dès 1634. Les habitants furent aussitôt accablés de réquisitions par les maréchaux de la Force et de la Ferté.

Mirecourt fut si bien mis au pillage par les vainqueurs que, le 18 octobre 1638, le gouverneur français, M. de Campremy, déclarait à Louis XIII qu'il était impossible d'y lever les tailles, à cause de la pauvreté des habitants, qui affirmaient préférer émigrer en d'autres pays[1]. Pour Mattaincourt, Fourier put obtenir, par l'entremise des religieuses de Châlons, l'intervention du baron de la Tour, grâce auquel les soldats du roi quittèrent enfin le village. Mais celui-ci était ruiné pour longtemps. Les pertes s'y élevaient déjà à plus de 8000 francs de Lorraine.

Bientôt la forteresse de la Mothe succombe après un siège fameux, (26 juillet 1634). C'en est fait pour longtemps de toute résistance à la domination française.

Il est possible que malgré les ravages des années précédentes Mattaincourt ait encore moins souffert que les villages voisins, et qu'il ait même échappé pendant quelque temps à une nouvelle occupation de l'ennemi. On y trouve en effet, à partir de 1635, de nombreux réfugiés qui venaient y chercher asile : Un Nicolas Boravi, de Bazegney « réfugié à Mattaincourt pour la guerre » ; Gérard Mathieu et Dieudonnée sa femme « de Bassigney, refugiés à Mataincourt, leur village estant bruslé par les guerres. » ; Antoine Henry, de Racécourt, Dominique Messin, avocat et bourgeois de Mirecourt, et sa femme « refugiés audit lieu pendant les troubles des guerres ».

---

1. *Arch. comm.* de Mirecourt, BB 8.

En 1636, Simon Groshenry, de Valleroy-aux-Saules, « réfugié à Mattaincourt à cause de la guerre ».

Or à cette date, Mattaincourt était lui-même dans un état lamentable, ce qui laisserait croire à un retour offensif des envahisseurs[1]. Fourier écrit de Gray :

« Notre pauvre village a esté tout pillé, repillé, tourmenté, défiguré, ès personnes, ès biens, ès bâtiments, si bien qu'il n'y a pas un grain de blé aux champ ni à la ville, et plus qu'un reste de pauvres gens qui languissent ou qui meurent de peste et de famine[2] et de diverses sortes de mauvais traitements... La petite sœur Marguerite est morte de peste, l'église toute dépavée, pour chercher s'il n'y avoit rien de caché dans les sépultures des pauvres trespassés. Le prêche s'y fait. »

En effet, le saint homme était tenu au courant de cette épouvantable situation par des messagers qui parvenaient à franchir les lignes et lui porter à Gray les nouvelles de tout le pays[3]. A un appel plus désespéré que les autres de ses paroissiens de Mattaincourt, il répondit cette magnifique lettre qui d'ailleurs est un adieu :

« Sont quarante ans et davantage que je pleure avec vous quand je vous vois pleurer, et que je me trouve tout affligé, tout malade, tout incommodé quand je vois que vous l'estes. Mais je ne me souviens pas que, de toutes vos affaires les plus cuisantes qui ont heurté votre pauvre commune durant tout ce temps-là, j'aie ressenti une telle détresse, et versé tant de larmes en mon inté-

---

1. Les Français ne cessèrent pas d'ailleurs, jusqu'en 1661, de tenir garnison à Mirecourt. M. de Campremy fut nommé par Louis XIV, le 14 juin 1645, gouverneur de la ville et bailli de Vosges. Les troupes françaises revinrent en 1670. C'est le 4 septembre 1670 que le maréchal de Créqui ordonna aux gens de Mirecourt de démolir leurs murailles. Leur château avait été rasé, en même temps que celui de Vaudémont, par ordre de Richelieu, lors de la première invasion. (*Arch. comm.* de Mirecourt. BB 9 à 14.)

2. En effet, Claude Guillemin raconte dans son journal que deux filles de Hymont tuèrent des enfants pour les manger.

3. C'était le plus souvent Dominique François, de Mattaincourt, d'après Nicolas Ambroise, au procès de béatification.

rieur, comme j'ai fait cette fois en lisant vos deux lettres. Je plains avec des extrêmes regrets votre condition présente et la mienne tout ensemble, en ce qu'elle ne peut en aucune façon qui soit vous soulager en vos nécessités... Pour mon particulier, je n'y peux autre chose que de pleurer bien fort et toujours, à mon accoutumée, soupirer après vous, et parmi tout cela solliciter, en tant que possible m'est, quelques bonnes âmes de par deçà de prier Notre-Seigneur très bon, très puissant, très sage et très miséricordieux, qu'il lui plaise prendre pitié de vous, et spécialement vous inspirer ce que vous devez faire et à qui recourir pour être soulagés en ce fâcheux détroit. Mon Dieu! mes chers amis, que je vous plains, et qu'il me fait mal de vous sentir ainsi comme enveloppés avec les autres dans ces grandes misères qui règnent par le monde! Mais toutes mes plaintes et mes soucis ne vous servent de rien, dont je suis bien marri. La tristesse m'empêche maintenant d'en dire davantage.

Votre ancien curé.

Le *prêche* s'y fait, nous dit plus haut saint Pierre Fourier, parlant de son église. Il faut donc croire que les hordes des Suédois hérétiques avaient déjà fait à cette époque leur apparition à Mattaincourt. Nous les y retrouvons en 1644, où Didier Géry et Jeanne-Marie Gaspard furent « baptisés à la maison le unze mars par le curé; à cause de la cruauté des Suédois qui avoient pillé la nuit précédente ».

Pourtant il y avait encore des réfugiés à Mattaincourt en 1640 : Nicolas de Mucey, écuyer, seigneur de Lichécourt, dont la fille, baptisée le 12 février, a pour parrain et marraine Eric et Anne Lallemand; noble Marc Nicolas Chevallier et sa femme, Claire Lozanne, dont la fille, Jeanne Claude, baptisée le 20 mars, a pour parrain et marraine noble J. B. Colin, sieur d'Aingeville, et damoiselle Anthoinette de Blystein, réfugiés à Mattaincourt; Dez Méline et sa femme, de Charmois; François Chevallier, de Fontenoy, etc...

Par contre, plusieurs habitants de Mattaincourt cherchèrent, comme Pierre Fourier, un asile en Franche-Comté; Demenge Ferry à Alise-Sainte-Reine, les Bourlier également en Bourgogne. Claude Bourlier était, en 1653, marraine, par procuration, de Claude Charpentier, « n'ayant pu venir pour le danger des rencontres ».

On voit que le malheureux pays mit du temps à se ressaisir. Il y avait encore des passages de troupes en 1650, où fut baptisée une Gertrude, fille de Hans Frise, cavalier dans le régiment de M. de Lignéville (1er septembre, « *jour de la reddition de Mirecourt* »). Le lendemain fut baptisé un Tiétrich, « filz Willaume Hofman, allemand, cavalier dans le régiment de Monsieur Stock ». Le parrain fut Jean de la Neufveville, du pays de Gueldre, adjudant au même régiment, et la marraine, Anne-Marie, femme de Jean Camostrot, caporal au même régiment.

Mattaincourt fournira un apport, non sans gloire, aux armées de son souverain légitime, lors de la conquête de la Lorraine par Louis XIV, en 1670. Il y a un petit souffle, très inattendu, de patriotisme lorrain dans l'acte suivant, pris au registre de 1671 [1] :

---

1. L'occupation française avait paru cesser en 1661. Le duc Charles IV nomme M. de Véelmont gouverneur de Mirecourt, le 15 mai. Le 14 août, le Conseil de ville de Mirecourt vote une subvention de 8.000 francs au duc en témoignage d'affection et de fidélité. Le 5 septembre il députe trois de ses membres pour aller faire révérence à la duchesse, à Neufchâteau. Pendant dix ans il n'est plus question, dans cette région, d'administration française.

En 1670, nouveau coup de théâtre. Le Duc avait offert ses services à l'alliance hollandaise, puis manqué de parole à Louis XIV, qui l'avait contraint à réduire son état militaire. La Lorraine est de nouveau envahie, au mois d'août 1670, par une armée française, le pays soumis à une loi martiale fort sévère, et frappé de contributions. Le 2 septembre, le sieur de Frouville ordonnait aux gens d'Ambacourt de conduire à Mirecourt huit sacs de farine pour les troupes françaises, *sous peine d'être brûlés*. Le 4 septembre, le maréchal de Créqui ordonnait de raser les murailles de Mirecourt. Le 6 septembre, Charles IV, de son côté, enjoignait au maire et aux habitants de Mirecourt d'envoyer de suite 50 hommes armés à Epinal, *sous peine de la vie*, et, le 8, à tous les habitants de Mirecourt de 17 à 50 ans de venir à Epinal et à Châtel, et d'abandonner leur ville, les Français les ayant maltraités et ayant démoli leurs murailles, contrairement à leur parole. Le 12 septembre, les bourgeois de Mirecourt le prévenaient que les armées du roi se préparaient à assiéger Epinal et Châtel. L'occupation française devait durer jusqu'au traité de Ryswick (1697).

« Jean-Nicolas, fils de Nicolas Thomassin, dict Beauchamp, cavallier en l'une des compagnies des chevau-légers de S. A., et actuellement au service, et de Marie Colin, sa femme. Dominique Bourlier, parain, pour le sieux Jean du Mesnil, marchal des logis en ladite compagnie, et qui a, aussi bien que ledict Thomassin, abandonné tout pour servir leur Souverain, tous de Mataincourt. Maraine d^{elle} Marguerite L'Estraye, veufve de feu le sieur François Jar, vivant bourgeois de Mirecourt. Baptisé le dernier septembre »

Le parrain, Jean du Mesnil « natif de Cegez-le-Bas, au pays de Liège », était devenu Mattaincourtois par son mariage avec Jeanne Chaumont,

« veufve de feu le sieur François Cossin, vivant premier brigadier de la mesme compagnie, et qui fut tué après avoir généreusement combattu à la tête de ladite compagnie, en ayant la conduict, le sieur capitaine estant blessé et hors de combat, en la journée de l'armée victorieuse de S. A. contre Monsieur le Prince Palatin. Epousèrent à Mataincour le 25 octobre 1669. »

Plus tard, nous verrons Jean Gaucher, de Mattaincourt, engagé au service de la France, dans la compagnie du comte de Cauny, au régiment Royal étranger, tomber glorieusement à la bataille de Fleurus, le 11 juillet 1690. Un Nicolas Cussenot, 21 ans, du régiment de la milice de Lorraine, meurt d'un coup de sabre, à Saint-Malo, le 3 juillet 1692; un Claude Georgeol, cavalier au régiment des Cravattes françoises, meurt d'une blessure reçue à Philippeville, la même année; un Nicolas Charpentier meurt à Landrecies à 23 ans, en 1693; un François Pradel, dit Larivière, cavalier au régiment de Condé, perd sa femme, Catherine François, de Mattaincourt, au siège de Dôle, en 1694.

Le sang de ces enfants de Lorraine, versé au service du conquérant, n'exempta pas le pays des servitudes de la guerre. Une compagnie de dragons du régiment de Bretonnelle prit ses quartiers d'hiver à Mattaincourt en 1694, une autre en 1697

A cette date, la paix est revenue, la Lorraine est rendue à elle-même pour 40 ans encore, et va réparer ses ruines. Au village, la moitié de la population à disparu. En 1688 et 1694, Willaume Marchand étant mayeur de Mattaincourt, il n'y a pas plus de 40 baptêmes. Et c'est là un chiffre non encore atteint depuis la guerre. Il ne sera plus dépassé.

CHAPITRE VI

UN PAYS NOUVEAU

La sépulture de saint Pierre Fourier. — Débuts du pèlerinage. — Visites d'archidiacre. — Mesquines querelles. — Les foires de Mattaincourt. — La *Grande Chaussée*. — Les Confréries. — Nicolas Fourier.

A partir de 1650 la population de Mattaincourt semble absolument décimée. On retrouve encore beaucoup des vieux noms d'avant les guerres; mais d'autres ont disparu en plus grand nombre. Par contre, il y a des nouveaux venus, qui acquièrent vite par mariage leur grande naturalisation : les Mesrel, venus de Savoie, les Trébuchet, de Berry, les Bourguignon, de Bleurville, les Hugo, de Vaudémont, etc..., parfois soldats ou marchands de passage, qui épousent une fille du pays. D'autres jeunes filles trouvent de brillants partis dans les maisons nobles du voisinage : ainsi Agnès François, fiancée à Jacques de Masses, écuyer, sieur d'Arcourt, de la paroisse d'Attigny, en 1703. Mais il y avait dès lors à Mattaincourt un centre d'attraction pour toute la Lorraine : le tombeau même de son saint curé.

Fourier était mort à Gray le 9 décembre 1640. On fit l'autopsie de son corps. Celui-ci fut embaumé et mis dans un double cercueil d'étain et de chêne. Les entrailles furent solennellement inhumées à Gray; son cœur fut mis à part. Le cercueil resta exposé quelques mois dans une chambre du collège. Ce n'est que le 27 mars 1641 que put avoir lieu sa translation en Lorraine. Cette translation fut déjà un triomphe, et l'occasion de nombreux miracles.

Comment le P. Georges et ses confrères, qui voulaient mener directement la dépouille de leur Père au Séminaire de Pont-à-Mousson, furent-ils amenés à commettre l'imprudence de passer par Mattaincourt? Voilà un point qui n'est pas éclairci. L'explication qui me paraît la plus plausible est qu'ayant à laisser à Mirecourt les huit religieuses qui y revenaient de Gray, accompagnant le convoi, ils devaient nécessairement passer par Mattaincourt, qui se trouvait sur la route de Bourgogne. Le P. Hannus, qui administrait la paroisse, vint jusqu'à Hagécourt, avec toute la population, à la rencontre du cortège, obtint, non sans peine, que le cercueil fût porté à travers les principales rues du village, et finalement déposé pour la nuit dans l'église.

On sait le reste : l'affluence de tout le voisinage, l'idée, semée à travers cette foule, par des notables de Mirecourt, de garder le corps du Bon Père, et finalement, le jour venu, l'opposition irréductible des habitants à ce que fût emmenée plus loin la sainte dépouille.

Or, nos bons aïeux avaient pour eux, sans aucun doute, à défaut du droit, fort obscur en ces matières, les intentions, souvent exprimées de son vivant par saint Pierre Fourier. Cela ressort très clairement d'une enquête faite à Mattaincourt et à Mirecourt, les 14, 15 et 18 septembre 1683. Le saint curé, affirment tous les témoins, a déclaré fort souvent, en chaire et ailleurs, notamment en présence du baron de Romain, qu'il voulait être enterré à Mattaincourt, il a marqué le lieu de sa sépulture sous le grand crucifix[1] à l'entrée du chœur, et il ne voulait pas que l'on creusât la terre en cet endroit pour y mettre d'autres défunts. Comparurent Demenge Barthélemy, 81 ans; Françoise Marulier, veuve de Claude Le Clerc, de Hymont, fils de Demenge Le Clerc, laquelle raconta qu'à son départ pour Gray, le

---

1. Il y avait, en effet, comme dans beaucoup de vieilles églises, un grand crucifix de bois sculpté, supporté par une forte poutre qui barrait l'arc triomphal à l'entrée du chœur, à hauteur des chapiteaux.

R. P. Fourier avait donné à celui-ci trois resaux de blé et autant d'avoine, pour qu'il allât chercher son corps n'importe où, et le ramenât à Mattaincourt[1]; Joseph Gaspard, 80 ans, Nicolas Ferry, 64 ans, Gérard Xobrement, 68 ans, Jacques Le Clerc, d'Hymont, 75 ans, Anne Georges Xobrement, veuve Cabled, 66 ans, Elisabeth Gaspard, 82 ans, celle-ci ayant été 38 ans servante de la Congrégation de Notre-Dame et ayant souvent porté à manger à son curé; Claude d'Ahéville, 81 ans, Catherine Croisier, veuve Viriot, 66 ans, Vuillaume Marchand, drapier, 43 ans, qui rapporta les dires de feu son père, Jean Marchand; Claude Moloup, 41 ans, d'après son père, Claude Moloup, et François Ferry; Eric Lallemand, ancien enfant de chœur du P. Fourier, et curé de Blaye; Clément Paris, ancien maire de Mirecourt, 73 ans, Jean Viriot, de Mattaincourt, 43 ans, François Vigneron, médecin à Mirecourt, 69 ans, Marguerite Rougelot, veuve de Paul Tronson, de Mirecourt, 55 ans, dont la mère, Baptiste Rangon, habitait à Mattaincourt, la maison voisine du presbytère, et répétait souvent que Pierre Fourier lui avait dit plusieurs fois qu'ils auraient aussi leurs tombes voisines dans l'église : ce qui eut lieu en effet; Louis Gérard, de Mirecourt, 76 ans; Judith Bonlarron, 68 ans; Jean Gaspard, 63 ans; Elisabeth Maujean, veuve de Claudon Grosdemange, 70 ans[2].

Voilà évidemment des souvenirs dont se firent part les habitants de Mattaincourt, dans la nuit du lundi de Pâques 1641. Les chanoines réguliers comprirent que pour le moment il n'y avait pas lieu d'insister. Le cercueil resta donc exposé sur deux tréteaux à l'entrée du chœur; par mesure de prudence, les bourgeois de Mattaincourt le fixèrent avec des chaînes à la balustrade, et jour et nuit ils firent bonne garde.

---

1. Demenge Le Clerc mourut avant Pierre Fourier.
2. *Arch.* de l'église de Mattaincourt.

Il y avait un mois déjà que durait cette situation, lorsla *Petite Paix* permit à Charles IV de rentrer en Lorraine. L'affaire est portée devant lui à Epinal. D'un trait de plume il donne raison aux chanoines. Mattaincourt cherche à gagner du temps. Après un autre long mois de pourparlers, autre ordonnance de Charles IV, confirmant la première et offrant main forte, s'il en est besoin. En sujets dévoués du duc les hommes battent en retraite, et attendent impassibles, les bras croisés, dans le cimetière. Mais il y avait une armée de réserve que les chanoines s'attendaient peu à rencontrer. Les femmes et les enfants se massent autour du cercueil et « font tant de la langue et des bras que l'on est encore contraint de se retirer sans avoir rien fait. »

Comment requérir la force armée contre des femmes et des enfants? Nouveau recours au duc, nouvel ordre, daté de Lunéville le 28 mai, enjoignant au mayeur et aux habitants de Mattaincourt d'enfermer leurs femmes, filles, serviteurs et servantes, etc... C'était chose d'exécution difficile. A un nouvel assaut les héroïnes s'opposent une fois encore, dans la même contenance éloquente. Le 4 juin, le duc signe à Pont-à-Mousson un quatrième décret, menaçant. Les soldats de Mirecourt reçoivent l'ordre d'entrer en campgne. La sentinelle qui veillait nuit et jour au clocher donne l'alarme. Au son du tocsin l'église se remplit, on renforce les chaînes de fer qui attachent le cercueil à la balustrade, on crie à la fois vengeance et miséricorde, on déclare qu'il faudra verser le sang, on invoque les intentions du défunt, on offre de bâtir aux chanoines une belle abbaye auprès de la dépouille de leur Père, d'être leurs amis, leurs serviteurs, leurs esclaves...

Que faire devant de telles démonstrations? Les chanoines se décident à attendre encore pour donner à cette ardeur le temps de se refroidir. Pendant deux mois, le cercueil demeure exposé, couvert de fleurs toujours renouvelées, entouré de lumières, orné d'une lampe d'argent qui brûle sans cesse. De tout le voisinage on accourt à Mattaincourt; les prêtres ne peuvent suffire à entendre les confessions et à distribuer la sainte Communion. Il paraît que Charles IV y vint en personne prier pour le salut de la patrie.

Au mois d'août la situation changea de face : le malheureux prince n'avait pu se résigner à la paix, il quittait brusquement ses États et les livrait ainsi à une nouvelle invasion. L'approche d'un détachement français sur Mirecourt jeta l'alarme, et trois bourgeois de Mattaincourt, dans la nuit du 16 au 17 août, confièrent à la terre, dans le plus grand secret, leur précieux trésor, sous le grand crucifix du chœur, à l'endroit marqué par le Père Fourier, vingt pas devant l'autel majeur, d'après le procès de béatification.

Le même procès, celui de Toul de 1673, nous donne sur cette inhumation les détails les plus précis :

La fosse fut creusée par Jean Marchand, François Viniot et François Ferry, de Mattaincourt, tous trois drapiers, qui en témoignèrent eux-mêmes devant les juges enquêteurs, le premier, âgé de 74 ans à cette date de 1673, le deuxième, de 61 ans, et le troisième, de 79 ans. François Ferry et Jean Marchand ajoutaient qu'ils visitaient tous les jours le saint tombeau et y rencontraient chaque fois de nombreux pèlerins[1]. On vit paraître en même temps qu'eux, devant le tribunal, le P. Georges, Nicolas Ferry, drapier, 63 ans, François Moloup, drapier, 50 ans, Mathias Landry, Henri ou Erric Lallemand, déjà nommé, 53 ans, Antoine Lestraye, et Dominique Ambroise, aumônier de la Congrégation de Notre-Dame, ces deux de Mirecourt.

L'affluence des visiteurs à Mattaincourt est signalée par tous les historiens. Nicolas de Mandres, l'ancien petit domestique du Bon Père, devenu frère coadjuteur dans la Congrégation de Notre-Sauveur, racontait encore au procès,

---

1. *Bib. nat. de Paris.* Imprimés. H. 1299.

à l'âge de 64 ans, qu'il avait vu une fois 5,000 pèlerins[1], et quatre carrosses où se trouvaient MM. de Bissy, de Gerbéviller et de Bassompierre, et la marquise d'Haraucourt.

Tout ceci s'explique aisément par les nombreux miracles constatés journellement à Mattaincourt, et un peu partout en Lorraine, à l'invocation du saint curé. Il entrerait, sans aucun doute, dans notre plan de les raconter ici : ces faits s'étant, en grand nombre, passés chez nous; et de plus, si merveilleux qu'ils soient, étant entourés d'une telle abondance de preuves et de constatations scientifiques qu'on ne peut, de bonne foi, les exclure de l'histoire positive. Pour dire, et j'y tiens, mon avis très indépendant : il est vraiment grotesque de voir certains pontifes de la critique enregistrer pieusement le fait divers le plus insignifiant, péniblement arraché aux textes des chartes ou des chroniques, parfois panaché d'hypothèse; et se refuser systématiquement à admettre tels autres faits, autrement attirants pour la curiosité humaine, faits d'ailleurs affirmés par les plus nombreux et les plus indiscutables témoignages, des enquêtes publiques, des dépositions sous la foi du serment, etc..., mais pour eux, disent-ils, inexistants, parce qu'ils supposent des causes d'ordre surnaturel, et que ces messieurs rejettent l'ordre surnaturel, au nom d'un apriorisme qui est la plus grande des absurdités, et, en tous les cas, le renversement de tous les principes d'investigation en histoire, comme en toute science expérimentale. Je ne parle pas, bien entendu, des sectaires.

Voyez le cas des enfants de Huz, par exemple : l'un de six ans, Jean-Baptiste, et son frère Nicolas, de quatre ans. Ils font basculer par imprudence une voiture chargée d'un tonneau de huit mesures de vin. Le tonneau

---

[1]. On venait déjà de loin. Les Registres mortuaires signalent un prêtre de Bourmont, mort en 1678, à Mattaincourt « où il estoit venu en pèlerinage ». En 1688, un homme de Remiremont, également mort à Mattaincourt, au cours d'un pèlerinage.

leur roule sur la poitrine. Ils restent trois heures dans cet état. On les retire sans vie, glacés, langue tirée, côtes enfoncées, visage bleuâtre, bouche pleine d'écume. On veut les soigner : pas de sang; on veut les réchauffer : impossible. On ne peut que constater leur mort. Et voilà qu'aussitôt qu'on les coiffe d'une calotte du Bon Père, ils ouvrent les yeux, la sueur perle sur leurs visages, leurs joues se colorent, ils appellent leur père... Ceci se passait à Toul en 1670.

L'un des enfants devint prêtre et chanoine régulier de Notre-Sauveur. Il résida quelque temps à Mattaincourt. Voilà un fait indiscuté, établi au procès le plus solidement du monde. Et il y en a ainsi des centaines.

Si donc je m'abstiens de les raconter dans une histoire de Mattaincourt, c'est pour ne pas grossir indéfiniment mes pages, et parce qu'on les trouve dans Bedel et dans tous les biographes du Bon Père.

Faut-il ajouter qu'à mes yeux une importante preuve des miracles et des faveurs de tout genre obtenues au célèbre tombeau de Mattaincourt, ce fut précisément cette affluence de pèlerins toujours grandissante, et qui d'ailleurs n'a pas cessé?.

Toutefois, l'autorité religieuse trouva que la piété populaire se livrait à quelques manifestations prématurées, pouvant compromettre le succès du procès de béatification.

Rien tout d'abord n'avait désigné extérieurement la sépulture de Pierre Fourier; aussitôt que les guerres offrirent quelque répit, on voulut la marquer d'une pierre tombale élevée sur quatre pilastres et portant l'inscription suivante :

HIC JACET CORPUS REVERENDI PATRIS
PETRI FORERII PASTORIS LOCI
DE MATTAINCOURT REFORMATORIS
ET GENERALIS CANONICORUM REGULARIUM
CONGREGATIONIS SALVATORIS NOSTRI
ET INSTITUTORIS MONIALIUM CONGREGATIONIS

DOMINÆ NOSTRÆ. OBIIT DIE NONO
X^bris 1640 [1]

Ceci fut encore jugé imprudent. Dans le procès-verbal d'une visite de l'église de Mattaincourt faite par Fr. de l'Espy du Saussay, archidiacre de Portsas, et vicaire général de Toul, le 28 octobre 1671, il est ordonné :

« que le mosolée du T. R. P. Pierre Fourier... sera my au rez de terre, et le tronc apposé au pied d'iceluy incessamment osté, avec les epitaffes. »

Il y a dans le même document d'autres choses intéressantes, d'où il apparaîtrait que les guerres et autres calamités publiques avaient influé d'une manière fâcheuse sur la situation morale de Mattaincourt. Les chanoines réguliers qui succédèrent à saint Pierre Fourier n'eurent peut-être pas son zèle; en tous les cas ils n'eurent pas le même succès :

Les saintes espèces, prescrit encore l'archidiacre, seront renouvelées chaque quinzaine. Il y aura un dais au-dessus du maître-autel. La statue indécente de saint Crépin sera enlevée dans les vingt-quatre heures. Les fenêtres de l'église et le cimetière seront réparés. Les registres baptistères seront bien tenus. Les parrains y *signeront* les actes [2]. Les cabarets sont interdits aux laïques pendant les offices, à peine de quatre livres de cire pour l'église; et aux ecclésiastiques en tous temps, à moins d'une lieue de clocher, sous peine d'une livre de cire.

« Ayant appris qu'il se passe des désordres épouvantables et des offenses horribles contre Dieu en certaines assemblées nocturnes

---

1. « Ici repose le corps du Révérend Père Pierre Fourier, curé de Mattaincourt, réformateur et général des chanoines réguliers de la Congrégation de Notre-Sauveur et fondateur des religieuses de la Congrégation de Notre-Dame. Il mourut le 9 décembre 1640 ».

2. Et de fait, à partir de cette date, parrains et marraines signèrent, souvent d'une très belle écriture : preuve que l'instruction populaire se maintenait chez nous à un bon niveau.

composées de garçons et de filles, appelées *poëlles* ou *escraignes*, nous les défendons, comme aussi les *facenottes*, soubs peine d'excommunication, dont la réservation sera à Monseigneur ou à nous, et de deux livres de cire pour l'église[1]. »

Mais monsieur l'archidiacre n'était-il pas un peu sévère ? Déjà, dans une visite faite le 15 octobre 1665, par Th. Requin, doyen, et Jacques Viriot, promoteur de la chrétienté de Poussay, où il fut reconnu que « l'église, les ornements et les vaisseaux sacrés sont en très bon estat et en haut point de perfection ; » outre divers desiderata relatifs à la chapelle latérale et à la construction de la sacristie (déjà ordonnée en 1653 et retardée « en raison du malheur des guerres »,) il avait été stipulé :

« Que les os des trespassez seront logéez dans toutte l'ettendue du charnier fort ancien[2] qui se retrouve au cimetier...

» Il est trés expressément déffendu aux paroissiens de plus s'arrester au cimetier après le saint service, comme ils ont de coutume, au préiudice du respect dû aux lieux sainctz, pour y traitter de leurs affaires séculières, soub peine de l'amende de cinqz francs applicable par aumosne à l'église.

» Les insolentz à l'Eglise, les blasphémateurs et les paroissiens qui se trouveront ès tavernes pendant la messe paroichiale, etc., seront punis de pareille peine conformément aux statuz synodaux, et pour ce suiect les chastelliers et eschevins de l'Eglise feront la visite ès tavernes et cabaretz de ce lieu[3]... »

Je suppose que les habitants de Mattaincourt se montrèrent peu empressés à exécuter les ordres de messire l'archidiacre relativement aux troncs placés dans l'église et près de la fontaine du « lieudit au Hault Paquis », la *Fontaine*

---

1. *Arch.* de l'église de Mattaincourt.

2. Il en est question dans la vie de saint Pierre Fourier. Il dut y loger une célèbre pécheresse (V. notre *Saint Pierre Fourier*, p. 72).

3. *Arch.* de l'église de Mattaincourt.

Histoire de Mattaincourt.

du Bon Père[1], à côté de laquelle une croix avait été érigée, et qui était déjà visitée par les pèlerins. Aussi, le 17 juin 1673, l'exempt Norroy, de la maréchaussée de France, en la résidence de Nancy, assisté de l'archer Louis Emblardy, envoyé par M. de Choisy, intendant de Lorraine, à la requête de l'archidiacre lui-même, dont il était allé à Toul prendre les instructions, faisait-il convoquer le mayeur Jean Tallotte, François François le jeune, Henri Valentin, Vuillaume Marchand et Claude Ninotte, tous échevins et commis de ville, et Nicolas Ferry, châtellier. Avec eux et malgré leurs protestations, d'ailleurs respectueuses, il se transporta à l'église où, dit-il en son procès-verbal,

« nous avons trouvez un tronc au pied du grand Crucifix, attachez à la balustre qui sépare la nef d'avec le Cœur, et à un pied prest du tombeau ou lon nous a dit que le corps du Révérendissime père Pierre Fourier, vivant curé dudit Mataincourt, est inhumé. Après lequel tronc estoit un escritau portant ces parolles : *Tronc pour la fabrique et décoration de l'église*. Duquel escritau nous en avons rayez le mot de *décoration* conformément à laditte sentence. Après quoy nous avons faict destacher ledit tronc et iceluy faict reposer au lieu désignez et ordonnez par laditte sentence. Ce faict, nous nous sommes transportez sur la fontaine lieudit au Hault Pasquis, où nous n'avons trouvez aucun tronc, non plus qu'après la croix joindant laditte fontaine[2]. »

On pourrait croire que, précisément grâce à l'affluence des pèlerins, la cure de Mattaincourt avait quelque richesse. Il n'en est rien. Malgré quelques donations faites « à l'occasion de notre B. Père », telles que celles du comte et de la comtesse de Tornielle « étant en pèlerinage » ; de M. Compagnon, chanoine de Saint-Etienne de Toul, guéri miraculeusement; de M. et Mme de la Roc, à la suite d'un vœu;

---

1. C'est la première fois, à ma connaissance, qu'il en est fait mention dans un document officiel. On connaît la tradition : Saint Pierre Fourier l'aurait fait jaillir, pour désaltérer des moissonneurs.

2. *Arch.* de l'église de Mattaincourt.

de Nicolas Moitrier et sa femme (avant 1670), la cure était médiocre, selon l'estimation de l'époque.

Au 25 novembre 1670, il y avait en la cure de Mattaincourt 8 chevaux, un vieux cheval, 2 grands poulains, 2 vaches, 12 brebis, 15 ou 16 poules, 5 porcs en graisse; on pouvait vendre 50 resaux de blé « tant de notre labourage[1] que des dîmes », 25 ou 30 resaux d'orge; l'avoine juste assez pour les chevaux; 14 resaux de navette[2]. On pouvait compter sur un revenu de 4,000 francs environ en argent.

« Nous devrions avoir 500 francs en bourse, qui sont dheus de la messe journalière de Mataincourt et de celle qu'on va dire à Himon, mais la bourrasque de la guerre nous obligera d'avoir un peu de patience[3]. »

Ces ressources furent quelque peu accrues par la fondation au capital de 3,000 francs faite, le 14 mai 1670, par Anne Fluxin, veuve Osailly, pour deux messes par semaine et bénédiction du Saint-Sacrement, le dimanche; et surtout par la fondation du duc Léopold, rentré enfin en possession de ses Etats héréditaires[4]. Léopold, par acte du 28 août 1703, donnait 4,000 livres de capital, plus remise de 300 livres d'amortissement à lui dues par le chapitre de Belchamp, à charge d'une messe journalière en l'église de Mattaincourt (ou toute autre église où le corps du Père Fourier viendrait à être transporté):

« pour entretenir et augmenter la dévotion que les peuples de ses Estats et pays voisins avoient pour la mémoire du vén. serviteur

---

1. Il faut entendre ici la culture du *bouvrot* de la cure.

2. Il est assez exact de se représenter ces cures lorraines comme de petites fermes dont le curé surveillait l'exploitation. Beaucoup de ces cures, vendues comme bien national, ont été, en effet, achetées et facilement utilisées par des cultivateurs.

3. *Arch. départ.* de M.-et-M. H. 1343.

4. Plus heureux que son père, Charles V (le fils du cardinal Nicolas-François), qui jamais ne régna.

de Dieu le R. P. Pierre Fourier, dit de Mataincour... et principallement en reconnoissance des grâces et bienfaits que son Altesse Royale a receu par ses prières, comme aussy pour attirer la bénédiction du ciel sur son auguste personne, sa famille royale et ses sujets, par l'intercession de ce grand homme de Dieu né dans ses Estats... » [1].

Le P. Philippe Gauthier semble avoir administré la paroisse, au moins jusqu'en 1646, sauf, peut-être, vers 1641, un court intérim, où elle fut confiée au P. Jean Hannus. Après eux les changements de curés furent fréquents. Plusieurs n'ont pas même laissé de traces. En 1672, c'était un A.. Remy, qui eut d'ailleurs maille à partir avec l'abbaye de Belchamp, et, par sentence du bailliage de Vosges du 7 avril 1674, fut autorisé à prendre sa *portion congrue* non seulement sur sa part des dîmes de Mattaincourt et de Hymont, mais sur le sixième des grosses dîmes appartenant à Belchamp [2]. En 1676, c'était un J. F. Magnier, en 1677 un J. Pelletier. De 1677 à 1706, la cure fut régie par le P. Jérôme Odam, chanoine régulier, « curé et chef de justice », qui paraît assez préoccupé du patrimoine temporel de son bénéfice, et eut même à ce sujet un procès avec Ch. François Marchand, dont il avait acquis un gagnage et divers immeubles pour 4,500 francs, en 1701 [3].

Dès 1682, il était en lutte avec ses paroissiens qui lui contestaient le droit d'avoir seul la garde et les clefs de l'église, de la sacristie, du trésor et du tronc [4], celui qui avait été placé par ordre de l'archidiacre et « posez à l'antrée de l'église ». Il avait obtenu de l'évêque de Toul une ordonnance lui reconnaissant ce droit exclusif. Mais le mayeur François

---

1. *Arch. départ.* de M.-et-M. H. 1345. Original de cette magnifique charte, scellée du grand sceau de cire jaune.

2. *Ibid.* H. 1345.

3. *Arch. départ.* de M.-et-M. H. 1320 et 1343.

4. Il y avait eu déjà, en 1672, un gros incident, le P. Moutarde, aidé du Fr. Jean, ayant fracturé le tronc...

Claididier et les habitants lui firent faire défense par le bailli de Vosges de se prévaloir de cette ordonnance. Il est à croire que l'affaire fut jugée au fond, un peu plus tard, car nous avons une attestation autographe du P. Odam, ainsi conçue :

« Nous soubsigné, prestre, chanoine régulier de St Augustin, de la Congrégation de Nre Sauveur, et Curé de Mattaincourt, certifions à tous ceux qu'il appartiendra que le tronc de l'église de Mattaincour est mis et situé au lieu ordonné par Monsr l'official et Vicaire général de l'Evesché et Diocèse de Toul, que nous, Curé dudit Mattaincour avons une clef dudit tronc, que l'on ne peut ouvrir sans notre permission, que toutes les fois qu'on ouvre ledit tronc, nous y sommes présents et en tirons les deniers provenants des oblations, qui sont mise entre les mains du chastellier ou marguelier de l'église pour estre employés aux nécessités de laditte église, comme sont le luminaire, les cierges, l'huile, le linge, les ornemens, le vin, les cloches, et l'entretien de l'église. Desquels deniers ledit marguelier rend compte tous les ans par devant nous et les plus notables de la paroisse, comme on peut voir dans les registres des Comptes qui se rendent tous les ans en la maison curiale de Mattaincour. Nous certifions aussy que nous avons les clefs de l'église et du chœur pour y entrer quand nous voulons et mesme les clefs de la sacristie et des donaires que l'on a fait à laditte église.

En foy de quoy nous avons signé le présent certificat, et apposé le cachet de pre office [1].

Fait à Mattaincour le 25me septembre 1683.

Hiérosme Odam, curé de Mattaincourt. »

Enfin, un inventaire détaillé du trésor fut dressé par devant notaires, le 18 juillet 1684, à la requête du mayeur Nicolas Guyot, et du châtelier François Cladidier [2].

Le P. Odam fut un administrateur ordonné ; en bon religieux il rendait fidèlement ses comptes à ses supérieurs.

---

1. De ce cachet, ovale, il ne reste que la trace. (*Arch.* de l'église de Mattaincourt)

2. Publié par l'abbé Deblaye. Nancy, Lepage, 1864.

Nous avons ces comptes de 1681 à 1704. En 1704, la recette totale de la cure de Mattaincourt s'élevait à 8,435 francs, 7 gros, 1 denier, et la dépense totale, à 7,163 francs, 11 gros.

Ce compte est signé par Achille François Massu, abbé de Saint-Pierremont, général de la Congrégation, et Jean le Gagneur, abbé de Chaumousey.

En 1706, Nicolas Fourier, chanoine régulier, petit-neveu du Bon Père (étant petit-fils de son frère Jean, de Nomeny), reçut ses provisions pour la cure de Mattaincourt[1]. Il était, depuis 1701, curé de Savigny.

Nous sommes à une époque où l'on sent que la population se recueille et reprend confiance dans l'avenir, sous le règne pacifique du duc Léopold, « un âge d'or placé entre deux âges de fer, comme le dernier bienfait et le touchant adieu d'une dynastie, fatalement condamnée à disparaître ou à quitter son berceau[2] ». Telle est bien l'impression qui résulte pour nous du document suivant :

C'est une requête des habitants de Mattaincourt à S. A., lui représentant qu'ils ont droit à deux foires franches à Mattaincourt, l'une le 14 mars et l'autre le 17 septembre, ainsi qu'en témoigne l'almanach de Besançon. Or

« les suppliants, privés de cet avantage pendant les longues guerres qui ont régné dans les Etats de Votre Altesse royale, et par la désertion de la plupart des habitants dont ledit Mattaincourt étoit composé, lorsqu'ils jouissoient desdites foires, désireroient les faire renaître, si Votre Altesse royale l'avoit pour agréable, et de les augmenter en oultre de deux aultres foires »,

le lendemain de la Saint-Pierre (30 juin) et le 15 novembre.

« par la considération de l'heureux dépôt du bienheureux Père Pierre Fourier, qu'ils ont l'honneur de posséder, dont la saincteté éclatante y attire une confusion de monde de toutes parts, par

---

1. *Ibid.* H. 1320.
2. Cardinal Mathieu. *L'Ancien régime en Lorraine et Barrois*, p. 24.

leurs vœux et la confiance qu'ils attendent de sa protection bienfaisante. Secondement par celle d'un grand nombre d'habitants dont ledit Mattaincourt se trouve actuellement composé, quoyque la plupart très pauvres, mais qui sont dans l'espérance de se tirer, à la suite, de leur état d'indigence au moyen du rétablissement des anciennes foires. »

Après enquête et rapport favorable du lieutenant général au bailliage de Vosges, le duc concéda les quatre foires, le 23 octobre 1712, sous réserve des droits de visite, aunage, étalage et poids, revenant aux marchands drapiers de Mirecourt et que personne ne leur contestait [1].

On sait que Léopold avait reçu de la France l'héritage dangereux du pouvoir absolu. Il l'exerça d'ailleurs paternellement et fut chéri de ses sujets. Mais il en profita pour doter ses Etats d'un beau réseau de routes, tâche que pouvait seul mener à bien un pouvoir déjà centralisé. Ses surintendants des Ponts et Chaussées y réussirent en demandant seulement aux communes cinq jours de corvées par an, et 100,000 livres pour les travaux d'art. Ces exigences n'avaient rien d'excessif. On n'en saurait dire autant des corvées exigées férocement, sous le roi Stanislas, par le fameux la Galaizière.

C'est vers 1720 que fut établie la *Grande Chaussée* de Mirecourt à Isches, pour laquelle fut construit le *pont de Mandres*[2], qui n'est plus guère qu'un souvenir. Cette route (aujourd'hui presque abandonnée dans sa partie qui traverse le territoire de Mattaincourt pour gagner Bazoilles) est encore reconnaissable, avec ses gros pavés toujours visibles aux endroits où elle est le moins endommagée. En même temps fut construite la petite chaussée de Mattaincourt à Hymont, et de Mattaincourt à la Grande Chaussée. Ce n'est

---

1. *Arch. comm.* de Mattaincourt.

2. Mandres, c'est Ravenel, qui était alors une paroisse distincte, et ne changea de nom que le 30 décembre 1722, lorsqu'elle fut érigée en comté par le duc Léopold, en faveur de Balthazar de Ravenel.

que plus tard, vers 1760, que fut entreprise la chaussée de Mirecourt à Epinal, utilisant jusqu'à Mattaincourt les tronçons déjà établis 40 ans auparavant. Autant de voies nouvelles qui eussent encore contribué à rendre au village sa belle prospérité commerciale d'autrefois. Mais la ruine avait été trop complète, il semble qu'elle fût irrémédiable. L'industrie de la draperie ne se releva pas à Mattaincourt.

Nous avons le rôle des indemnités à verser aux propriétaires riverains pour les pertes par eux subies lors de l'établissement de ces nouvelles routes. Ce rôle fut dressé en 1727 par Pierre François Brulin, ingénieur géographe des Ponts-et-Chaussées, en exécution des ordonnances de S. A., contresignées par le comte du Haultoy, seigneur de Gussainville, conseiller d'Etat, grand sénéchal de Lorraine et de Bar, bailli de Bassigny, surintendant des Ponts-et-Chaussées, en date du 6 septembre. On trouve, parmi les bénéficiaires de ces indemnités, le Curé et les Dames de la Congrégation. On donne surtout en compensation les terrains de l'ancien chemin de Hymont à Mirecourt par Mattaincourt. Pour la chaussée d'Epinal, ce fut Claude Durand, ancien régent des écoles de Mattaincourt, et arpenteur, qui établit le rôle des indemnités à donner aux propriétaires pour la traversée du Haut-Pasquis[1]. (15 octobre 1764.)

Nous n'avons pas à signaler, pour le premier quart du XVIIIe siècle, d'autres faits d'ordre bien saillant : un arrêt de la Chambre des Comptes de Lorraine, du 27 juin 1702, blâmant le maire et les officiers de la commune pour fautes commises dans la répartition des impôts; une sentence du bailliage de Vosges, condamnant, après pétition des habitants, Charles Moloup, drapier, à remettre en état la *fontaine Mourot* qu'il avait gâtée par voisinage d'une écurie[2]; peut-être l'établissement de la Confrérie de Notre-Dame, ou

---

1. *Arch. comm.* de Mattaincourt.
2. *Arch. comm.* de Mattaincourt.

Grande Confrérie, qui ne semble pas remonter plus haut que 1710, et paraît destinée surtout à rendre une partie des services qu'avait en vue l'ancienne Bourse de Saint-Evre. Il n'y a pas lieu de confondre cette *Grande Confrérie*, fondée pour le soulagement des pauvres, avec la Confrérie de l'Immaculée-Conception, instituée par saint Pierre Fourier, existant toujours après les guerres, et même agrégeant des filiales dans les bourgs du voisinage [1]. Enfin il y avait la Confrérie de l'Enfant-Jésus, autre création survivante du saint curé. Dans l'acte mortuaire d'un Martin Desnoisettes, décédé le 10 juin 1722, on lit : « Il estoit de la Congrégation de l'Enfant-Jésus. »

La Confrérie des Saints-Suffrages fut fondée par le P. Nicolas Fourier, et agrégée à la Confrérie Notre-Dame des Saints-Suffrages de Rome, le 5 août 1708. Plus tard on trouve la Confrérie de Saint-Sacrement et la Confrérie de Saint-Sébastien [2].

A partir de 1673, sinon plus tôt, il y eut à Mattaincourt, outre le curé, plusieurs de ses confrères de la Congrégation de Notre-Sauveur, dont on trouve les signatures dans les registres paroissiaux, ce qui indiquerait qu'ils étaient ses auxiliaires, non seulement pour le ministère à exercer auprès des nombreux pèlerins, mais encore dans l'administration de la paroisse. On y trouve, entre autres, en 1691, un P. de Huz, qui paraît bien l'un des deux petits ressuscités de Toul de 1670.

Effet d'un vieux ressentiment des habitants de Mattain-

---

1. Voir les lettres d'agrégation de la Confrérie de l'Immaculée Conception de Xiraucourt, délivrées par Marie Perré, préfète, Anne Bourlier, assistante, Françoise Marchand, Anne Simonin, Françoise Valentin, et Catherine Ninot, conseillères, le 28 août 1716, sous leurs signatures autographes et le sceau de la Congrégation (très finement gravé, avec l'exergue : « Marie a été conçue sans péché »). (*Arch. départ.* de M.-et-M., G. 1229).

2. Aux *Arch. départ.* des Vosges, G. 2522, on trouve les comptes de la Grande Confrérie (1751-1782), du Saint-Sacrement (1767-1769), des Saints-Suffrages (1777-1785).

court au sujet du procès des reliques qui était toujours pendant; affaiblissement de l'esprit religieux, déjà constaté par la visite archidiaconale de 1671, effet peut-être aussi de procédés maladroits des chanoines réguliers curés ou vicaires : ceux-ci ne furent pas sympathiques à leurs paroissiens. D'après un mémoire conservé à Lunéville[1], et daté du 6 août 1730, les chanoines réguliers se plaignent que les habitants de Mattaincourt les molestent « par des insultes continuelles, paroles, menaces, déchirent leurs robes, brisent leurs vitres, menacent de les tuer ». Et en guise de conclusion :

« Les mauvaises manières que ses habitants ont toujours eu envers leur curé et autres religieux qui ont demeuré avec lui, détournent tout à fait d'y rassembler une communauté formée. »

En tous les cas, s'ils eurent de ces façons grossières pour le P. Nicolas Fourier, c'est vraiment qu'ils ne l'appréciaient pas à sa valeur, car Nicolas Fourier fut un saint homme et s'efforça de marcher sur les traces de son grand-oncle.

Il avait été honoré du titre d'aumônier du duc de Lorraine[2]. Il mourut à 67 ans, le Jeudi-Saint, 6 avril 1730. On lit, sur le registre mortuaire, cette note, de la main du P. Fontenille :

« Il avoit été pourvu de la cure de Savigny en 1701, et de celle de Mattaincourt en 1707. Ses paroissiens perdent en sa personne un sage, infatigable et zélé pasteur. Tous les gens de bien le regrettent; les pauvres surtout le pleurent comme un charitable père. Depuis vint mois une foiblesse et un engourdissement de tous ses membres lui fit dès lors interrompre malgré lui le jeûne de trois jours par semaine, outre celui de l'Avent tout entier, qu'il pratiquoit depuis huit ans, et cesser ses fonctions pastorales qu'il avoit presque toujours fait lui seul, même les plus pénibles et les moins relevées. Enfin une fièvre interne ayant épuisé les forces de son heureux tempérament, Dieu l'a retiré de ce monde, sans doute pour

---

1. Copie aux *Arch.* de l'église de Mattaincourt
2. *Arch. départ.* de M.-et-M. B. 129.

couronner ses travaux et ses bonnes œuvres. Le douze du mois dernier, il avoit reçu par précaution le saint Viatique dans son église, et, le quatorze, l'Extrême-Onction. Le vint huit du même mois, se sentant près de sa fin, il demanda encore le saint Viatique, qu'il receut dévotement. Son corps a été inhumé le Samedi-Saint matin dans le chœur, au devant des staux, du côté de la sacristie. »

Nicolas Fourier avait eu la consolation d'apprendre en ce monde la béatification de son illustre grand-oncle, Benoît XIII en ayant fait promulguer le décret le 1er janvier 1730.

CHAPITRE VII

Le procès au sujet des reliques de saint Pierre Fourier. — Préparatifs. — Les fêtes de la béatification. — L'abbé Huel. — L'hôpital de Mattaincourt. — L'inondation de 1740. — Restauration de l'église. — L'ancien régime à Mattaincourt.

Les fêtes de la béatification de saint Pierre Fourier eurent lieu à Saint-Pierre de Rome le 29 janvier 1730, et à Notre-Dame de la Paix, les 5, 6, et 7 mars, avec une rare splendeur. La bulle permettait qu'elles fussent célébrées également dans l'année à Mirecourt, Mattaincourt, Gray, Lunéville, et dans les monastères des deux Congrégations. C'est Gray qui ouvrit la série des fêtes. En Lorraine tout fut tenu en suspens l'espace de deux ans, par le malheureux procès pour la possession des reliques.

Les chanoines réguliers de Notre-Sauveur avaient profité des fêtes annoncées pour soutenir de plus belle leurs prétentions à transporter à Lunéville le corps du Bienheureux. De leur côté les bourgeois de Mattaincourt leur opposaient une résistance héroïque. Ils obtinrent que Mirecourt s'engageât à payer la moitié des frais de l'instance[1]. Déjà, en 1727, la ville de Mirecourt avait versé 285 francs 10 gros à MM. Alba et de Ranfaing, pour frais de voyage à Lunéville, et 326 francs 8 gros, également pour frais de voyage à Nancy, toujours au sujet de ce malencontreux procès[2]. Mattaincourt était pauvre, nous le savons : fâcheuse situation pour plaider.

D'autre part, on y était bien en droit de songer à faire quelque toilette à l'église à l'occasion des fêtes prochaines.

---

1. *Arch. comm.* de Mirecourt. BB. 17.
2. *Ibid.*, CC. 2.

Les habitants s'adressèrent aux lieutenant général et conseillers au bailliage de Vosges, faisant valoir :

« Qu'ils sont obligés de faire quantité de dépenses, qu'ils ont faict des traités pour paver et blanchir leur église,... en sorte qu'ils ont besoin d'argent... »

et demandant l'autorisation de vendre quatre jours de terre de leurs usuaires communaux ainsi que tous les arbres fruitiers ou autres « qui sont couronnés, rabougriz, inutils et dépérissants » tant dans les bois communaux que dans la campagne[1].

En effet, le 7 août 1730, furent vendus à Nicolas Baulard 3 jours 3 omées 11 verges de terres sises à la Patelouze, près du ruisseau, tenant d'un bout sur la chaussée et d'autre sur le chemin de Sommeaumont, « pour la somme de sept cents trente francs, qui a été employé à la poursuitte du procès au sujet des reliques et de la Béatification du B. P. Fourier contre les sieurs chanoines réguliers. »

Vendus également à la même époque, et sans doute dans le même but : 4 omées « sur la Haye de Vroville, au-dessus de la *Fontaine du Bx Père* »; et un autre terrain à la Grande Ruelle, sur le chemin allant à Mandres.

Les chanoines n'eurent pas gain de cause sur la question de ce transfert, qui eût été inhumain. Après bien des pourparlers, cette querelle se termina enfin par une convention amiable, conclue en bonne et due forme, le 21 mai 1732, entre Jean-Baptiste Piart, abbé de Domèvre, premier assistant de la Congrégation, et muni d'une procuration spéciale du Rme P. Huguin, général des Chanoines réguliers de N.-S., en date du 13 juillet 1731, d'une part; et Nicolas Baulard, maire, Dominique Balland, Pierre Thouvenelle, conseillers, et Dominique François Recouvreur, lieu-

---

1. *Arch.* de l'église de Mattaincourt.

tenant, par procuration spéciale des habitants donnée le 17 mai 1732, d'autre part.

Il était stipulé que le corps du Bienheureux Pierre Fourier appartenait de droit aux chanoines réguliers, mais qu'il demeurerait à Mattaincourt. La commune s'offrait à céder, en plus du presbytère lui-même et de la grange aux dîmes, une portion de terrain pris sur le cimetière, pour agrandir la maison curiale au profit des chanoines réguliers; elle leur cédait en plus la maison du maître d'école[1], le terrain derrière le jardin, le long du canal du moulin, et 25 pieds en largeur dans le chemin menant au canal, au midi de la maison d'école, à charge seulement de laisser à ce chemin 15 pieds de largeur et d'y faire un aqueduc pour le passage du ruisseau. La commune conservait la jouissance du terrain cédé jusqu'à ce qu'il soit bâti; elle fournirait les bois pour la construction.

C'est évidemment en exécution de ce contrat que fut édifié le presbytère tel qu'il est actuellement disposé, par l'adjonction d'une grande aile de bâtiment, formant angle droit vers le midi avec l'ancienne maison de saint Pierre Fourier, qu'on eut soin de conserver, au moins dans ses parties principales[2]. Elle était rejointe à l'église par un sentier pavé, à travers le cimetière[3].

---

1. La maison d'école des garçons, première maison de la Congrégation de Notre-Dame à Mattaincourt, (celle achetée par Mme d'Apremont), était grevée d'une hypothèque de 3.000 livres au profit des religieuses. Celles-ci avaient fait abandon de cette hypothèque « à la condition qu'il leur seroit permis d'avoir les commodités nécessaires, comme elles les ont aujourd'hui, pour entendre le service divin et communier » au moyen de « leur galerie et de leur chœur » attenant à l'église paroissiale. (*Arch.* de l'église de Mattaincourt).

2. Une vieille gravure donne une vue de Mattaincourt vers 1840, vue prise de l'île et comprenant le chevet plat de l'ancienne église, avec son clocher en bulbe construit en 1762, le couvent de Notre-Dame, attenant à l'église au nord, et le presbytère, au midi.
Cette gravure a été souvent reproduite et maladroitement inversée, comme dans la peinture du couvent de Grandchamp, à Versailles, et dans l'ouvrage du R. P. Chérot.

3. La ruelle, dite *ruelle Landry*, bien reconnaissable encore, qui partait de la rue Géry, longeait le mur du presbytère, puis le mur du cime-

On put enfin procéder aux fêtes de la béatification, dont le premier acte devait être précisément l'exhumation du corps du Bienheureux[1].

Nicolas Fourier avait été remplacé dans la cure de Mattaincourt par le P. Jean-François Fontenille, lui aussi chanoine régulier de N.-S.,

« lequel, lit-on sur le feuillet de garde des registres, a été mis en possession de la cure de Mattaincourt par Messire Comte, curé de Harol, doien du doienné de Portsas, le tout au grand désir de la paroisse, qui en a bien témoigné sa joie. 1730. » (27 avril).

Le P. Fontenille avait en effet déjà suppléé son saint pré-

---

tière, et menait à la porte de l'église, alors beaucoup moins longue que la basilique actuelle et masquée de grandes maisons dont elle n'était précisément séparée que par une étroite bande du cimetière et par la ruelle. De l'autre côté du portail de l'église, côté nord, s'ouvrait, au delà du cimetière, une *arcade* menant au couvent de Notre-Dame, qui, nous l'avons dit, n'avait pas d'autre chapelle que l'église elle-même. Le chœur des religieuses était accolé au flanc nord de celle-ci et communiquait avec elle, par une grille. Dès 1730, avant même les fêtes de la Béatification, il y avait une « chapelle du Bienheureux Père » *(Registres mortuaires)*.

1. Ce n'était pas la première fois qu'on allait rouvrir le tombeau de saint Pierre Fourier. Il paraît maintenant avéré que les chanoines réguliers, desservant la cure de Mattaincourt, peu confiants sans doute dans le succès final de leur procès au sujet de la possession des reliques, profitèrent de leur situation pour s'approprier en secret au moins quelques portions du sacré dépôt. Sur réquisition de la Congrégation des Rites, au cours du procès de béatification, Mgr Jacques des Fieux, évêque de Toul, procéda à une première reconnaissance des reliques, le 9 avril 1683, en présence des médecins Nicolas Olriou et Guillaume du Val. Le cercueil de bois fut trouvé entièrement pourri et le cercueil d'étain dessoudé. Après le classement des ossements, on trouva qu'il manquait deux côtes, les deux rotules, et nombre de petits ossements des mains et des pieds. (Dr Liégeois. *Saint Pierre Fourier et les médecins*, p. 61). Or, le même auteur signale, p. 70, comme appartenant aux religieuses de la Congrégation de Notre-Dame de Lunéville, une partie du premier métatarsien du pied gauche dont le P. Terrel certifie l'authenticité en ces termes :

« Jean Terrel, général des Chanoines réguliers de la Congrégation de Notre-Sauveur, atteste que le présent os, y dedans inséré, est de l'orteil du pied de N. R. P. de Mattaincourt, *d'où il a été tiré en ma présence*. En foi de quoi j'y ai apposé mon nom et le sceau de mon office, le 29 mars 1655. »

On ne peut pas avouer plus clairement que le tombeau du saint a été ouvert avant 1655 — à l'insu, bien sûr, des bonnes gens de Mattaincourt — par Messieurs les Chanoines réguliers de Notre-Sauveur.

décesseur pendant près de deux ans. On trouve avec lui, à cette époque, les PP. Louis Cuny[1] et Le Marquis.

Les fêtes de Mattaincourt furent fixées au 30 août par Mgr Bégon, évêque de Toul. Le P. Fontenille et ses collaborateurs n'eurent donc que trois mois pour préparer ces solennités mémorables.

« Malheureusement l'église était petite (trente mètres de long sur dix de large), et se prêtait peu à l'ornementation. Deux décorateurs de Nancy furent chargés d'obvier à ces inconvénients. »

— La famille ducale avait mis à leur disposition des tableaux, des tapisseries, des candélabres du palais de Lunéville.

« Un portique découvert en tapisserie reliait l'église à la rue et prolongeait la nef de quinze mètres. Le portail fut tendu de riches draperies, qui s'avançaient en forme de pavillon. Au dessus de l'entrée on plaça un grand tableau, où le bienheureux en buste était couronné par la Renommée. Les médaillons du peintre d'Ancône[2] s'étalaient à l'entour. Tout l'intérieur de l'église était recouvert de tapisseries des Gobelins. Partout des emblèmes, des armoiries, des inscriptions en l'honneur du bienheureux.

La piété des fidèles voulait garder un souvenir de ces belles fêtes. On fit faire un petit monument au pan coupé de l'abside, derrière le maître-autel. Sur une base commune s'élevaient deux pilastres doriques qui formaient un encadrement rempli par trois médaillons : dans celui du milieu, Pierre Fourier, sous la figure du Bon Pasteur, portant une brebis sur ses épaules ; celui de droite le montrait donnant le voile à ses religieuses, et dans l'autre il présentait le *Summarium* aux chanoines de la réforme.

---

1. Le P. Cuny mourut à Mattaincourt à 29 ans, le 11 septembre 1734, et fut « inhumé dans l'église à costé du tombeau du Bienheureux Père. »

2. Antonozzi. Ces médaillons avaient été peints pour les fêtes de la béatification à Notre-Dame de la Paix, à Rome.

Sur l'entablement, à la hauteur de douze pieds, on voyait une sorte de tombeau destiné à recevoir la châsse. Le tout était surmonté d'une grande niche où la statue du Bon Père, en habit de chœur, s'élevait sur un massif de nuages, les bras tendus vers le ciel, et la tête éclairée par un jour astral. Deux anges à ses pieds tenaient divers emblèmes; deux autres, placés plus haut, s'inclinaient pour le couronner. Pendant la cérémonie, ce beau groupe était encadré par un dais magnifique en draperies de velours cramoisi. Telle fut l'église de Mattaincourt à l'occasion du triduum de la béatification[1] ».

La duchesse régente, Elisabeth d'Orléans, veuve de Léopold, avait tenu à venir avec ses enfants assister au triomphe du saint curé de Mattaincourt. Elle établit sa résidence à Mirecourt pendant les fêtes; la ville présenta à cette occasion des dentelles à Mesdames les princesses pour 500 écus, et décida de payer dans les cabarets les dépenses faites par les gendarmes, suisses, et autres personnes de leur suite et aussi celles faites par les gens de l'évêque de Toul. Il fut également décidé qu'on offrirait à S. A. des bouteilles d'honneur et qu'on lui enverrait du gibier pendant les trois jours des fêtes. Des feux de joie devaient être allumés tous les jours matin et soir; on tirerait des boîtes et le canon, etc...[2] La ville de Mirecourt dépensa à cette occasion 7,002 francs, 10 gros, 3 blancs. Elle envoya aux fêtes un timbalier et quatre trompettes.

L'évêque de Toul, Mgr Bégon, fit son entrée à Mattaincourt avec sa suite, le 28 août, entre deux haies de 120 bour-

---

1. Rme dom Vuillemin. *La Vie de saint Pierre Fourier*, p. 510, d'après la Relation des fêtes de la béatification. In-18. Nancy, 1733.

2. *Arch. comm* de Mirecourt, AA4. — De plus le Conseil de Ville de Mirecourt décida, de concert avec le curé, de faire les fêtes de la béatification du Bienheureux Pierre Fourier, en l'église de Mirecourt, le 12 septembre 1732. Il ordonna que ce jour serait solennisé comme fête chômée. Défense de travailler; à peine de 15 francs d'amende. Ordre à tous les bourgeois de faire un petit feu le soir devant chez eux et de mettre des chandelles aux fenêtres. (*Ibid.*, BB17).

geois sous les armes. « Il fut reçu au presbytère par le R^me. P. Huguin, général des chanoines réguliers, entouré de six abbés de la réforme, de cinquante religieux et d'un nombreux clergé. Le cortège se rendit à l'église pour la bénédiction du très saint Sacrement. La journée se termina par des décharges de boîtes et des salves de mousqueterie. C'était l'annonce de la grande solennité.

» Le lendemain, vers neuf heures, le clergé seul se rendit à l'église, accompagné de quatre médecins et d'autant d'ouvriers. Après une messe basse dite par le secrétaire, l'évêque, au pied de l'autel, entonna le *Veni Creator*. Ensuite le P. Piart, la bulle de béatification à la main, vint demander à l'évêque la levée de terre des reliques du bienheureux. Le prélat octroya la requête; aussitôt les ouvriers prêtèrent serment et se mirent à l'œuvre. On écarta les débris du cercueil d'étain, on ouvrit celui de bois et l'on en retira les ossements, qui furent déposés sur une table. Les médecins reconstituèrent le squelette et marquèrent les parties absentes. L'évêque détourna plusieurs fragments pour les distribuer, puis il réunit les ossements avec du ruban de soie et les plaça dans la belle châsse due au sculpteur Menuel, que l'on voit encore aujourd'hui [1].

» Toutefois, avant d'y déposer le crâne, l'évêque alla l'offrir à la vénération des religieuses dont la grille donnait dans la chapelle latérale de gauche. Il le rapporta ensuite au pied de l'autel pour procurer aux fidèles la même consolation. L'église fut ouverte et immédiatement remplie, en un instant

---

1. On la voit, hélas! dans l'état le plus lamentable, grâce à la fantaisie ridicule, autant qu'irrespectueuse, des gens qui ont voulu, après les fêtes de la canonisation, l'enfouir sous terre pour inhumer à nouveau le corps de saint Pierre Fourier, dans cette cavité dénommée crypte, qui est bien le produit d'un cauchemar de cerveau malade et la chose du monde la plus inesthétique, avec ses débris mal rajustés du joli autel de l'ancienne chapelle des reliques, ses inscriptions de mauvais goût, ses marbres de pacotille, et ses anges de bazar en carton pâte, qui portent leurs lanternes, étrangement pareils en leur laideur et leur misère. Que dirait M. Hadol, devant ces horreurs?...

la terre extraite du tombeau avait disparu. Pour sauver les restes du cercueil, on fut obligé de les passer de l'autre côté de la grille des religieuses. Le peuple fit toucher quantité d'objets aux saintes reliques. Après cinq heures environ de séance, deux chanoines déposèrent sur le maître-autel la châsse, fermée à deux clés et couverte d'un voile. L'église fut évacuée et personne ne put y entrer avant la cérémonie du soir, sauf les ouvriers occupés à rétablir le pavé.

» A quatre heures on revint à l'église; l'évêque, les six abbés, les nombreux ecclésiastiques portaient de magnifiques ornements provenant ou de la chapelle ducale, ou de riches abbayes. On enleva le voile qui couvrait la châsse, et alors le prélat entonna le *Te Deum* et encensa les reliques. On chanta ensuite les litanies des saints, dans lesquelles on répéta deux fois : « *Beate Petre, ora pro nobis* » : Bienheureux Pierre, priez pour nous. » Le chant des premières vêpres de l'office termina cette journée préliminaire et ouvrit le triduum. Le soir, le vicaire général, délégué par l'évêque et accompagné de religieux et de prêtres, alla mettre le feu à la bure, c'est-à-dire au feu de joie préparé dans l'île du Madon. Ce fut le signal d'autres feux et d'autres illuminations dans tout Mattaincourt.

» Les étrangers étaient déjà nombreux, le 30, mais le lendemain dimanche, l'affluence fut plus considérable encore. A peine pouvait-on conduire les personnes de distinction aux places réservées. Les prêtres n'arrivaient que difficilement aux autels pour y célébrer la messe. De nombreux confessionnaux longeaient les murs de l'église, et l'on dut distribuer la sainte communion sous le portique en tapisserie.

» Après tierce on lut la bulle de béatification et on chanta la messe, non pas en musique comme partout ailleurs, mais en plain-chant, avec accompagnement de faux-bourdons. Les morceaux préparés par le maître de chapelle de Son Altesse furent exécutés par les meilleures voix des chanoines réguliers, les musiciens de la cour, sous la direction du premier symphoniste, suppléèrent avantageusement au défaut d'orgue. Le chanoine Clévy prononça un magnifique panégyrique. Le lundi, le privilège de célébrer revint au P. Charles Massu, abbé de Belchamps, soit à raison de l'ancienneté, soit à raison de la juridiction de son abbaye sur la cure de Mattaincourt. Le panégyrique fut prononcé par M. Lecomte, curé de Harol et doyen de Poussay[1]. »

Il paraît hors de doute que la duchesse régente assista, le 29 août, à l'exhumation des reliques, s'il faut en croire les registres de l'Hôtel-de-Ville de Mirecourt[2]. Elle revint, le lundi 31, vers la fin de la grand'messe, fut aussitôt conduite à la place qui lui était réservée dans le chœur, où elle fut haranguée par l'évêque de Toul, qui lui remit deux ossements du bienheureux, un pour elle, et l'autre pour son fils François III. La châsse fut ensuite descendue pour qu'elle pût la vénérer à son aise, et l'évêque célébra la messe en sa présence. Elisabeth d'Orléans repartit le même jour pour le château de Marainville.

On ne peut s'empêcher de voir, dans cette suprême visite, comme un adieu de la dynastie de Lorraine au grand patriote qui l'avait tant aimée. En effet, quatre ans après, le duc François III épousait Marie-Thérèse d'Autriche, il échangeait, en 1737, contre la Toscane, son duché de Lorraine, cédé à vie au roi Stanislas Leczinski, pour être réuni à la France en 1766. Et François III de Lorraine devenait, en 1745, empereur, sous le nom de François Ier[3].

1. Rme dom Vuillermin. *La Vie de saint Pierre Fourier*, pp. 512-513.

2. « Cérémonie de l'exhumation du corps du Bienheureux Père de Mattaincourt, le samedi 29 août 1732, à laquelle cérémonie S. A. Mme la Régente, avec Mgr et Mesdames voulurent bien assister. » (*Arch. comm.* de Mirecourt, AA4).

3. Les Lorrains pleurèrent leurs ducs. Et on ne peut que donner mille fois raison à leurs fidèles sujets, quand on compare leur régime paternel avec la sèche tyrannie des administrateurs français comme les la Galaizière, qui se firent si cordialement détester chez nous.

M. de Bourcier de Monthureux traduisit fidèlement les sentiments de nos ancêtres dans une proclamation, transcrite aux Registres de Mirecourt. Il y déplore le changement qui arrive dans la Lorraine, qui, après

Après le départ de la duchesse régente, l'évêque de Toul scella de nouveau la châsse où allait désormais reposer la dépouille glorieuse du Bienheureux; et, le soir même, il quitta Mattaincourt.

Les fêtes se terminèrent le mardi par des offices solennels, célébrés pontificalement, le matin, par le Rme P. Huguin, général des chanoines réguliers, et le soir par le Rme P. Piart, abbé de Domèvre et postulateur de la cause. M. Andreux, curé de Remiremont, prononça un dernier panégyrique, et un *Te Deum* solennel clôtura ces journées de triomphe. Alors six chanoines réguliers prirent sur leurs épaules la châsse du Bon Père, et la portèrent à l'endroit qui lui était destiné, dans le monument élevé contre le mur du fond de l'église. Elle devait y rester en paix jusqu'aux jours mauvais de la Révolution. Elle était protégée par une grille fermée de trois clés, dont l'une fut remise au général des chanoines réguliers, l'autre au curé, et la troisième au maire de Mattaincourt.

Le soir, il y eut encore une *bure* dans l'île de Madon, illuminations et décharges de mousqueterie.

Mais la piété populaire ne voulut pas que fût oubliée la place choisie par le Bon Père lui-même pour sa première sépulture. Elle fut recouverte d'une nouvelle pierre tombale,

---

avoir dépendu d'un empire florissant, dont l'étendue n'avait presque d'autres bornes que celles de l'Europe, devait plus tard faire partie d'un royaume qui fut encore démembré, et se forma enfin en duché; qu'enfin, en 1737, par suite de vicissitudes inséparablement attachées aux choses humaines, la Lorraine et le Barrois sont soumis à la souveraineté de S. M. polonaise, par un événement qui n'a point d'exemple dans l'histoire, et qu'après ce règne elle fera partie du royaume de France... Les Lorrains furent vivement touchés d'une résolution si étonnante, et déclarèrent que ce n'était qu'avec peine qu'ils faisaient le sacrifice de leurs cœurs à l'obéissance et à la soumission que l'on doit aux décrets impénétrables de la Providence. Ils espéraient néanmoins que les nouveaux monarques que le ciel leur destinait, avaient trop de justice et trop d'humanité pour blâmer leurs sentiments, et même pour ne pas agréer les pleurs que leur faisaient répandre l'éloignement et la dispersion de la maison de Lorraine, dont ils avaient eu le bonheur de suivre les lois pendant plus de 700 ans. (*Arch. comm.* de Mirecourt, AA3.)

décorée du portrait auréolé du Bienheureux, et marquée pour mémoire de l'inscription suivante, qu'on y lit encore :

Les Precieux Ossemens Du B. P. Fourier
Ne a Mircour, le 30 9bre 1565
Cure de Mataincour Le 27 May 1597
Instituteur Des Relig. de la
Congregation De N. Dame en 1614
Reformateur Des Chan. Regul. de
N. Sauveur En 1621
General de cet Ordre en 1632
Mort A Gray Le 9 Xbre 1640 age de 76 ans
Beatifie a Rome le 10 Jan. en 1730
Ont Estes tires Avec Solemnite De
Ce Tombeau Le 30 Daoust 1732 Par
Monseigneur Scipion Jerome Begon
Eveque de Toul
Memoria justi cum laudibus.

Ce tombeau vide, par une vieille habitude, fut vénéré par les pèlerins, à l'égal des reliques elles-mêmes.

On est étonné de ne pas voir nommer, à l'occasion de ces fêtes mémorables, un prêtre originaire de Mattaincourt, et qui jouissait déjà, en 1732, d'une certaine notoriété : Joseph-Nicolas Huel, né le 17 juin 1690 [1], et curé de Rouceux, près de Neufchâteau, depuis le 8 janvier 1726. Il avait étudié la théologie à Paris, où il se lia avec l'abbé Castel, dit l'abbé de Saint-Pierre, de qui il prit le goût des sciences économiques. Il est l'auteur de nombreux projets, exposés, paraît-il, dans des manuscrits qu'il laissa à sa sœur, religieuse à Montmartre. Quelques-uns de ces projets furent réalisés, comme celui de planter des arbres fruitiers le long des routes de

---

1. Voici son acte de baptême, aux reg. bapt. de 1690. « Joseph Nicolas, fils de Nicolas Huel, et de Nicole Moitsier, sa femme, a esté baptisé le 18 juin. Parrain Joseph, fils de Maurice Perrey, et marraine, fille de Claude Mengeant, de Lignéville. » (*Arch. comm.* de Mattaincourt).

Lorraine et de Barrois. Un autre, plus intéressant encore qu'il présenta en 1762 au conseil du roi Stanislas, fut mis à exécution un siècle après par la création des canaux du Rhône au Rhin, et mieux encore par celle du canal de l'Est. Il obtint également que fussent prises d'excellentes mesures contre le danger des inhumations trop précipitées. Il s'attira des ennuis par un ouvrage curieux, qui parut subversif : *Essai sur les moyens de rendre les religieuses utiles en supprimant leurs dots*[1]. Le livre était anonyme; devant l'orage qu'il excita, Huel se fit connaître, et offrit de justes satisfactions, si elles étaient nécessaires. J'ignore ce qu'il advint de cette affaire. Le *Dictionnaire des anonymes* (III, p. 232) lui attribue également un *Essai sur la crainte de la mort*, in-12.

Huel ne courut pas après les honneurs; mais son nom était avantageusement connu dans les milieux scientifiques en France et à l'étranger. Le duc de Wurtemberg ne manquait pas de venir le visiter en sa cure de Rouceux, lorsqu'il se rendait à Paris. Huel mourut le 3 septembre 1769, d'après Durival, 1776, d'après Pérennès[2].

A cette date Mattaincourt possédait déjà son hôpital. Il est vraiment étrange que nous ne puissions pas encore préciser l'année exacte de sa fondation. En tous les cas, il existait avant 1710[3]. Les malades y étaient soignés par des personnes de service. En 1743,

« Messire Jean-François Fontenille, prêtre, chanoine régulier, curé de Mattaincourt, se pourvut pour avoir des Sœurs de l'Hôpital

---

1. In-8, Neufchâteau, 1750.

2. V. Durival. *Descript. de la Lorraine*, II, p. 141. — F. Pérennès, *Dictionnaire de biographie chrétienne*, t. II, col. 734. (dans l'Encyclopédie Migne). — Par acte du 31 janvier 1759, passé devant Me Guinet, notaire à Neufchâteau, Huel, conjointement avec d'autres personnes de Rouxeux, avait fondé une rente importante pour l'école des filles de sa paroisse. (*Bulletin paroissial de Rouxeux*, mai 1909).

3. Dans la liste de ses fondations de rentes, nous en trouvons une de Ch. Dominique Denisot, du 3 mai 1710.

Saint-Charles de Nancy [1], pour la maison et hôpital de Mattaincourt. Il y eut traité passé par devant Mre Pierre, tabellion à Nancy, entre ledit Messire Fontenille et les Sœurs Supérieure et Assistante et autres, assemblées en la maison hôpital de Saint-Charles de Nancy [2] ».

Le P. Fontenille mourut le 2 novembre de la même année, « après avoir gouverné ladite paroisse avec autant de sagesse que de charité pour les pauvres », dit l'acte de décès [3]; et le traité ne reçut pas, pour le moment, d'exécution. Le P. Joseph Pierson, le nouveau curé, ne reprit les négociations qu'en 1758, où

« avec délibération des sieurs directeurs, mise sur le registre de l'Hôpital, il a demandé l'exécution dudit traité. Ensuite de quoy les Sœures Supérieure et autres, assemblées en la manière ordi-

---

1. Emmanuel Chauvenel, seigneur de Xoudailles (terre près de Saint-Nicolas-du-Port), en souvenir de son fils, de même nom, jeune avocat au Parlement de Metz, très dévoué aux pauvres, et mort en 1651 d'une maladie contagieuse contractée à Toul au chevet des malades, fonda par contrat du 18 juin 1652, une œuvre charitable, à laquelle se consacrèrent aussitôt nombre de personnes distinguées de Nancy, qui avaient accepté pour directrice Barbe Thouvenin, veuve de noble Nicolas Perrin, avocat. Il légua à cette œuvre ses biens et sa maison, et renouvela cette fondation par contrat du 23 novembre 1662.
L'Hôpital engloba une fondation faite par le duc Charles IV en 1626, et celui-ci lui donna du nom de son patron, le titre de *Maison de saint Charles Borromée.*
L'institut fut approuvé par André du Saussay, évêque de Toul, et reconnu par lettres patentes de Charles IV, du 15 mai 1663.
La première religieuse qui y prononça ses vœux fut Anne Roger, veuve de Nicolas Virion, conseiller d'Etat de S. A. et lieutenant général du comté de Vaudémont.
Dès le début du XVIIIe siècle la Congrégation se constitue et fonde de nombreuses maisons. Elle en comptait plus de 50 à la veille de la Révolution, dans presque toutes les villes et bourgades de Lorraine.
La mère Clotilde Viard, supérieure générale, fut arrêtée et emprisonnée à Strasbourg pour avoir refusé le serment schismatique. Elle fut tuée dans un accident de voiture en revenant à Nancy, après sa mise en liberté.
Les religieuses avaient quitté l'habit de la Congrégation. Elles le reprirent en grand nombre en 1804, revinrent occuper beaucoup de leurs anciens postes et firent de nouvelles fondations.
2. *Arch. départ.* des Vosges, H. 160.
3. *Arch. comm.* de Mattaincourt.

naire de la maison de l'Hôpital St-Charles de Nancy, ont envoié deux de leurs Sœures, au mois de novembre 1758, en laditte maison et hôpital de Mattaincourt, qui sont, savoir : la Sœure Anastasie, économe, et la Sœure Sophie. »

Les deux sœurs vinrent « en carrosse »; les directeurs payèrent, le 2 décembre 1758, 20 livres 4 sols pour leurs frais de voyage. Ils leur fournirent également mobilier et literie, sans lésiner aucunement :

31 livres à la sœur Anastasie pour dépenses nécessaires, 7 livres 4 sols, pour toile à faire les paillasses des deux sœurs; 2 l. 16 s. pour anneaux; 17 l. 18 s. pour 10 livres et demie de plume; 17 s. pour « une pièce de tresse d'Overgne aussy pour emploier aux deux lits des sœurs »; 9 l. pour 9 livres de crin bouilli; 28 l. 12 s. pour 22 livres de laine; 16 l. 10 s. pour deux bois de lit; 2 l. 16 s. pour quatre aunes de toile blanche...; et pour les rideaux, courtes pointes, 12 chaises, crucifix, couvertes, draps, etc.

Du reste l'hôpital semble être riche; il a des gagnages à Mattaincourt, Hymont, Vaxoncourt, They-sous-Montfort. Il possède, dès 1751, première année dont nous ayons les Comptes[1], des rentes fort importantes qui vont s'augmenter par des fondations nouvelles, et par le droit de bienvenue de 5 francs (soit 2 l. 2 s. 6 d.), que doivent payer à son profit, suivant arrêt du Conseil d'Etat de S. A. R. Madame la Régente, tous les nouveaux habitants, la première année de leur arrivée à Mattaincourt[2].

En 1751, Claude Beurlot, marchand drapier, et receveur de l'Hôpital, rendant ses comptes à Messire Joseph Pierson, « chanoine régulier, prêtre très digne et mérité curé de Mattaincourt », et aux directeurs, accuse déjà un total de 14262 livres de rentes fondées.

Les fondateurs sont d'un peu partout : de Mattaincourt

---

1. *Arch. départ.* des Vosges, H 160.

2. Il n'échappera à personne que la liste des nouveaux venus est très importante à consulter pour le mouvement de la population.

d'abord et de Hymont, il va sans dire; de Mirecourt, de Mandres (Ravenel), de Bazoilles, de Vroville, de Racécourt, de Valfroicourt, de Saint-Menge. d'Hagécourt de Madecourt, de Jésonville, de Lerrain, des Trois-Vallois, etc... ce qui donne lieu de supposer que les pauvres de ces mêmes localités étaient également admis à l'hôpital de Mattaincourt. Ils y étaient bien traités; on ne leur épargnait même pas quelques douceurs qui, à l'époque, étaient encore du luxe; comme le tabac, dont il est consommé à l'hôpital pour 7 livres 4 s. 9 d. en 1753.

Le 17 août 1754 :

« Avoir payé à la demoiselle Papigny, à l'Entrepôt de Mirecourt, pour un rol de tabac menufilé à la dauphine, pesant quatre livres dix onces un quart et demy, délivré ledit jour à Catherine Musnier pour en faire la distribution aux personnes de l'hôpital : 5 l. 12 s. 3 d. »

Même provision le 18 janvier 1754, le 29 mai et le 7 juin 1755.

On y faisait de la dentelle : En 1753, furent payés

« 10 sols à la fille de Nicolas Roch, pour avoir fournis et donnés un model de dentelle pour Barbe Perrot, fille de l'hôpital, et 2 l. 4 s. à Agnesse Briançon pour journées emploiées à montrer à faire travailler Barbe Pierrot sur un nouveau model de dentelle ».

Deux bottes et demie de fil de dentelle furent payées 4 l. 16 s. à François Trouillot, marchand à Mirecourt.

La chapelle de l'hôpital fut construite en 1750 sous le vocable de saint Sébastien, sans doute en souvenir des alarmes de la peste de 1632[1].

---

[1]. Voici l'inscription qu'on lit sur la façade extérieure de cette chapelle :

ICI EST LE TABERNACLE DE DEU PARMY LES
HOMMES ET IL Y HABITERA AVEC EUX
1750.

Mattaincourt eut à souffrir en 1740, d'un autre fléau non moins terrible. Le 16 octobre, sur les neuf heures du soir, le Madon eut une crue subite, qui causa, chez les riverains, d'importants ravages : tanneries de François Gérardin, Joseph Morel, Pierre Thouvenel et François Baudot, entièrement détruites, et les cuirs emportés; plancher de l'étage soulevé par les eaux chez Pierre Saubrement, ses cuves, pleines de raisins, emportées; murs de la cure abattus; murs du cimetière menaçant ruine; dégâts considérables à la maison d'école; maison Moloup, au bout du grand pont, entièrement rasée.

« Du Pont royal il y a quatre arcades entièrement tombées, les bois enlevés par les eaux, le pavé de part et d'autre ruiné considérablement et le surplus menaçant une ruine prochaine. »

Les dégradations sont évaluées à 960 livres à payer par la commune, en plus de ses dettes, qui sont considérables.

Sans compter les murailles écroulées de toutes parts, les meubles gâtés, les arbres des vergers déracinés et entraînés par les eaux, les fourrages, les bestiaux eux-mêmes emmenés en grand nombre, comme à Solenval, où le meunier perdit quatre chevaux de haut prix, une vache, etc.

Ces navrants détails sont fournis par une enquête faite deux jours après par les maire, syndic, lieutenant, commis et châtelier de la commune, pour être soumise au roi Stanislas. Ils y joignaient le

« Détail des habitants qui composent la commune de Mattaincourt, fait avec toute l'exactitude possible, en présence de Monsieur le Curé, et qui fait voir la pauvreté du lieu.

On ne compte dans laditte communauté de Mattaincourt que douze laboureurs, et tous censiers, dont quatre sont d'une charuë[1], deux d'un tiers, et deux de trois quart de charuë, et la

---

1. D'après l'estimation alors reçue, on comptait pour une charrue la quantité de terres et prés nécessaires pour occuper et nourrir six chevaux de labour.

pluspart desdits laboureurs réduits ordinairement au pain d'orge, et assez souvent au pain d'avoine.

Il y a soixante et onze chefs de famille, plus médiocres que bons. Le reste est composé de quarante deux veuves et vingt-six filles en chambre, les unes et les autres n'ayant pour toute profession que celle de dentelle, qui, selon l'exact examen que l'on en a fait, ne leur produit ordinairement que quatre sols par jour. Aussy se trouve parmi ces veuves et ces filles quarante et une de pauvres. Ce reste est encore composé de différents maneuvres, entre autres de quarante deux fileurs de laïne, qui travaillens tout le jour et assiduëment peuvent gagner cinq sols par jour. Entre lesquels on en compte trente qui mendient, sans les enfans. »

On le voit, nous sommes loin de l'ancienne richesse. Il n'y a plus de drapiers ; plus rien que des fileurs de laine, travaillant, comme les dentellières, à des prix de famine.

La commune possédait 5 francs barrois de cens annuel, dus par Nicolas Henri, pour sa maison sise au bout du pont. Par contre elle devait, en 1738 :

1925 francs à la Grande Confrérie.

666 francs 8 gros à l'Hôpital Saint-Charles de Nancy, comme donataire de Mme de Ravenel.

40 francs[1] par an au chapelain de Saint-Côme et Saint-Damien, en l'église de Mirecourt.

49 francs 10 gros au domaine du Roi, pour amortissement du droit de four banal, et pour la taille réelle.

Mais elle possédait quelques beaux domaines de terres arables[2], qui était bien de quelque revenu, et surtout des bois communaux d'une contenance totale de 611 jours, 3 omées, fournissant l'affouage de plus de 200 familles (feux), et 139 arpents ou jours, et 3 omées, de quart en réserve[3].

---

1. 40 francs, soit 17 l. 2 s. 6 d. — Le chapelain de Saint-Côme et Saint-Damien était, en 1741, M. Henry, curé de Mandres (Ravenel). J'ignore l'origine de cette fondation.

2. Plus les deux îles du Madon, formellement comprises dans la déclaration de 1738. Un peu plus tard, le fermier du moulin ayant voulu s'en attribuer l'usage exclusif, fut rappelé à l'ordre par le roi Stanislas.

3. En voici le détail :

Nous avons un état exact de ses finances dans les comptes de la gestion de ses syndics, qui nous restent pour les années 1741, 1743, 1744 à 1753, 1762, 1764, 1765.

En 1741, on dépensa 196 livres 2 s. pour le rétablissement du moulin et foulon de Mattaincourt, on contribua également à la réparation du pont royal, ruiné par l'inondation. La recette totale fut de 1265 l. 15 s. 3 d., et la dépense totale, de 1306 l. 10 s. 4 d.

En 1743, le déficit était comblé, puisqu'on encaissa 1032 L 3 d. et qu'on ne dépensa que 982 l. 16 s. 10 d.

A partir de cette date les bonnes gens de Mattaincourt se lancent dans les grands travaux. D'ailleurs leurs recettes augmentent dans la même proportion que leurs dépenses : les recettes sont de 2413 livres 6 deniers, en 1763, et les dépenses, de 2375 l. 16 s. 2 d. Il est déjà question d'une restauration de l'église. Il y eut, dès 1743, une visite d'Antoine Didelot, architecte à Damas-devant-Dompaire, et du fr. Dieudonné, architecte, des Cordeliers de Darney. Les travaux

---

Bois de *l'Orcille-Thiébault*, entre le ruisseau de Semeaumont et la Sente de Bazoilles : 117 jours ou arpents.

Bois au-dessus des prés de *Molaumont*, 30 arpents.

Le *Cugnot de Remiremont*, entre les bois du comte de Ravenel et ceux de Mattaincourt, 18 arpents, 5 omées.

Le *Bois Georges*, entre le Bois de *la Sente*, au comte de Ravenel, et les bois de Mattaincourt, 51 a., 8 om.

Bois entre le bois de *Mandre* et celui de la *Truitte*, d'une part, et celui de *Molaumont* d'autre part, jusqu'à la fontaine d'Ambafontaine et le bois de Recange, 121 arp.

Bois dit le *Gros-Sol*, enclavé dans le bois du comte de Ravenel, qui négocie un échange, 12 arp.

Bois de *Molaumont*, 146 arp.

Bois Renaud, aboutissant au bois d'Hymont, aux champs de Villers, aux Taillottes et aux Pariottes, 40 arp.

Bois des *Pariottes*, 15 arp.

Bois des *Taillottes*, 117 arp., 2 om.

Bois de *la Sente de Bazoilles*, défriché en partie pour la sécurité de la Chaussée.

Il y a une jolie carte des bois communaux de Mattaincourt, dressée par Ignace Pierrot, « géomètre arpenteur en la matière des eaux et forêts de Mirecourt », le 28 mars 1752. On y voit très nettement le tracé de la Grande Chaussée. (*Arch. comm. de Mattaincourt*).

devaient se faire à frais commun sur les budgets de la commune et de l'église[1].

En 1745, on se contenta de faire le beffroi des cloches, en 1757 on fit le clocher de la maison d'école.

En 1761, on commence à donner suite au projet de restauration de l'église « pour rallonger la nef, reconstruire la sacristie, ainsi que la tour tout à neuf ». L'état estimatif des travaux de réfection de la tour et de mise à neuf des ferrements des vitraux s'élevait déjà à un devis de 6.204 l. 4 s. 6 d. L'adjudication eut lieu à Mirecourt par devant M. Alba, lieutenant général et subdélégué de Mirecourt, en son hôtel, le 16 septembre 1761. Au préalable les habitants de Mattaincourt avaient invité tous les décimateurs de la paroisse à prendre connaissance des plans et devis et à faire procéder au plus tôt aux réparations que le droit en vigueur mettait à leur charge.

Messieurs les bénéficiaires des dîmes ne daignèrent pas répondre. Alors les habitants obtinrent un jugement de M. Alba de Ravon, lieutenant général, les autorisant à faire saisir les dîmes de l'année en cours, « pour seureté des ouvrages » à la charge des décimateurs. Les dîmes furent donc saisies chez M. Pierson, curé de Mattaincourt, et Rémy Alizant, aubergiste à Hymont, qui en étaient dépositaires. Aussitôt les intéressés d'entrer en scène et de demander levée de la saisie, en déclarant qu'ils sont prêts « à contribuer aux ouvrages à faire à l'église de Mattaincourt, pour la part qui peut tomber à leur compte ».

Par trois jugements successifs des 3 juin, 8 juillet et 12 août 1763, le tribunal leur donna acte de leurs déclarations, remettant à juger la cause au fond en la grande audience

---

[1]. Nous avons aussi les Comptes des Châteliers de l'église, de 1736 à 1747. (*Arch. comm.* de Mattaincourt.)

On y trouve que les religieuses de Notre-Dame avaient l'entretien du linge de l'église; et que c'était le *Châtelier* (donc l'Eglise), qui fournissait une bonne partie du traitement du maître d'école : soit 400 francs, sans compter les honoraires spéciaux, pour messes chantées.

du 22 août suivant. Or, je n'ai pas retrouvé jusqu'ici la sentence définitive; mais vu les offres des défendeurs, il n'est pas bien difficile de la conjecturer.

On n'attendit pas l'issue de ce procès pour commencer les travaux. Le 14 février 1762, la communauté de Mattaincourt présentait au conseil royal un placet à l'effet d'obtenir des aides pour faire amener de Bégnécourt les pierres de taille destinées à la construction.

« attendu que les laboureurs de Mattaincourt n'étant qu'au nombre de huit, tous mal attelés, et ceux de Hymont au nombre de neuf, ils ne pourront jamais subvenir à ces voitures qu'en laissant leurs terres en friche. »

En juillet l'entrepreneur, Claude Bourguignon, de Charmes, dut s'arrêter faute de matériaux. Il fit assigner les deux communautés en paiement de dommages-intérêts alléguant :

« Qu'il s'est renduë adjudicataire de la construction de la tour des cloches de l'église de Mattaincourt pour le prix et somme de quatre mil cent livres payables par tier, le premier après le tier de l'ouvrage fait, l'autre tier à la moitié, et l'autre tier à la réception de l'ouvrage. Une des conditions principalles est que les habitants de Mattaincourt et de Hymont sont obligés de faire touttes les voitures des mattériaux et les mettre sur place. Depuis trois jours la pierre de taille manque, le moilon et le sable depuis hier. Le suppliant a quatorze ouvriers qui chaument, et qui est néantmoins obligé de payer; ils sont sur le point de le quitter. Ce chaumage porte un préjudice considérable au suppliant, etc... »

L'assignation est du 16 juillet 1762[1]. Les matériaux furent apportés et les travaux se poursuivirent conformément au plan adopté, qui prévoyait un *dôme*, dans le vilain style bulbeux de l'époque. Les habitants préféraient une flèche et, le 28 avril, ils avaient envoyé demander au subdélégué de

---

1. *Arch.* de l'église de Mattaincourt.

Mirecourt[1] « de faire changer le dessus d'un dôme en flèche, attendu qu'on ne trouvoit point de bois pour faire ce dôme » Les bois arrivèrent cependant et le bulbe fut construit, après visite d'un expert; « lequel les a trouvés propres et suffisant pour faire un dôme ».

Il restait à élargir la nef de l'église conformément à la demande adressée à M. Rollin, archidiacre, lors de sa visite, le 6 juin. Je soupçonne que M. Rollin avait attiré l'attention des paroissiens sur des réparations plus urgentes, et même, pour les obtenir, usé des grands moyens en jetant l'interdit. En effet on paya 5 livres à Sébastien Martin pour un voyage fait à Toul dans le but de faire lever cet interdit. Il s'agissait des vases sacrés qui n'étaient plus dans un état décent. Pour y mettre ordre, l'Intendant permit de prendre 560 l. 13 s. sur le prix de bois communaux vendus précédemment en gruerie; et en même temps pour suppléer aux *corvées* insuffisantes,

« la communauté de Mattaincourt étant composée de soixante à septante femmes veuves presque toutes dentellières, et de trente à quarante filles pauvres orphelines qui sont obligées de gagner leur vie par leur travail », incapables, par conséquent, de fournir des corvées « pour la construction de la tour et le rétablissement de l'église. »

On perdit encore du temps, à cause du procès pendant avec les décimateurs. Le 4 août 1763, Claude Bourguignon, adjudicataire de la voûte et du pavé de la nef, sommait derechef les habitants « de faire travailler incessamment et sans retard aux murs de la nef de l'église de Mattaincourt pour le prolongement de la dite église[2] ».

Ce gros ouvrage put enfin se terminer, et l'on s'occupa de travaux d'édilité non moins urgents : établissement de bas-

---

1. Le tarif ordinaire alloué pour un voyage à Mirecourt était de 6 s. 6 d.

2. *Arch.* de l'église de Mattaincourt.

sins et lavoirs à la fontaine de la rue Géry (1778); murs du cimetière; route de Bains à Mirecourt; fontaine Mourot; fontaine Saint-Evre; parapet du pont (1779), etc... Les travaux exécutés à la fontaine de la rue Géry, en 1778, avaient été inhabilement conduits. En 1782, « la plus grande partie des laboureurs et manouvriers du cartier du côté de Hymont » adressèrent une pétition à l'Intendant de Lorraine et Barrois pour se plaindre que leur fontaine avait beaucoup baissé depuis quelques années, .

« que l'on fit à neuf un bassin, deux lavoirs et abreuvoirs de pierre de taille, alors qu'autrefois, même dans les plus grandes sécheresses, elle était très abondante [1] ».

L'affaire fut confiée, en 1784, à M. Delpierre, subdélégué de Mirecourt, qui fit aussitôt faire une enquête par les ingénieurs des ponts et chaussées. On rechercha les sources et on établit une meilleure canalisation (qui dure encore).

Nous avons des renseignements on ne peut plus précis sur l'organisation municipale de la communauté de Mattaincourt en 1775. Le *maire*, le sieur Thomas Thomassin, ne tenait pas sa fonction du suffrage, mais de la nomination de l'Intendant, au nom du roi, à qui il devait prêter serment.

Les intérêts de la communauté étaient représentés par le *syndic*, Claude Gury (suppléé par Joseph Rôle), exerçant l'office de comptable des deniers communaux.

Le maire était suppléé par un *lieutenant du maire :* Charles Noël. Ils étaient aidés et conseillés dans leurs fonctions par *trois élus* nommés par l'assemblée générale des habitants. C'étaient, en 1775, François Vacher, Pierre Géry et Jean Cussenot. Enfin la commune avait son *greffier*, Joseph Aubel, et son *sergent,* Edme Fariat.

L'assemblée générale élisait également : les *asseyeurs*, chargés de répartir les impôts du roi, c'est-à-dire : 1° la *taille*,

---

[1] *Arch. comm.* de Mattaincourt.

impôt direct, dû au seigneur, dont la somme totale, établie à l'avance pour chaque communauté, devait être répartie entre chacun des contribuables; nous avons vu que cette répartition était, à l'origine, la principale fonction du mayeur; 2º la *subvention*, autre impôt foncier, d'importation française, assez onéreux [1], superposé à l'ancienne taille, même dans les pays où le duc, et, après lui, le roi, étaient seigneurs directs et, à ce titre, levaient la taille; 3º le *vingtième*, établi en 1749, par Stanislas, à court d'argent, sur tous ses sujets nobles et roturiers : le vingtième du revenu. L'assemblée générale choisissait aussi : les *collecteurs*, dont la fonction était de percevoir ces impôts; les *fortiers*, les *bangards*, chargés de la police champêtre

« à qui on enjoint de veiller exactement à la conservation des biens du finage,... les autorisant... à faire toutes reprises réelles de toutes personnes en délits, ainsi que de toutes bêtes en mésus »;

les *garde-cabarets*

« pour faire reprises des gens du lieu buvans aux cabarets, surtout les jours de dimanches et de fêtes, et de scandales, batailles, et des bruits qui se feront en ruë, soit de jour ou de nuit »;

les *carteniers*, chargés de la police de chaque quartier; les *garde-fontaines*; les *gourmeurs* et *taxeurs* de vin; les *chefs de canton*, préposés à l'équitable répartition et distribution des affouages

Le corps communal de Mattaincourt fut réorganisé par une ordonnance de l'Intendant général de Lorraine en date du 14 décembre 1780.

Il n'y avait aucune modification à la situation du maire et du syndic; mais le conseil communal devait comprendre, en outre de ces deux officiers, le dernier syndic sorti de charge, et neuf élus à désigner par le suffrage direct en assem-

---

1. De 30 à 40 livres par charrue et 10 livres par manœuvre. (Cardinal Mathieu, *L'Ancien régime en Lorraine et Barrois*, p. 168.)

blée générale de toute la population, partagée à cet effet en *trois classes* (les riches, les moyens, les pauvres), ayant droit chacune à ses représentants. Ces élus étaient renouvelables en trois fois. L'élection avait lieu tous les trois ans, le dimanche avant la Saint-Martin d'hiver. Elle devait être soumise à l'approbation de l'intendant. Le conseil se réunissait en la maison curiale ou dans la *chambre de ville*. Il y avait obligation pour les élus d'assister aux séances. Le conseil pouvait régler seul les affaires de 200 livres et au-dessous. Pour les sommes plus importantes, il devait en référer à l'Intendant. On devait tenir registre des délibérations.

Le maire est bien le chef de la commune; mais au conseil il n'a que sa voix; en cas de partage des voix à égalité, la sienne compte pour deux.

Il a des attributions bien délimitées :

« 1º Le maire est obligé d'assembler la communauté généralement le dimanche qui suit immédiatement la Saint-Martin, pour créer des élus;

2º De faire lire quatre fois par an l'ordonnance concernant les incendies;

3º De faire trois échenillages, savoir un dans le mois de mars, un dans le mois de may, et l'autre dans le mois de novembre, suivant les ordonnances;

4º Faire la visite des royes renversées deux fois l'année, savoir après les semailles des bleds et des avoines;

5º Faire la visite des anticipations sur tous les terrains communaux;

6º Faire désailer par les bangards, tous les trois mois, les oies et les canards, et leur en faire dresser leurs procès-verbaux, qui sera joint au rôlle des mésus;

De tout quoi le maire sera obligé de dresser procès-verbal, pour être présenté lorsqu'il en sera requis, et le tout annuellement.

Le maire est aussi obligé d'assembler la communauté généralement le dernier dimanche de novembre pour faire des *asseyeurs* et *collecteurs* » (pris dans les trois classes).

De plus il fixe avec son conseil les bans des fenaisons, des moissons, des vendanges, organise la visite des bois pour la glandée; et les déclarations de châtrage; conclut les traités des pâtres communaux, et du maître d'école; assiste aux visites des poids et balances[1].

On le voit, cette organisation municipale d'ancien régime n'avait rien ou presque rien à envier à notre législation moderne, pas même cette bonne tutelle qu'étendaient à peu près à tout MM. les Intendants du pouvoir absolu, et dont les traditions administratives ont été pieusement recueillies par les préfets de la plus libérale des Républiques.

Le curé, Messire Joseph Pierson, avait à peu près intacte la situation de ses prédécesseurs, à l'exception peut-être de leur droit de justice foncière, dont il n'est plus guère question à l'époque où nous sommes arrivés.

Outre les revenus des biens fonciers, le *bouvret*, appartenant à sa cure (90 jours de terres, chènevières, prés et jardins[2]), outre un casuel variable, le curé perçoit la *dîme*, ou plus exactement, sa part de dîmes sur Mattaincourt et Hymont, car il n'est décimateur qu'en partie. Il a pour lui le sixième des *grosses dîmes*[3]; un autre sixième revenant à l'abbaye de Belchamp, qui dut d'ailleurs en faire abandon au curé pour compléter sa portion congrue[4]; un autre sixième au curé et aux Enfants-Prêtres de Mirecourt[5]; l'autre sixième au titulaire de la chapelle de Saint-Jean-Baptiste de Mirecourt, et le dernier tiers aux sieurs Vigneron, de Mirecourt[6].

---

1. De la visite de 1775, il ressort qu'il y avait à cette date à Mattaincourt : deux bouchers, deux boulangers, un boulanger-pâtissier, un pâtissier, un mercier, deux marchands.

2. D'après le *Pouillé* de Toul de 1711.

3. Dîmes sur les grains et les récoltes de grande culture.

4. Actes de 1674 et 1680 (*Arch. départ.* de M.-et-M., H 1320).

5. Par fondation du sieur des Pilliers du 16 décembre 1528. — La Compagnie des Enfants-Prêtres de Mirecourt était fort riche. Pour y être admis il fallait être prêtre, né, baptisé, et résidant à Mirecourt : conditions confirmées par arrêt du Parlement de Metz, du 10 septembre 1672.

6. D'après une pièce des archives des Vosges (E. 14), le comte de Lignéville aurait eu sa part de dîmes à Mattaincourt, et par contre les chanoines réguliers de Mattaincourt auraient partagé avec le seigneur de

Le curé avait la moitié des *menues dîmes*[1], les sieurs Vigneron de Mirecourt, un quart, et le titulaire de la chapelle de Saint-Jean-Baptiste, l'autre quart. Les dames de Poussay avaient la dîme des ensenges, c'est-à-dire des grains de semence.

Telle était du moins la situation d'après le Pouillé de 1711. Mais elle nous apparaît considérablement plus compliquée encore dans les pièces de procédure, plus haut relatées, de 1761 et 1763. Nous y voyons figurer comme décimateurs de Mattaincourt et Hymont : 1º Les Enfants-Prêtres et le curé de Mirecourt; 2º L'abbé Vuillemin, résidant à Nancy, titulaire de la chapelle Saint-Jean-Baptiste de Mirecourt; 3º M. Joseph Pierson, curé de Mattaincourt; 4º le prieur et les chanoines réguliers de Belchamps; 5º le comte Duhan et la comtesse de Ravenel; 6º l'abbesse, la doyenne et le chapitre de Remiremont; 7º l'abbesse, la doyenne et le chapitre de Poussay; 8º le prieur et les chanoines réguliers Prémontrés de Bonfays; 9º les syndic, maire et habitants de Vroville; 10º les héritiers Vigneron : Ch.-François de Vigneron, premier avocat général du Roi en sa Cour souveraine de Lorraine et Barrois, François Le Roy de Serocourt, prêtre, chanoine de Saint-Dié, Philippe Le Roy de Serocourt, son frère, capitaine au régiment Royal Cavalerie pour le service de France, et Antoine de Beauchamp, chevalier de Saint-Louis, colonel, lieutenant pour le Roy de la ville et citadelle de Nancy, tant en son nom qu'au nom de dame de la Salle son épouse.

La part respective des héritiers Vigneron est nettement spécifiée dans leurs requêtes : Aux frères de Serocourt le le sixième et le tiers des grosses dîmes et le huitième, plus le tiers d'un autre huitième des menues dîmes; ils évaluent

---

Lignéville, le curé de cette paroisse et le prieur de Relanges, les grosses dîmes de Lignéville (*Ibid.*, G 227). Il est possible qu'il n'y ait eu là qu'une situation provisoire.

1. Dîmes sur les menues récoltes : pois, fèves, lentilles, navettes, chanvre, etc.

eux-mêmes leur part, à un revenu annuel de 483 l. 14 s. 6 d. ;

A Ch.-François de Vigneron, le tiers dans le sixième des grosses et le tiers dans le huitième des menues, part évaluée au total, à 120 l. 18 s. 9 d. de revenu annuel ;

A Antoine de Beauchamp, le tiers dans le sixième des grosses dîmes et le huitième des menues.

« Mais il est à observer que sur la part de dixme arrivante à Messieurs de Serocourt ils doivent au titulaire de la chapelle castralle de Darnieulle[1] huit resaulx d'avoine et deux tiers d'imal de bled et autant d'avoine ; Et que sur celle arrivante à mondit s[r] de Vigneron, il doit au même titulaire deux resaulx deux tiers d'imal de bled et autant d'avoine ». Une redevance analogue est due par M. de Beauchamp[2].

Pour peu que de tels partages se répètent encore dans deux ou trois générations, notre régime des dîmes tombées en mains laïques sera d'une effrayante complexité.

Enfin le maître d'école prélevait trois resaux de blé sur la totalité des dîmes, et la communauté jouissait de la *redîme*, c'est-à-dire : la dîme de la dîme. La redîme était vendue aux enchères publiques « à qui plus ». Elle fut adjugée, en 1775, à Pierre Grillon pour 132 livres ; à François Bléhée, en 1791, pour 250 livres.

Les communautés des deux paroisses devaient le *paul* et la *voiture*.

« Le droit du *paul* consiste à ramasser toutes les gerbes de dixmes dudit lieu, le plus tôt que faire se pourra. En sorte qu'aucune ne périsse ; les charger et décharger avec le voiturier ; les entasser, délier et bien arranger sur le grenier destiné à cet effet, comme de coutume.

» La *Voiture* consiste à faire la conduite, chargement et déchargement de toutes les gerbes de dîmes avec le paulier... [3] »

---

1. Souvenir évident de l'ancien patronat exercé par les seigneurs de Darnieulles sur l'église de Mattaincourt.

2. *Arch.* de l'église de Mattaincourt.

3. *Arch. comm.* de Mattaincourt.

Chaque année le curé rappelait en chaire ces deux obligations, et la communauté les mettait en adjudication « à qui moins », c'est-à-dire, que celui des paroissiens qui s'en chargeait au prix le plus faible en était adjudicataire.

Enfin il est un autre important personnage, sous les ordres et aux gages à la fois du curé, de la commune, et de chaque habitant individuellement qui faisait appel à ses bons offices : c'était Me Nicolas Jacquot, régent des écoles de Mattaincourt et Hymont et clerc de l'église paroissiale desdits lieux. Aux termes du traité conclu en 1781, Me Jacquot s'engage aux fonctions de son office, moyennant 500 livres par an, au cours de Lorraine, pour gages fixes, plus 3 resaux de blé à prendre dans la grange aux dîmes de Mattaincourt et Hymont (pour faire les hosties); plus le casuel des trois grandes Confréries, soit 85 livres; plus le casuel non fixe, selon l'usage.

Il est exempt de tout impôt et corvée, a son droit d'affouage, logement gratuit, petit pré; il a, par semaine, un gros de chacun de ses élèves qui n'écrivent pas, et un sou de ceux qui écrivent; plus une gerbe de blé de chaque laboureur, sans y comprendre celle de M. le Curé; deux sous par habitants qui font labourer quelques terres, et un sou des autres, et partagera les deniers par moitié; plus 20 livres pour sonner la retraite :

« A charge audit Jacquot de se fournir de bonnet quarré, de surplis et de soutanne;

Qu'il tiendra l'école en personne, hiver et été, et qu'il sera assisté d'un second, capable de chanter avec lui, lequel sera reçu par M le Curé et les habitants;

Qu'il ornera l'église, la décorera aux temptz convenables, la balayera deux fois par semaine, et la tiendra dans une grande propreté;

Qu'il sonnera ou fera sonner toutes les messes, selon l'usage, et aux heures fixées par M. le Curé;

Qu'il aura soin de l'orloge et la gouvernera de son mieux;

Qu'il sonnera contre les nuées au moindre bruit de tonnaire[1]; qu'il suivera l'usage de donner un trait de cloches à sept heures du matin et à une heure de relevée, pour l'avertissement de l'école, et un pareil trait de cloche pour la sortie de ladite école du soir;

Qu'il sera tenu de sonner la retraite tous les jours, c'est-à-dire à huit heures du soir en hiver et à neuf heures en été, avec la grosse cloche;

Qu'il sera tenu sonner pour la gellée, dans les courans d'avril et may, soir et matin;

Qu'il aura soin de tenir les linges et ornemens de l'église dans une grande propreté;

Qu'il aura soin de tenir la lampe allumée devant le très St Sacrement, nuit et jour;

Bien entendu qu'il sera payé de l'écolage des pauvres enfans sur les deniers de la Grande Confrairie, et le nombre en sera déterminé par M. le Curé...

Et le présent traité fait pour une année seulement, qui commencera à la Saint-Georges prochaine mil sept cent quatre vingt deux.

Ont signé :

Pierson, curé de Mattaincourt et Hymont; Claude Barbier, élu; J. Aubel, syndic; N. Jaquot; Philipe Uriète, élu; Jean Simonin, maire de Hymont; F. Vacher, élu; J. C. Jeandel, maire; J. Cussenot, élu; Dominique Bourlier, élu; J. Simonin, syndic de Hymont; N. Rousselle, élu; C. N. Beurlot, greffier[2].

Il n'est pas inutile de constater ici que Mattaincourt avait, bien avant la Révolution, ses écoles florissantes, et qu'on n'y attendit pas les lois Ferry pour donner aux pauvres l'instruction gratuite (payée pour eux non sur de lourds impôts forcés, arrachés aux contribuables, mais tout bonnement sur les deniers d'Eglise.)

La population avait atteint, à peu de chose près, son chiffre

---

1. Dans le renouvellement du traité, en 1787, le P. Pierson mit une restriction à cet usage, « conformément à la décision de Mgr l'Intendant. »

2. *Arch. comm.* de Mattaincourt.

actuel. Il y avait, en 1778, 200 feux, et, en 1793, d'après la liste de partage des pâtis communaux, 269 ménages, comprenant 845 habitants, plus 11 personnes à l'hospice.

Nous sommes loin encore des deux ou trois mille habitants que devait posséder le bourg au XVIe siècle et dans le premier quart du XVIIe. Et encore leur descendance ne forme-t-elle qu'une moitié à peine de la communauté, à la veille de la Révolution : le reste étant fourni par l'immigration. Ce mouvement d'immigration se constate surtout à partir de 1750, grâce au droit de bienvenue acquitté à l'hôpital. Il y a sept nouveaux venus en 1751; sept également en 1753; deux en 1754; quatre en 1757 [1], etc.

Nous trouverons bien peu de représentants des vieilles familles du terroir parmi les meneurs ou les agents plus ou moins zélés des transformations révolutionnaires.

---

1. Tous chefs de familles nouvelles : Nicolas, Chevallier, Bléhée, Soudain, Rôle, d'Argent, Dieudonné, Tossard, Leumont, Mengin, Eury, Boulangé, Clasquin, Barbier, Hailly, Grillon, Mottissier, Briançon, Thomassin. — Fr. Nicolas était *luthier*. C'est la première mention que je rencontre de cette industrie à Mattaincourt (1751).

CHAPITRE VIII

LA RÉVOLUTION

La nouvelle municipalité de 1788. — Le *Cahier des doléances* de 1789. — Deux ans de religion constitutionnelle. — Le règne de la Terreur. — Un peuple de bons chrétiens. — Pasteur sans troupeau.

Pendant les deux années qui précédèrent la Révolution, les Lorrains, harassés des procédés implacables et souvent déraisonnables du pouvoir absolu, purent avoir l'illusion, non pas de recouvrer leur indépendance, à jamais abolie, mais du moins de s'acheminer vers une certaine autonomie provinciale.

Conformément à l'édit du 8 juillet 1787, fut convoquée à Nancy l'assemblée provinciale, composée de représentants des trois ordres, nommés moitié par le Roi, et le reste par le suffrage de cette première moitié. Elle se trouvait au complet le 20 août, et comptait 48 élus. D'après le même principe furent créées les assemblées de district, et réorganisées les assemblées municipales. Celles-ci devaient se composer, dans les villages, du seigneur, du curé et, selon le chiffre de la population, de trois ou six membres élus par tous les propriétaires âgés de 25 ans, plus un greffier et un syndic élus par le conseil lui-même. Ce dernier devait savoir lire et écrire, et appartenir à la première classe des contribuables [1].

Nous avons vu qu'à Mattaincourt le corps municipal tendait à s'établir à peu près sur ces bases depuis sept ans déjà. Toutefois le curé n'en faisait pas partie, pas plus que le seigneur : le roi, dans l'espèce, ou son représentant. C'était pré-

---

1. Card. Mathieu, *op. cit.*, p. 388.

cisément de cette collaboration des trois ordres que les réformateurs attendaient les plus heureux effets. Il ne restait plus qu'à voir « disparaître et s'effacer de notre Code ancien les lois fâcheuses qui interdisaient au seigneur et au curé de s'immiscer dans les délibérations des communautés [1] », privées ainsi des lumières et des garanties que pouvaient leur apporter les deux premiers ordres, par l'avantage de la naissance, de la dignité, d'une science et d'une culture supérieures.

Après que le roi Louis XVI, sur la proposition de l'évêque de Saint-Dié et des autres sommités de la province, eut approuvé le règlement municipal élaboré par l'Assemblée de Nancy, plus de deux mille municipalités se constituèrent en Lorraine; et tout le monde se félicitait que « l'influence des seigneurs et des curés, appelés à ces assemblées dans la vue d'apporter dans les délibérations plus de lumières et plus de maturité, produisait l'effet que s'était promis l'Assemblée provinciale [2] ».

A Mattaincourt, les élections des représentants du Tiers-Etat au conseil municipal eurent lieu le 15 juin 1788. Les six élus furent Antoine Balland, Ambroise Clément, Claude Gury, François Vuillaume, marchands, Dominique Bourlier, négociant, et Jean Cussenot, vigneron, qui siégèrent aussitôt dans la maison curiale, lieu de leurs réunions, avec le maire, J. Aubel, le curé, J. Pierson, et le commissaire du roi en qualité de seigneur du lieu.

Le 19 juin furent choisis le syndic, Nicolas Contal, et le greffier, Claude Joseph Barbier.

Le nouveau conseil adressait, le 17 juillet, à l'Assemblée du district de Mirecourt, selon l'ordre établi, un peu com-

---

1. *Arch. départ.* de M.-et-M. C 531. — Cette exclusion, qui, en 1787, n'avait évidemment plus sa raison d'être, s'explique tout naturellement par l'origine des communes, créées précisément pour soustraire les non nobles au despotisme féodal.

2. *Ibid.*

pliqué, une supplique pour faire casser l'enchère de la *redîme*, comme abusive, et, dans le cas, illégalement faite. Il n'eut sans doute pas le temps de recevoir la réponse de l'Intendant et de l'Assemblée provinciale, réponse qui devait vraiment passer par trop de mains avant de parvenir à destination. En attendant, il était question, le 10 août, de réparations au clocher, au pont, etc [1]...

Mais ce beau rêve d'organisation provinciale fut encore très éphémère. Tout s'écroula avant même d'avoir été mis sur pied.

Vint le coup d'Etat de 1788, tenté par Loménie de Brienne, avec les fameuses ordonnances que M. de Choiseul fit enregistrer de force au Parlement de Nancy et que M. de la Porte promena par le pays, à la tête de la maréchaussée, pour en requérir l'enregistrement de tous les bailliages. Scènes pénibles et parfois comiques, où la vieille magistrature récalcitrante faisait ses premiers essais de révolte ouverte contre un pouvoir débile, avec lequel, deux ans après, elle allait sombrer elle-même.

A l'encontre de celui de Nancy, le *Grand bailliage* de Mirecourt put se constituer assez pacifiquement, et ses magistrats ne se solidarisèrent pas avec leurs collègues qui faisaient leur petite Fronde dans la capitale du duché. En somme il y avait plutôt conflit d'intérêts, car les réformes si radicales imposées par les Ordonnances auraient eu pour heureux effet de simplifier la justice.

Mais les velléités d'énergie du pauvre Louis XVI tombèrent une fois encore devant l'orage soulevé dans la France entière. Le 23 septembre il rappelait Necker, convoquait les Etats-Généraux, et rendait leurs sièges aux magistrats rebelles.

Et nos Lorrains de caresser à nouveau un beau songe. Ils crurent encore voir ressusciter leur province, échappée à la

---

1. *Arch. comm.* de Mattaincourt.

centralisation française, et gouvernant ses propres affaires par ses Etats particuliers, lesquels d'ailleurs auraient collectivement le choix des députés de tout le duché à envoyer aux Etats-Généraux. Mais le roi leur infligea une cruelle déception en ordonnant d'élire les députés par bailliages, émiettant ainsi la représentation de la province.

C'est le 24 janvier 1789, que fut promulgué le règlement des élections pour tout le royaume, et le 7 février, le règlement spécial à la Lorraine.

A Mattaincourt, l'assemblée générale se tint le 8 mars, et nous avons encore le *Cahier des plaintes et doléances* qui y fut rédigé.

Nos gens commencent par se déclarer « pleins de la confiance la plus respectueuse dans les paroles royales de Sa Majesté »; ils demandent le vote par tête et non par ordre, aux Etats-Généraux; ils demandent d'étendre les impôts à tous les Français, et, dans le cas où ces deux points leur seraient refusés, permission pour les députés du Tiers de se retirer sans délibérer.

Le reste du *Cahier* contient des observations absolument justes dans l'ensemble, suggérées et rédigées apparemment par quelque légiste, et dont voici le résumé :

— *Des Bois.* « Les bois sont devenus extrêmement rares et d'une chèreté presque inaccessible aux environs de Mirecourt », à cause des dévastations de « quantité de mauvais sujets qui jour et nuit courent les bois ». On demande pour eux : un mois de prison au pain et à l'eau à première condamnation, le carcan pour la deuxième, les galères pour la troisième, sans pour cela empêcher les pauvres d'aller ramasser le bois mort. — Trop de forges, d'usines à feu, faïenceries, verreries, en Lorraine : qu'on les diminue. « Il y a dans notre proximité une usine de fer-blanc qui est un gouffre qui absorbe le produit de toutes les forêts à je ne sais combien de lieuës à la ronde : ne pourroit-on les diminuer? » — Réduire les troupeaux, trop nombreux pour la pâture; surveiller les fermiers du domaine à ce point de vue et au point de vue des bois à eux concédés par la gruerie pour réparations.

— *Ponts et Chaussées*. Que l'impôt représentatif de la Corvée soit réparti par les Etats non plus au marc la livre des seules impositions roturières, mais en proportion de l'impôt territorial — *Subvention*. La diminuer, l'étendre à tous. — Rendre les impôts plus justes et loyaux. Supprimer les fermes, compagnies, régies, etc.

— *Le sel*. « Le sel était déjà trop cher, et depuis plusieurs années on l'a encore augmenté, et depuis il est de fort moindre qualité, il n'est pas sallant, à cause qu'il n'est pas assé cuit, encore que le prenant à la main il se plotte comme de la neige ». Qu'il soit meilleur et moins cher; qu'on supprime les *bulletins* de la Ferme (où était inscrite obligatoirement la quantité de sel fournie à chaque ménage[1]).

— Diminuer les *droits de marque* des fers et des cuirs.

— Changer l'administration actuelle des *Eaux et forêts*, dispendieuse et compliquée.

— Supprimer une foule d'autres charges « nottamment les offices d'huissiers, priseurs, vendeurs de meubles, vrais fléaux des campagnes »; proscrire le tirage de la milice « sorte d'impôt cruel qui coutte beaucoup au communauté, qui humilie ceux qu'il atteint, qui rend le service effraiant... »; supprimer les *traites foraines*, inutiles entraves au commerce, et « faire en sorte que Lorrains, Evêchois, Champenois, Barisiens, Allezaciens, et Contois, puissent s'entrecommuniquer sans redouter des gardes, sans payer des acquis, sans craindre des amandes, confiscations et procès, etc... »

— Refondre l'édit de régie des hypothèques.

— Excepter les hôpitaux des lois de main-morte, leur permettre de recevoir des meubles et immeubles.

— *Des Vignes*. « Il y a quantité de gens qui prétendent

---

1. Cette obligation du Bulletin était des plus vexatoires (Cf. Card. Mathieu, *op. cit.*, p. 191).

que la quantité de vignes est nuisible en Lorraine et sont cause que le bled, qui est de la première nécessité, est extrêmement cher ». C'est faux. Il n'y a de vignes que sur la Moselle de Comi(?) jusqu'à Charmes, sur la Meurthe de Frouard à Dombasle, sur le Madon de Pont-Saint-Vincent à Mirecourt. Leurs terrains ne pourraient être autrement utilisés. Il faut donc s'en tenir aux Ordonnances.

— Défendre le partage des paquis communaux. Supprimer l'*Edit des Clôtures*.

— Le *Tabac*. Depuis que la Ferme le fournit aux Entrepôts, il ne vaut rien, « il est souvent si humecté qu'il est comme de la pâte » il est échauffé, il est plus cher. Revenir à l'ancien état de choses.

— Supprimer les droits de colombier; remédier à la chèrté des grains.

— Situation du village. Le Madon porte aux habitants de grands préjudices. Il a quatre toises de large, s'élargit sans cesse, déborde souvent. Il y a sur le finage quatre grandes routes, source de procès pour pâture sur les berges, etc... Mirecourt à Isches, embranchement sur Epinal, embranchement sur Bains.

Ce cahier, qui n'a rien de révolutionnaire, est signé des « très humbles, très soumis et très fidèles serviteurs et sujets » du Roi, N. Barrois, maire, N. Contal, syndic, etc... (31 signatures [1]).

Ambroise Clément, Claude Gury et Joseph Aubel, élus députés de la commune [2], le portèrent à la réunion du bailliage de Mirecourt, le 16 mars.

Il n'est pas sans intérêt de comparer ce Cahier des doléances de Mattaincourt avec ceux rédigés par les trois ordres à l'assemblée générale du bailliage de Mirecourt. On y retrouve à peu de chose près les mêmes aspirations et les.

---

1. *Arch. départ. des Vosges.*
2. Procès-verbal d'élection. *Arch. départ. des Vosges.*

mêmes revendications contre un régime administratif injuste et vexatoire.

Le Clergé réclamait les Etats provinciaux; le pouvoir pour tous de racheter les cens; le pouvoir pour les gens de mainmorte de placer leurs fonds disponibles, afin de n'avoir pas à recourir aux juifs.

La Noblesse : Pour la *nation :* le droit de s'imposer elle-même, le droit d'opiner par ordre pour les questions intéressant chaque ordre, par tête pour les choses d'intérêt commun. Economie. Périodicité des Etats-Généraux. Liberté individuelle garantie. Ministres responsables devant la nation. Réforme des lois civiles.

Pour la *province de Lorraine :* Maintien des usages et coutumes sur la propriété. Mesures contre les Juifs, nullité des actes sous seing privé passés par eux, leurs actes ne seront valables que devant notaire, « les opinions religieuses de cette secte s'opposent à tous moyens qu'on pourroit prendre pour les rendre utiles à l'Etat ». En restreindre le nombre, selon l'ordonnance du duc Léopold. Partage des biens communaux réservé aux Etats provinciaux. Supprimer les charges conférant la noblesse.

Le Tiers-Etat demande : Le vote par tête, non par ordre, pour tout. Impôts égaux pour tous. Etats provinciaux. Réduire les traitements des fermiers, administrateurs, régisseurs du domaine. Abolir les traites foraines, le droit de marque des cuirs. Réduire au quart les verreries, forges, usines à feu, qui détruisent les forêts. Supprimer le privilège des salines, rendre le sel marchand. Augmenter les affouages. Rendre applicable aux trois ordres l'impôt de la corvée. Supprimer le droit de franc-fief. Révoquer l'arrêt du roi Stanislas suspendant l'édit du duc Léopold du 30 décembre 1728, et « ordonner que les Juifs ne pourront faire aucun acte avec les autres sujets de la province que par devant notaire, à peine de nullité ». Suppression de divers impôts. Autoriser les propriétaires à racheter les cens, obits, fondations. Mettre la dîme des raisins au 24e. Supprimer la banalité des fours, pressoirs, et moulins. Aucun procès ne durera plus de deux ans. S'opposer au partage des paquis communaux, révoquer l'Edit des Clos, rendre à la pâture les propriétés déjà closes. Faculté de payer d'abord sur les deniers communaux les dépenses communales; les seigneurs ne percevront le tiers que sur le reste. Suppression des colombiers des concessionnaires, fermeture de ceux des seigneurs pendant 15 jours. aux semailles des chènevis. Les gros décimateurs répareront les églises et presbytères, etc. etc... Mettre un quartier de cavalerie à Mirecourt, y établir un collège d'humanités, y supprimer les droits d'octroi et du coupel [1].

La rédaction des Cahiers de chacun des ordres du bailliage et les opérations électorales furent terminées à Mirecourt dans la première quinzaine d'avril. Voici les noms des députés qui y furent élus pour aller siéger à Versailles:

Clergé : Galland, curé de Charmes, et Godefroy, curé de Nonville;

Noblesse : le comte de Toustain de Viray; de Menonville;

Tiers-Etat : Petitmengin, procureur du roi à Saint-Dié; Chantaire conseiller au présidial de Mirecourt; Fricot, procureur du roi à Remiremont; Cherrier, lieutenant général à Neufchâteau.

Il est inutile et hors de sujet de suivre l'œuvre complexe, bientôt criminelle, qui se poursuit à Versailles, puis à Paris.

Chez nous, il est évident qu'on ne comprit pas grand'chose tout d'abord aux transformations si profondes et si rapides opérées par les Assemblées, d'une manière le plus souvent notoirement contraire aux vœux exprimés par les Cahiers de 1789. Nous en avons entre autres un exemple typique : Le *Cahier* de Mattaincourt, ainsi, d'ailleurs, que celui du Tiers de tout le bailliage de Mirecourt, demandaient

---

1. Mavidal et Laurent. *Archives parlementaires*, t. IV, pp. 1-9.

Histoire de Mattaincourt.

qu'il ne fût point procédé au partage des pâtis communaux. Or, en 1793, Mattaincourt était obligé de partager ses pâtis communaux.

Dieu épargna à Me Joseph Pierson, curé de Mattaincourt, le spectacle des luttes religieuses. Il mourut à 92 ans, le 23 août 1790[1], et fut solennellement mis en terre par Fr. Martin, curé de Thiraucourt et doyen de Portsas.

Il eut pour successeur le P. Didier François, lui aussi chanoine régulier de Notre-Sauveur, qui put conserver quelque temps des illusions sur la situation qui lui était faite par le nouveau régime. Le 26 avril 1790, le conseil municipal faisait encore mettre à l'enchère, au profit de l'église, quinze places de bancs vacantes. Un an après la loi qui supprimait les dîmes (loi du 4 août 1789), la commune de Mattaincourt procédait encore, le 19 juillet 1790, à l'adjudication du *paul*[2], de la *voiture* et de la *redîme*, « comme d'ancienneté ». Elle acquittait le 24 septembre les dépenses ordinaires de cire et d'huile, pour l'église. Elle fit de même jusqu'en 1792.

La fin de l'année 1790 fut inquiétante. L'Assemblée nationale, par son décret du 27 novembre, avait imposé aux ecclésiastiques revêtus d'une fonction publique le serment constitutionnel, c'est-à-dire schismatique. Comme beaucoup de ses collègues, Mr François crut devoir prêter ce serment, mais en y mettant, pour obéir à sa conscience, de louables restrictions, selon l'exemple donné par Mgr de Bonal, en pleine Assemblée nationale, le 2 janvier précédent[3].

---

1. Sa succession ne fut liquidée qu'en février de l'année suivante. Il y a au reg. de 1790-1791 un papier signé de ses héritiers par lequel ils reconnaissent être tenus à faire les réparations locatives au presbytère.

2. Il y a cette clause, curieuse vu la date :
« Les dits sieurs curé et décimateurs avertissent en oûtre la Communauté qu'il ne doit entrer aucune bête dans les étroubles qu'il n'y ayent des pointières vuides en suffisance. Deffence aussi à toutes personnes de glaner avant que les gerbes soient enlevées... »

3. Cf. l'intéressant article de P. de la Gorce : « *Le Serment ecclésiastique en 1791*, dans le *Correspondant* du 25 avril 1909. »

Le 23 janvier 1791, il se présenta devant le Conseil général de la Commune réuni dans l'église, à l'issue de la messe paroissiale, et jura « de veiller avec soin sur les fidèles de cette paroisse dont la conduite lui a été confiée par l'Eglise, d'être fidel à la Nation, à la Loy et au Roy, de maintenir de tout son pouvoir, en tout ce qui est de l'ordre politique, la Constitution décrétée par l'Assemblée nationale et acceptée par le Roy; Exceptant formellement les objets qui dépendroient essentiellement de l'authorité spirituelle que l'Eglise a reçue de Jésus-Chist ».

M. Durand, son vicaire, prêta après lui le serment dans les mêmes termes et avec la même réserve.

Apparemment cela fut jugé insuffisant en haut lieu. Le 13 février, M. François et M. Durand comparaissaient à nouveau devant le Conseil et avaient la faiblesse de prêter, cette fois sans restrictions, le serment constitutionnel. M. Tisserand, « prêtre, ci-devant coopérateur, chanoine régulier », les imita. Lâcheté, du reste, bien inutile, et qui ne leur garantit que pour bien peu de temps la tranquillité qu'ils avaient cru ainsi s'assurer.

Pendant le cours de l'année 1792, M. François reste à son poste remplissant tant bien que mal les fonctions de son ministère; il est encore un personnage officiel. Le 12 janvier, le Conseil général de la Commune renouvelait le traité avec le maître d'école Nicolas Jacquot, « après en avoir conféré avec Monsieur François, curé desdits Mattaincourt et Hymont ».

Mais bientôt arrivent les élections pour la Convention[1], la Terreur, la mort du roi, chez nous le règne de Balthazar.

Balthazar Faure, tel est le nom grave et méridional du

---

[1]. Nicolas Silvestre, maire de Mattaincourt, fut un des électeurs du deuxième degré appelés à choisir les membres de la Convention. Cf. F. Bouvier, *Les Vosges pendant la Révolution*. (Paris, Berger-Levrault, 1885), p. 439.

représentant du peuple en mission dans la Moselle, la Meurthe et les Vosges qui, le 27 nivôse an II de la République (16 janvier 1793), proclamait à travers nos campagnes le nouvel Evangile dans un arrêté (transcrit au registre du Conseil communal de Mattaincourt) où je relève ces aphorismes de haut goût :

« Deux espèces de tyrans, les rois[1] et les prêtres, se prêtaient mutuellement des armes pour asservir le genre humain... » La royauté a péri. A présent le progrès doit détruire « la poignée d'empiriques qui l'arrêtent ou le traversent par le prestige des idées superstitieuses... en opposant l'erreur à la vérité, le charlatanisme à la raison, la chimère au bonheur ».

La liberté des cultes! ce sont les prêtres qui la respectent le moins. Chacun de nous est libre d'offrir comme il l'entend ses hommages à l'Eternel. Les églises, « au lieu de quelques rêveries vociférées dans une langue barbare, entendront l'hymne de la liberté... » etc., etc... (J'abrège ce fatras, et j'ai peut-être tort au point de vue du culte des beaux-arts).

Vu tout quoi, le citoyen Faure décrète : L'abolition dans les trois jours de tous signes extérieurs d'un culte religieux, à peine, pour les membres des municipalités récalcitrantes, de 500 l. d'amende pour chaque signe religieux subsistant. Des commissaires vérifieront. Les dénonciations sont admises.

S'il y a résistance, « tout prêtre résidant dans la commune, qui aura conservé le caractère sacerdotal, » sera arrêté et déporté quand même il prouverait qu'il n'est pour rien dans le trouble.

Les ministres du culte catholique seront responsables de la tranquillité des communes où ils résident.

---

1. L'arrêté précède de cinq jours l'assassinat du roi et de neuf mois le martyre de Marie-Antoinette, petite-fille du duc Léopold de Lorraine.

S'il y a des pétitions en leur faveur, ils seront par le fait même suspects, et arrêtés jusqu'à la paix.

Si on sonne les cloches pour un acte religieux, le prêtre célébrant sera déporté.

Les sociétés populaires « sont invitées à vomir de leur sein les prêtres qui n'ont pas abjuré leurs fonctions dans les formes prescrites par la loi ».

Les églises serviront à célébrer la fête nationale. Le drapeau tricolore flottera au-dessus d'elles, sous peine d'amende. Un tiers de l'amende (100 l.) sera pour le dénonciateur, etc...

Fait à Sarrelibre (Sarrelouis), et signé : Faure.

Ces tragiques individus se disaient représentants du peuple[1]. On va voir, pour notre honneur, si le triomphant Balthazar représentait les idées de nos ancêtres de Mattaincourt. On lit dans le registre, en marge de la transcription de son arrêté, ces lignes écrites d'une main de l'époque, et qui m'ont fait tressaillir de fierté :

« Faure est bien impudent. Il faut qu'il soit bien impie. Qui est-il ? Tous les peuples de la terre admirent depuis 17 siècles et ont le plus grand respect pour la plus grande partie des prêtres qui existent depuis ce temps. Il n'appartient qu'à un scélérat comme lui de parler de la sorte.

Les vertus qui ont honoré un grand nombre de prêtres, celles surtout, si éminentes, de notre Bx Pierre Fourier, empêcheront-elles d'être vraies ces paroles émanées d'une bouche pleine d'ardeur pour la vérité ? Plût à Dieu ! Mais qu'on le prouve.

Cette paroisse, composée pour la plus grande partie des descendans des contemporains du Bx Père, et héritiers du respect qu'ils avoient si justement pour ce grand homme, cette paroisse, dis-je, a eu horreur cet abominable arrêté. »

---

[1]. Le représentant Faure se signala à Mirecourt en épurant jusqu'à extinction la magistrature et l'administration. Il envoya au tribunal révolutionnaire à Paris, l'ancien maire, le curé et plusieurs juges, qui furent tous acquittés. Il autorisa la ville à établir une taxe de 50.000 livres « sur les riches égoïstes, les célibataires et les contre-révolutionnaires, etc. »
Il était accompagné d'un prêtre apostat, nommé Aubert, ancien curé constitutionnel de Sainte-Marie-aux-Mines. (F. Bouvier, *Les Vosges pendant la Révolution*, p. 262).

Et de fait les bonnes familles de Mattaincourt gardaient précieusement le souvenir de leur saint curé. Nous en avons une preuve évidente dans l'usage, très fréquent alors, de donner aux enfants, à leur baptême, le nom de Fourier. On trouve un *Pierre Fourier* Cussenot, né le 7 juillet 1755; un Fourier Husson, mort en 1773; Fourier Haguenier, né en 1796; Fourier Thomas, Fourier Demengeot, Fourier Beurlot, Fourier Thiébaut, Fourier Briançon, Fourier Bonlarron, Fourier Petitdidier, nés à la même époque; Fourier Rousselot, conscrit de 1817; Fourier Nagent, Fourier Lorrain, soldats en 1830; Fourier Mengin, maire en 1813; Fourier Sartori, maire en 1830, etc...

Au commencement de 1793, on fait encore des réparations à la sacristie; on achète du vin pour les messes et l'on paie encore, — la dernière fois — la rente annuelle de 17 l. 2 s. 6 d. à M. Groselet, curé de Charmes, titulaire de la chapelle de Saint-Côme et Saint-Damien à Mirecourt[1].

Mais en pluviôse (février) de cette même année, on obéit aux arrêtés de Balthazar.

Il fut payé 37 l. 10 s. au citoyen Drouillet, le 13 pluviôse (1er février 1793),

« pour avoir fourni le drapeau tricolore surmonté du bonnet de la Liberté pour être placé sur la flèche de la ci-devant paroisse dudit lieu. »

Le même jour, un citoyen Augustin Vincent, de Gironcourt, donna quittance

« pour avoir reçu de la municipalité de Mattincourt la somme de cinquante livres. Cet fut pour avoir mis en bas la croix du clochée de Mattaincourt et *pour avoir mis en bas des monuments* dans l'église dudit lieux : dont quarante livres pour la croix et dix livres pour les monuments, dont quittance...

---

1. Comptes de la Commune. (*Arch. comm.* de Mattaincourt)

Ainsy que la croix de l'hôpital qui a aussy mis à bas, et ainsy qu'il a replacé le drapeaux tricolore sur le clocher dudit Mattincourt, avec le bonnet de la liberté. Augustin Vincent[1] ».

Citoyen Vincent, de Gironcourt, abatteur de croix, que la terre te soit légère! Mais quels étaient donc ces monuments « mis en bas » par le pauvre homme dans l'église de Mattaincourt? Hélas! on ne le soupçonne que trop. Il n'y avait, en fait de monuments, que les autels[2], et l'édicule où reposait la châsse de saint Pierre Fourier.

Je n'ai pu encore savoir jusqu'ici d'une manière précise, par la tradition ou par un document quelconque, par qui et comment la châsse elle-même fut sauvée avec son précieux trésor.

Le P. François, selon toutes les vraisemblances, avait quitté le village pour se réfugier à Donsevrin, son pays natal, près de Saint-Mihiel. D'ailleurs son presbytère ne tarda pas à être confisqué comme bien national[3] et à être mis en vente avec les terres qui en dépendaient, ainsi que le couvent de Notre-Dame. Le presbytère et le couvent furent acquis par André Sartori, le 25 floréal an IV.

Le 25 messidor an II, la commune remboursait à l'administration des Domaines un capital de 265 l. 5 s., représentant la rente jusque-là payée à la chapelle Saint-Côme et Saint-Damien de Mirecourt.

Il est tout à fait probable que la suppression du culte et surtout les actes d'impiété et de vandalisme commis dans l'église soulevèrent des protestations. Plusieurs personnes fu-

---

1. *Ibid.*

2. Le grand autel, au moins, ne fut pas alors démoli, puisque M. Hadol y retrouva intact l'acte de consécration de l'église, dressé en 1509.

3. En attendant sa mise en vente, le jardin du presbytère avait été loué pour 20 l. à Claude Jeandel, le 17 germinal an II. — Le 22 fructidor an III, les communes de Mattaincourt et de Hymont s'opposèrent à la vente comme bien national de prés sis au Haut-du-Pré, qu'elles déclarèrent leur appartenir.

rent arrêtées : c'était, à l'époque, chose déjà inquiétante, d'être arrêté[1].

Mais le conseil général de la commune fit preuve d'une louable modération en déclarant que ces personnes n'avaient pu être suffisamment convaincues d'*incivisme* ou d'*aristocratie*. Plusieurs ont été repris par le comité de surveillance « *sur l'opinion de culte* », mais n'ont pas fait de trouble, et ne peuvent être considérés comme gens suspects.

Il y avait donc aussi à Mattaincourt le fameux *comité de surveillance :* l'œil[2]. Voici les noms de ses membres, d'après leurs signatures mises en forme de visa à la suite d'une délibération du conseil de la commune, affectant à l'usage de *Temple de la Raison* le couvent de la Congrégation de Notre-Dame : J. C. Jeandelle, J. Cussenot, Léopold Henry, présisant (sic), J.-B. Jeanroy, J.-B. Collin, Laroche, C. H. Beurlot, greffier. Et le conseil qui prit cette peu honorable délibération était ainsi composé : Nicolas Silvestre, maire, Georges, Mathieu, Guérard, Sartori, officiers municipaux, Poirot, agent national ; Noël, Gury, Colenot, Aubel, Barrois, Friaise, Mutel, Martin, notables.

Quant aux pauvres religieuses dont ces gens débaptisés profanaient la maison, on ne s'était pas fait faute pourtant d'exiger d'elles le serment constitutionnel. Catherine Aubel s'exécuta le 16 ventôse an II, Thérèse Marchand, après 10 jours de réflexion. Marie-Françoise Lhuillier fut tenue quitte « pour raison de démence reconnue ».

A l'hôpital, on exigea également le serment de Anne-Françoise Duroch, Marguerite Poirot et Catherine Huin.

Toutes ces pauvres filles eurent du remords de leur fai-

---

1. Le tribunal criminel des Vosges, qui siégeait à Mirecourt, fut relativement modéré ; il ne prononça que neuf condamnations à mort, toutes contre des prêtres fidèles, ou leurs domestiques. (Bouvier, *op. cit.*, p. 211).

2. Dans la séance de la Convention du 14 octobre 1794, les Sociétés populaires étaient qualifiées « œil du peuple ».

blessé et, plus tard, écrivirent dans le registre, à côté de leur signature, une rétractation ainsi conçue :

« Je déclare nulle ma signature apposée au bas de l'acte ci-contre, et je rétracte le serment comme contraire à mes principes religieux, et j'ai un grand regret de cette action. »

Mais les fanatiques de 1793 ne comprenaient rien aux angoisses des âmes chrétiennes.

Il faut croire qu'un Temple de la Raison ne suffisait pas à la liturgie de la religion sans culotte. L'église paroissiale, débarrassée de ses *monuments*, découronnée de sa croix, qu'on avait remplacée par une girouette républicaine, était devenue le *Temple de l'Etre suprême*, où le maire Nicolas Silvestre devait officier chaque jour de décade et proclamer les lois de la République, « à une heure de relevée », d'après une délibération du 19 ventôse an II.

On faisait usage des cloches : 50 livres avaient été allouées, le 19 prairial an II, à l'agent national « pour sonner les cloches à l'ordinaire ».

Il avait suffi de moins de deux ans pour en arriver là. En 1790, rien encore ne l'eût fait prévoir, si du moins l'on s'en tient aux indications fournies par l'honnête registre des délibérations du Conseil général de la commune, comprenant les notables élus par tous les électeurs *actifs*, c'est-à-dire tous ceux qui, étant Français, âgés de 25 ans, ayant prêté le serment civique, étaient domiciliés depuis un an dans la commune, non serviteurs à gages, et payant une contribution équivalant à trois journées de travail[1].

Le 10 mai 1790, les élus de la Commune réclament de « Messiers du département » la réfection du pont de Bonzan, sur la route de Bains; le 16 mai, ils décident de se faire autoriser à louer 58 jours de Pâtis communaux; le 18 mai, ils nomment des commissaires pour examiner tous les di-

---

1. Loi du 22 décembre 1789.

manches le rôle de la *contribution patriotique*, impôt d'abord volontaire, bientôt obligatoire. Le 19 mai, on se réclame des principes du régime nouveau, en demandant aux officiers de la maîtrise des Eaux et Forêts de Darney de refuser des arbres et fascines au fermier du moulin, « attendu que les banalités sont supprimées, conséquemment toutes les charges et servitudes à cet égard sont abolis ». Le même jour on notifie la convocation des assemblées primaires pour préparer les élections départementales.

En juin on demande aux habitants une déclaration de leurs revenus pour établir la base de la subvention. Le 27, solennelle assemblée électorale dans l'église pour l'élection du maire en remplacement d'Ambroise Clément, élu administrateur du district. L'élection de Sébastien Bléhée fut annulée pour vice de forme, l'assemblée, de nouveau convoquée pour le 18 juillet, mais remise « en considération de l'absence d'un grand nombre de citoyens actifs de la commune, occupés à veiller à la sûreté publique conjointement avec la garde nationale de Mirecourt ». Sébastien Bléhée fut définitivement élu le 25 juillet. Le lendemain on décida d'acquérir une maison pour un corps de garde.

En septembre on demanda au département de toucher aux fonds de réserve pour payer diverses dettes et pour faire un pont communiquant du village à l'île.

Le 6 février 1791, on mettait la dernière main à une opération importante, en établissant la division du territoire de la commune exigée par l'Assemblée nationale les 20, 22 et 23 novembre précédents. Cette nomenclature est, tout au moins, des plus précieuses pour nous, parce qu'elle conserve les vieux noms de lieux, aujourd'hui inusités pour la plupart[1].

En mars on insiste à nouveau pour la construction d'un pont menant à l'île du Madon; et, pour prévenir des désastres, en cas d'inondation, on demande la démolition d'un

---

1. Voir cette nomenclature en entier aux pièces justificatives.

mur construit par Joseph Lhôte à Demenge Pré et qui pourrait provoquer le reflux des eaux [1].

Le finage fut ravagé par la grêle en 1793. Néanmoins la municipalité fit preuve d'un beau zèle patriotique en envoyant à Strasbourg, pour l'armée du Rhin, le peu d'avoine de la récolte excédant les besoins du village. Elle fit preuve de prévoyance en désignant les citoyens chargés des approvisionnements de la commune. Nicolas Bonnard, marchand, s'engageait à livrer un quintal de sel pour la distribution du trimestre, le 4 nivôse an III.

J'ignore pour quelle raison l'on jugea suspect cet honnête aïeul, nouveau venu, mais apparenté par sa femme, Marie-Thérèse Marchand, avec une des plus vieilles races du village. Le 11 thermidor an III, fut visitée, par ordre municipal, la maison qu'il habitait, appartenant à Jean-Charles Drouot. Et l'an d'après, 4 messidor an IV, il fut requis de loger et nourrir cinq cavaliers, envoyés pour accompagner à Saint-Dié une voiture qu'il avait reçu ordre d'y conduire lui-même un mois auparavant. On exigeait qu'il leur donnât à chacun une livre *métallique* par jour. C'était évidemment plus avantageux pour eux que de les payer en assignats Or, tout ceci, je l'avoue à ma grande confusion, me fait soupçonner mon arrière grand-père d'avoir été un très tiède républicain.

Pendant ce temps la jeunesse de Mattaincourt fournissait un important contingent aux différentes levées de troupes ordonnées par la Convention. Le 16 germinal an II (5 avril 1794), la municipalité réclamait au district de Mirecourt la somme de 5277 l. 9 s. 9 d. comme secours dus aux citoyens de Mattaincourt qui avaient des parents au service de la République (par application des lois du 26 novembre 1792 et 4 mai 1793). Les secours furent accordés, et répartis, le 30 vendémiaire, entre les seuls citoyens et citoyennes ci-après

---

1. Reg. de 1790-1791. (*Arch.* de l'église de Mattaincourt).

désignés, reconnus indigents : Joseph Demengeon, Antoine Perrot, Joseph Roche, Pierre Didot, Jean Mérel, Dominique Mélin; Marguerite Mathieu, Marie-Anne Mougin, Marguerite Contal, Barbe Descle, Catherine Vautrin, Elisabeth Roussel, Anne-Catherine Vinot, Anne Dupont, Marguerite Gayotte.

Il y avait un Nicolas Silvestre, chasseur au 2e bataillon de la 15e demi-brigade, en l'an III. L'an IV, fut enregistré le congé définitif de Claude Collin, lieutenant de la 5e compagnie du 1er bataillon de la demi-brigade des Vosges et de Paris, natif de Mattaincourt. Le 19 brumaire an IV, Pierre Mulot, né à Mattaincourt en 1770, capitaine au 14e bataillon, eut le pied emporté par un boulet de canon à Lassenheim, en Palatinat.

Le culte de l'Etre suprême, et même celui de la déesse Raison recrutèrent peu d'adhérents, ou du moins leurs adhérents firent preuve de peu de persévérance. Forcée par l'élan populaire, la Convention vota, dès le 3 ventôse an III (21 février 1795), une certaine liberté des cultes, tout en interdisant les cérémonies extérieures, et en refusant encore les églises aux catholiques. Le 11 prairial suivant (30 mai), elle était contrainte d'aller plus loin et de concéder aux citoyens le libre usage des églises, mais provisoirement, et à condition qu'elles serviraient aussi aux assemblées électorales et civiques, et que les ministres du culte se feraient décerner, par les municipalités, acte de leur soumission aux lois de la République.

Alors le P. Didier François reparaît à Mattaincourt, où il déclare à la municipalité, le 7 thermidor an III (25 juillet 1795)

« qu'il se propose d'exercer le ministère d'un culte connu sous la dénomination de culte catholique, dans l'étendue de cette commune, et a requis qu'il lui soit donné acte de sa soumission aux lois de la République. »

En même temps il déclare fixer à Mattaincourt son domicile, et indique, comme sa dernière résidence, Donsevrin, district de Saint-Mihiel (Meuse).

Enfin, le 12 brumaire an IV (3 novembre 1795), il comparaissait de nouveau devant la municipalité avec son vicaire, Jacques Georgel, également chanoine régulier, pour faire la déclaration suivante :

« Je reconnais que l'universalité des citoyens français est le souverain, et je promets soumission et obéissance aux lois de la République. »

Et le lendemain, ils faisaient connaître

« qu'ils avoient choisie l'enceinte de la ci-devant église paroissiale de Mattaincourt pour y exercer le culte catholique. »

Or, dès l'an II, il y avait un autre prêtre à Mattaincourt, Georges Nicolas, ci-devant curé de Bouzemont, qui s'était retiré chez Joseph Simonin. Celui-ci crut d'ailleurs devoir en faire déclaration à la mairie (3 ventôse an II).

Il ne semble pas que ce M. Nicolas ait exercé à Mattaincourt les fonctions de son ministère, pendant l'absence du P. François. D'autre part il paraît certain que les fidèles recouraient aux bons offices de quelques prêtres cachés dans le voisinage, ou circulant secrètement dans le pays. Dans une liasse d'actes de baptême[1], il y a celui de Anne Claudel, baptisée le 15 janvier 1794 par M. Frichard, curé de Ravenel, un autre de Anne Lamy, baptisée le 4 brumaire an IV (1795), par un prêtre non désigné.

Même après le retour de M. François, dont nous avons le registre baptistère à partir du 5 septembre 1796, il y a de nombreux baptêmes conférés par des prêtres non assermentés :

En mars 1796, le P. Melchior, capucin, « chez le sieur

---

1. *Arch.* de l'église de Mattaincourt.

Joseph Contal »; en avril, M. Martin Voinier « prêtre catholique »; en mai, M. Aubry, curé de Sexey-le-Bois, « prêtre missionnaire et curé catholique », qu'on retrouve encore en 1798 et 1799; Jean Colson, « ci-devant curé de Saint-Ouen ».

En 1797, M. Bégin, « prêtre catholique par la grâce et la miséricorde de Dieu »; S. Parizot, « prêtre catholique »; en novembre 1797 et janvier 1798, M. Beurlot, curé de Viviers-le-Gras, baptise « dans une maison particulière, à cause de la persécution de l'Eglise ».

En 1799, il y a des actes de baptêmes signés de dom J. Fréchard, « prêtre bénédictin, qui n'ai fait aucun serment ni soumission aux loix de la République », et de M. Dombrot, « prêtre catholique non assermenté ni soumissionnaire ».

En 1800, baptêmes par François Martin, curé de Thiraucourt, « prêtre non constitutionnel »; par M. Colin, vicaire de Mirecourt, par F. Renard, « prêtre missionnaire catholique du diocèse de Metz »; et par M. Balthazard, « prêtre missionnaire catholique du diocèse de Nancy, non constitutionnel », qui exerça son ministère à Mattaincourt en 1801 et jusqu'en avril 1802. On se souvient que le Concordat fut publié solennellement le 18 avril 1802.

C'est que le P. François était suspect à ses paroissiens, à cause précisément des serments qu'il avait prêtés. Ce malaise ne fit qu'empirer, au point qu'en 1797 presque tous les fidèles l'avaient abandonné dans son église déserte. C'est lui-même qui l'avoue dans une lettre écrite à l'abbé Marquis, curé des Paroches[1], autre prêtre jureur qui se plaignait à lui de ses mauvais *Parochiens*:

« Vos dissidents sont toujours les mêmes, me dites-vous, aussi opiniâtres. Je puis vous en dire autant des nôtres; et loin que leur nombre diminue, il augmente plutôt. Ils travaillent continuelle-

---

1. Canton de Saint-Mihiel (Meuse).

ment à faire des prosélytes. Il fut un moment, il y a deux ans, où je craignais de me trouver presque seul. On me sollicitait directement et indirectement, on me faisait de belles promesses, on me menaçoit. Oh! ce n'est rien des vôtres : les nôtres sont la fleur, bien instruits, bien disciplinés. » (17 ventôse an VII — 8 mars 1799)[1].

---

1. Cité par Aulard, *Revue de Paris*, 1er mai 1897.

CHAPITRE IX

RESTAURATIONS

Le presbytère. — L'hospice. — Le culte de saint Pierre Fourier. — L'abbé Hadol. — Le nouveau couvent de Notre-Dame. — La nouvelle église. — Physionomie du village au XIXe siècle.

Le Concordat remédia heureusement à cette situation désolante. Peu à peu les fidèles revinrent à leur pasteur, réconcilié avec l'Eglise. Celui-ci habitait, avec M. Georgel, son vicaire, la partie nord, partie ancienne, du presbytère, autrefois occupée par S. Pierre Fourier, qu'ils avaient achetée, le 15 thermidor an IV, de Sartori, premier acquéreur, par acte passé devant Me Simonin, notaire à Hymont.

Leur part comprenait le bâtiment de la « ci-devant maison presbytérale », jusqu'au grand escalier de pierre, la moitié de la cour du couchant, qui devait être coupée par un mur, et la portion du jardin, du côté de la rivière, délimitée par une palissade à établir dans l'alignement du grand escalier, le tout borné au nord

« par le cimetière, d'une part, le chemin d'autre, la rue au couchant, l'ossuaire de ville au levant, provenant au vendeur d'acquisition par lui faite sur la République en suite de sa soumission faite le 25 floréal dernier conformément à la loi du 28 ventôse aussi dernier. »

La partie sud de la maison canoniale, partie neuve, outre des écuries, les granges, bougeries, greniers, le reste de la cour d'entrée et du jardin, et toutes les vastes constructions nécessitées autrefois par l'exploitation agricole de l'ancien *bouvrot* curial, avaient été vendue par Sartori à Claude Friaisse, le 9 thermidor an IV

La porte d'entrée sur la rue Géry, et le grand escalier central restaient mitoyens entre le curé et Claude Friaisse.

Le 29 août 1810, le P. Jacques Georgel, qui avait quitté Mattaincourt pour se fixer à Gérardmer, revendit sa part à André Sartori[1].

Le P. François mourut le 31 août 1822. Par son testament olographe du 22 mai 1810, il avait légué la part lui revenant sur le presbytère à ses neveux et nièces, habitant Donsevrin, près de Saint-Mihiel. Ceux-ci s'entendirent avec Sartori, acquéreur des droits Georgel, pour vendre à la commune toute cette partie du presbytère, occupée par l'instituteur depuis la mort du P. François. La vente eut lieu en effet par acte du 22 décembre 1825, par devant Simonin, notaire à Mirecourt.

Déjà la commune avait acquis, en 1822, avec toutes les autorisations administratives, la partie sud, appartenant aux héritiers Friaisse. Elle se trouvait donc en possession de tout l'ancien presbytère, où elle se proposait, non seulement de loger le curé, mais d'installer l'instituteur et, au besoin, les écoles des deux sexes.

L'école des garçons occupait, en effet, toujours le rez-de-chaussée de la maison commune, première maison de la Congrégation de Notre-Dame, presque au coin de la rue Géry et de la ruelle du Pelleu, construction modeste et exposée aux inondations. On y voyait encore une baie ancienne, murée dans toute sa hauteur, à demi enterrée par l'exhaussement du sol. Elle était surmontée d'un fronton triangulaire simulé, encadrant le monogramme du Christ, au centre de deux palmes. Au-dessus, on lisait le millésime de

---

1. Acte passé devant Me Valentin, notaire à Gérardmer. Enregistré à Corcieux, le 12 septembre 1810.

1618. Cette maison historique a été sottement démolie pour faire place à l'école laïque de filles¹.

Terminons en deux mots l'histoire du presbytère. Peu à peu, la commune céda au curé l'usage de la totalité de la la maison. Par une convention conclue avec M. Hadol, le 15 février 1843, elle ne se réservait qu'une portion de cour et une ancienne écurie sise au nord de la maison commune, pour remiser la pompe à incendie. En 1866, elle abandonnait au curé ce bâtiment et la maison commune elle-même, lorsqu'elle eut fait l'acquisition d'une portion du *Couvent jaune* pour y transporter l'école des garçons et la salle de mairie, avec le logement du maître d'école.

Le presbytère fut occupé un moment, en 1878, par les chanoines réguliers de Latran, qui en proposèrent même l'achat au conseil municipal. Celui-ci rejeta leur proposition, le 3 mars 1878, par six voix contre six, la voix du maire, le célèbre Jeanroy, étant prépondérante. Enfin, en 1886, l'enclos du presbytère était amputé d'une notable étendue de terrain vers le sud, pour l'établissement de la nouvelle école de filles.

La période du premier empire n'est marquée par aucun fait extraordinaire dans l'histoire du village. Au début de l'an XIII, septembre 1804, le maire étant André Sartori, la commune servait une allocation de 500 francs au curé de la paroisse. Sans aucun doute beaucoup de jeunes gens partirent aux armées, nous n'en avons pas retrouvé la liste. A partir de 1807, plusieurs enfants reçoivent au baptême le nom de Napoléon, signe évident que leurs familles avaient des sympathies pour l'aigle impériale.

Un vieux soldat, Dominique Barbier, capitaine retraité,

---

1. C'est l'unique école de filles, depuis 1904, date de la fermeture du Couvent. En décembre 1909, l'institutrice, une mégère soi-disant libre-penseuse, en expulsait quatre petites filles de bonne famille, pour avoir obéi à leurs parents en refusant un Manuel d'histoire condamné par les évêques. Fourier entendait autrement l'éducation, au même endroit, en 1618.

chevalier de la Légion d'honneur, n'était probablement pas étranger à cette ferveur bonapartiste. En tous les cas nos pères aimaient le régime nouveau parce qu'il apportait en dot la paix religieuse et la gloire militaire.

L'hospice avait survécu à la Révolution ; mais, florissant avant la tempête, il se trouvait maintenant délabré et réduit à l'extrême misère. La plupart des Sœurs l'avaient quitté pour échapper au serment et à la persécution. Elles revinrent et reprirent leur costume religieux. Elles étaient fort pauvres, les revenus de la maison ayant été considérablement diminués dans les honnêtes opérations financières de la République. On leur alloua un quart du produit de la ferme de l'octroi du village, car le village avait son octroi ; mais celui-ci était affermé 300 francs seulement. Plusieurs d'entre elles allèrent travailler à la journée à Mirecourt, pour gagner leur pain et celui de leurs malades.

La Supérieure, originaire du voisinage, allait aux provisions chez ses parents. Elle fut aussi aidée par sa propre sœur, également religieuse de Saint-Charles et supérieure de la maison de Maréville, qui envoya du linge et put procurer quelques pensionnaires aliénés, dont la pension fut de quelque ressource [1].

Les registres de l'état civil signalent le décès de 19 soldats à l'hospice de Mattaincourt en novembre et décembre 1813 et janvier 1814 : lamentables débris de la campagne de France

On retrouve encore, dans la tradition populaire, un souvenir effrayé du passage des Alliés à travers le village. Le mot « cosaque » est resté dans le vocabulaire pour désigner un homme grossier, comme le mot « boulgre » y prit place au Moyen-Age, vague trace d'invasions slaves, *bulgares*, plus lointaines.

---

1. D'après les souvenirs de la Sœur Alexis, rapportés à l'auteur par la Sœur Catherine.

On sait que le premier consul avait profondément modifié l'organisation municipale : le maire n'était plus soumis à l'élection, mais choisi par le préfet, autre personnage nouveau, ou plutôt revenant d'ancien régime. Ce n'est qu'en 1830 que le conseil municipal semble faire œuvre autonome et prendre quelque initiative. Sous l'Empire et la Restauration, le registre n'est guère occupé qu'à relater les enrôlements de soldats et les serments successifs du maire Fourier Mangin, nommé par le préfet le 10 mai 1813, et de la municipalité, au roi Louis XVIII en janvier 1815, à l'empereur au retour de l'île d'Elbe, 23 avril 1815, au roi encore, après les Cent-Jours, 26 janvier 1816.

Le 10 octobre 1830, ce sera le serment de Jean-Fourier Sartori, maire, et de J.-B. Mathieu, adjoint, au roi des Français. Or, le 13 mai 1821, la commune s'était mise en frais pour fêter le baptême du duc de Bordeaux.

L'histoire générale est curieuse, vue à travers le trou de serrure d'une mairie de village.

En 1830, également, on rétablit la garde nationale ; le nouveau conseil municipal s'installe avec une certaine solennité, le 6 octobre.

Le 15 avril 1832, il s'opposait au projet d'union de la commune de Hymont avec celle de Mattaincourt. Mattaincourt comptait, à cette date, 953 habitants.

Après la mort du P. François[1] la paroisse fut desservie pendant dix ans par M. l'abbé Husson. Celui-ci n'a laissé qu'un souvenir très effacé. Nous savons toutefois, par le *Pèlerin de Mattaincourt*, qu'il était présent lorsqu'en avril 1824, fut guérie miraculeusement, au tombeau du Bon Père, une paralytique, Marie Durand, de Mirecourt.

Le pèlerinage n'avait pas été supprimé entièrement, même aux plus mauvais jours de la Terreur. L'église étant fer-

---

1. Par son testament du 22 mai 1810, il avait légué à la fabrique de l'église un capital de 500 francs pour deux messes annuelles, à perpétuité. (*Arch.* de l'église de Mattaincourt).

mée, les fidèles venaient prier secrètement devant la porte, se rendaient au Haut-Paquis, à l'arbre du Bon Père, et buvaient de l'eau de la fontaine. La *bure* fut allumée tous les ans selon l'usage inauguré aux fêtes de la béatification. Après la destruction des « monuments » de l'église,[1] le corps du bienheureux fut caché soigneusement. Il fut remis à sa place après le rétablissement du culte. Il eût été intéressant d'avoir quelques détails sur ces faits importants; mais je n'ai pu jusqu'ici découvrir rien de précis : on a trop bien gardé le secret aux sauveurs de la châsse et des reliques du Bon Père.

Le 1er juillet 1831, M. l'abbé Charles Hadol était nommé curé de Mattaincourt. Il prit possession de sa cure le 7 juillet.

Né à Remirecourt le 14 avril 1802, dixième enfant de J.-B. Hadol, jadis orfèvre du noble chapitre, il avait de qui tenir, son père ayant été condamné à mort par le tribunal révolutionnaire pour avoir favorisé l'évasion de l'abbé Blaise, son beau-frère, emprisonné pour la foi. La chute de Robespierre lui rendit la liberté au moment où l'on allait l'emmener à Mirecourt pour être guillotiné : la moitié de sa chevelure avait blanchi en une nuit. Charles Hadol ne songea qu'assez tard à embrasser l'état ecclésiastique. Il fit ses études à Paris, au Séminaire Saint-Sulpice, où il eut pour condisciple le futur P. Lacordaire. Ordonné prêtre le 31 mai 1828, il fut quelque temps vicaire de Corcieux, puis, durant trois ans, vicaire de Saint-Nicolas à Neufchâteau. Il avait

---

1. La Révolution avait mis l'église en piteux état : Dans une délibération du Conseil de Fabrique, du 3 juin 1810, on constate son délabrement, et « que le monument érigé en l'honneur du Bienheureux Pierre Fourier ayant été dégradé ainsi que les fonts baptismaux, depuis la Révolution, cela paroissait encore non moins nécessaire à réparer ». Et l'on décide : « Les chapelles, la sacristie, la nef et le monument érigé en l'honneur du Bienheureux Pierre Fourier seront blanchis; il sera donné en chaux et plâtre autant de couches qui seront jugées nécessaires... »

Un italien, J.-B. Sala, se chargea de ces réparations pour 240 l. (*Arch.* de l'église de Mattaincourt).

29 ans et devait être curé de Mattaincourt l'espace de 55 ans.

C'est le 25 juillet 1832, que, priant près du tombeau de Pierre Fourier, il eut la pensée de célébrer le premier centenaire des fêtes de sa béatification. Il déploya dès lors pour préparer cette solennité, l'activité tenace qui était le fond de son caractère. Une foule immense répondit à son invitation et, de tous les coins de la Lorraine, accourut à Mattaincourt.

Pour la première fois depuis un siècle, les ossements du bienheureux furent extraits de la châsse et offerts à la vénération des pèlerins. La châsse subit les réparations nécessaires, puis reçut de nouveau son dépôt, et fut scellée par M. Munier, vicaire général, délégué de l'évêque de Saint-Dié. Le panégyrique fut prononcé par le chanoine Coly.

« Depuis longtemps, écrivait un visiteur, un aussi grand spectacle ne s'était offert à ma vue. Quelle n'a pas été ma surprise, lorsque je vis dès l'aube jusqu'au milieu de la journée arriver de toutes les directions ces innombrables files de pèlerins enthousiastes, portant l'espérance dans leur air et dans toute leur attitude! »

L'épidémie de choléra de 1832, fit de nombreuses victimes à Mattaincourt, mais le fléau s'arrêta dès qu'on eut invoqué le Bon Père. C'est à cette occasion que le cimetière fut transporté au Haut-Paquis, près de la fontaine miraculeuse. Deux ans après, M. Hadol commençait sa vie de bâtisseur en élevant tout auprès[1] la *chapelle ronde*, sur l'emplacement de l'ormeau planté en cet endroit par le saint lui-même, selon la tradition. L'arbre était mort certainement à l'époque des fêtes de 1832, et l'on vendait à Mattaincourt des croix fabriquées avec le bois qui en provenait. La fontaine fut captée alors et disposée dans son état actuel[2]. Le tableau placé au-

---

1. Autorisation du conseil municipal du 10 février 1834. *(Reg. des délibérat.).*

2. Ce n'est qu'en 1841 que l'eau en fut conduite au village pour l'établissement d'une fontaine et d'un lavoir publics. On laissa subsister à sa

dessus de l'autel et représentant Pierre Fourier assis à l'ombre de son arbre, ayant devant lui le joli paysage de Mattaincourt, n'est pas sans valeur, et mérite attention.

La chaussée conduisant à la chapelle fut faite aux frais de la commune et plus tard bordée d'arbres aux frais de M. Hadol, autorisé par délibération du conseil municipal en date du 9 février 1843.

Nous savons que la Révolution avait chassé de Mattaincourt les religieuses de la Congrégation de Notre-Dame. Leur couvent avait été vendu comme bien national et acquis par André Sartori, déjà acheteur du presbytère. Le chœur attenant à l'église paroissiale avait été démoli.

Or, en 1833, le couvent était mis en vente. L'idée vint à M. Hadol « que ce pourrait être l'occasion de lui rendre sa première destination ». Il en parla aux abbés Baillard, « que je savais, dit-il encore, très entreprenants ». Ceux-ci étaient trois frères, dont deux curé et vicaire de Favières, et l'autre, curé de Saulxures-les-Vannes, au diocèse de Nancy. Ils commencèrent par acheter la maison et lancèrent de Favières un appel daté du 20 décembre 1833, approuvé de leur évêque et de l'évêque de Saint-Dié, et répandu aussitôt dans les diocèses voisins par les soins des évêchés de Metz, Verdun et Besançon.

Ils y rappelaient le passé de l'ancien monastère de Mattaincourt et l'intérêt qu'il y aurait à le rétablir pour veiller encore sur le tombeau du fondateur.

« La maison, ajoutaient-ils, a coûté d'achat près de 12.000 fr.; il ne faudra pas moins qu'une pareille somme tant pour les réparations à y faire que pour la reconstruction du chœur des religieuses qui doit être, comme anciennement, adossé au chœur même de l'église paroissiale où reposent les saintes reliques; et nous n'a-

---

place traditionnelle, sur la hauteur, « la fontaine du Bienheureux Pierre Fourier qui a toujours étée et est encore aujourd'hui la grande vénération des pèlerins étrangers. » (*Reg. des délibérations du Cons. municip.*, 21 mai 1841.)

vons, pour couvrir ces dépenses, que les dons présumés de ceux dont nous intéressons la piété. Aussitôt que la maison sera en état (et nous espérons pouvoir l'y mettre pour le 1er novembre 1834), des religieuses dévouées à l'œuvre, à la tête d'un nombre suffisant de jeunes personnes que nous formons nous-mêmes, viendront l'occuper et y reprendre les utiles fonctions qu'elles remplissaient autrefois... »

En même temps, ils entraient en pourparlers avec la maison des Oiseaux à Paris, pour lui demander le premier essaim de religieuses destiné à repeupler le monastère de Mattaincourt. La Supérieure des Oiseaux répondit qu'elle ne pouvait fournir ce premier contingent, mais elle indiqua la petite maison de Nesles, en Picardie, dont la supérieure, la Rév. Mère Victoire, après deux ans de négociations fort prudentes, consentit enfin à venir s'établir à Mattaincourt avec sa communauté tout entière, au grand contentement des fondateurs et de Mgr Dupont, évêque de Saint-Dié.

La vénérable religieuse lui avait fait une première visite en 1834, et, au cours de ce même voyage, elle était venue à Mattaincourt, où l'ancien couvent fut réparé sur ses indications, et agrandi d'une aile pour le futur pensionnat. Mgr Dupont contribua de ses deniers personnels à cette nouvelle dépense. Mais en mars 1835, il passait du siège de Saint-Dié à celui d'Avignon. Ce fut son successeur Mgr de Jerphanion qui eut la joie d'installer lui-même la communauté dans le couvent enfin restauré et prêt à l'accueillir.

La R. Mère Victoire était venue se fixer à Mattaincourt avec la R. Mère Saint-Augustin, dès le mois de mai 1836. Elle avait reçu au presbytère l'hospitalité de M. Hadol et de sa digne sœur, Mlle Anastasie. Les religieuses demeurées à Nesles y achevèrent l'année scolaire, puis se mirent en route en passant par Paris, où M. l'abbé Hadol devait venir les chercher. Elles firent quelque séjour au couvent des Oiseaux, qui leur adjoignit la R. Mère Cécile pour présider à l'installation du pensionnat. La caravane était composée des

RR. Mères Saint-Charles, Saint-Bruno, Sainte-Sophie, de Sœur Eugénie, postulante, de Sœur Aimable, tourière, (dont nous avons connu encore la verte vieillesse), et d'une jeune élève qui devait devenir la R. Mère Aloysia, fondatrice du couvent de Gray.

Elles avaient quitté Paris le 22 août 1836; le 8 septembre suivant, elles renouvelaient leurs vœux sur le tombeau de leur Père; Sœur Eugénie y prenait l'habit religieux, et Mgr de Jerphanion, entouré d'un nombreux clergé les reconduisait solennellement à leur monastère, dont il inaugurait la clôture.

Pour arriver à ce résultat les frères Baillard avaient déployé la plus grande activité et le plus louable dévouement, allant quêter eux-mêmes de tous côtés et surveillant en personne les importantes constructions et reconstructions dont l'ensemble est encore désigné sous le nom de *Couvent jaune* (bien qu'on ait depuis modifié la couleur du badigeon). Il y eut, au cours des travaux, plusieurs accidents graves, dont l'un, un écroulement de muraille, faillit coûter la vie à mon grand-père maternel, qui attribua toujours son salut à la protection miraculeuse de saint Pierre Fourier.

Le corps municipal ne s'était pas désintéressé de cette œuvre importante. Par délibération du 2 janvier 1834, il avait favorablement accueilli la première demande de M. Léopold Baillard, « pour le rétablissement de la Congrégation de Notre-Dame à Mattaincourt, dans l'ancienne maison de la Congrégation, qu'il a acquise cette année du sieur Sartori », et l'avait autorisé notamment « à l'élévation d'un petit bâtiment qui sera adjacent à l'église du côté de la chapelle du Bienheureux Pierre Fourier ». Il ne fut pas donné suite à ce dernier projet, et les religieuses se contentèrent pour chapelle d'une grande salle aménagée dans l'intérieur de leur clôture.

On craignit tout de suite que l'espace dont elles disposaient ne fût trop limité pour des religieuses cloîtrées. MM. Baillard avaient acheté, dès le mois de mars 1835, une maison (l'aumônerie), avec grand jardin, sise de l'autre côté de la grand'rue et un autre vaste jardin séparé du précédent par la ruelle menant de Mattaincourt à Mirecourt. Les deux jardins furent mis en communication par un passage souterrain ouvert après autorisation du conseil municipal en date du 9 mai 1835. Les religieuses étaient autorisées à traverser la rue, voile baissé, pour passer de leur couvent dans ces propriétés nouvelles. Enfin un petit terrain attenant au couvent lui-même leur fut cédé par la commune pour construire l'école gratuite de filles et un asile pour les petits enfants. (27 août 1836).

Le rétablissement de la Congrégation fut dûment autorisé par décret du roi Louis-Philippe, sur avis favorable du conseil municipal, rendu le 21 septembre 1836, après lecture des statuts de l'Ordre, vérifiés par le Conseil d'Etat, insérés dans le registre des délibérations, et certifiés conformes par Joachime Daumale, dite Marie-Victoire, supérieure; Clémence Dréron, dite Marie Saint-Charles; Rose Malpart, dite Marie Saint-Bruno, Amélie Morel, dite Marie-Sophie, Agathe Bernier, dite Marie Saint-Augustin.

L'école gratuite fut tout de suite florissante; le pensionnat se peupla d'élèves envoyées par les meilleures familles de la province.

Un voyageur qui y avait assisté à une distribution des prix entre 1840 et 1843 écrivait ces lignes enthousiastes :

« Une brillante société composée de la haute magistrature du chef-lieu d'arrondissement, d'un nombreux clergé, de dames parées comme pour une fête, environnait les jeunes pensionnaires, toutes vêtues de blanc et respirant dans leur maintien je ne sais quelle douce innocence...

La séance commença par un discours... M. l'aumônier de la maison [1] interrogea les élèves sur la religion; il posa des objections

---

1. L'abbé Mougeot, qui fut aumônier de 1838 à 1875. Il eut pour successeur M. l'abbé Jerdon, de 1875 à 1878.

que l'incrédulité prôna longtemps comme irréfutables..., et sans nulle gêne l'élève interrogée répondait... Chacune des maîtresses interroge ensuite ses élèves sur les différentes parties de l'enseignement, qui est aussi varié qu'il paraît être soigné. Une fable fut débitée à ravir par une enfant d'environ six ans; une description des Vosges fort remarquable sous le rapport historique et géographique suivit cette fable. La description fut suivie à son tour d'un morceau de littérature plein de grâces et de fraîcheur, par une élève de la première classe.

Puis vint la distribution des prix et des couronnes. Que ces couronnes blanches et roses paraient bien ces jeunes fronts pleins de candeur et d'innocence! »

C'est signé G. de D., qu'il faut lire, je soupçonne, Guerrier de Dumast.

Les frères Baillard[1] cédèrent à la communauté, une fois autorisée et devenue apte à posséder légalement, tous les immeubles acquis en leur nom; « mais, disent les Mémoires auxquels nous empruntons ces détails, ils n'avaient pu offrir

---

1. Nous ne les retrouverons plus. Leur fin est misérable. Léopold Baillard devint un fervent adepte, bientôt un apôtre et l'un des vingt *Pontifs de la religion de Vintras*. Il attira à la secte ses frères d'abord, puis un grand nombre de prosélytes dans le diocèse de Nancy. Eugène Vintras, le fondateur, était contremaître dans une fabrique de carton à Tilly-sur-Seulles, en Normandie. En 1839 il prétendit avoir reçu des révélations de l'archange saint Michel, prêcha une doctrine étrange, sorte de gnosticisme modernisé, d'après lequel l'homme serait composé de trois substances : un ange déchu mais repentant, une âme spirituelle et un corps; l'Eglise du Christ, étant morte, devait faire place à une nouvelle société religieuse, à un nouveau corps d'apôtres, recevant mission directe du Saint-Esprit, etc. Beaucoup d'illuminés, dans toutes les parties de la France, se mirent à la suite de Vintras, condamné comme escroc à Caen en 1842, mais devenu Souverain Pontife de l'Eglise renouvelée. Il y eut parmi eux une épidémie de stigmates sanglants, de visions, de prophéties, des incidents étranges auxquels probablement des influences diaboliques ne furent pas étrangères. Gaston Méry a voulu voir un rapport, nullement invraisemblable, entre les diableries de Vintras et les curieuses apparitions de Tilly-sur-Seulles en 1896.

L'hérésie nouvelle fut condamnée par Grégoire XVI le 8 novembre 1843, et par Pie IX, le 10 février 1851. Plusieurs évêques portèrent également des condamnations particulières.

L'évêque de Nancy déplora, dans une lettre pastorale en 1850, la chute des abbés Baillard, et censura leurs erreurs. (D'après Gaston Méry. *La Voyante et les Apparitions de Tilly-sur-Seulles*, 5e fascicule, p. 274).

un espace suffisant pour cours et jardins autour de la maison, et les santés en souffraient ».

En l'année 1841 on commença à construire, sur la hauteur, dans les terrains acquis en 1835, au delà de la ruelle de Mirecourt, un premier corps de bâtiment formant la portion centrale du couvent actuel. Cette construction fut achevée en 1843; une partie de la communauté y fut transportée avec le pensionnat supérieur; le reste demeura au Couvent jaune, réservé pour les classes gratuites et pour un pensionnat de prix plus modestes, accessible aux filles de la campagne. Cette situation un peu bizarre ne dura pas. Les deux pensionnats furent vite fondus en un seul et toute la communauté réunie dans le nouveau couvent.

Cependant les classes gratuites furent maintenues au Couvent jaune, et pendant vingt ans encore trois religieuses s'y rendaient chaque jour, par le souterrain et l'aumônerie, pour y retrouver et instruire les petites filles du village, jusqu'à ce qu'un bâtiment spécial pût leur être consacré, à mi-côte, dans l'enclos du monastère, en 1865.

Le pensionnat devint florissant, le noviciat faisait quelques recrues. La communauté était entrée peu à peu en possession d'un vaste territoire, constitué par l'acquisition, en 1839, d'un verger donné par les époux Martin, de l'autre côté de l'ancien chemin de Ravenel, qui fut plus tard déplacé pour permettre d'enclaver ce terrain dans le mur de clôture en 1864, avec une vigne attenante donnée à la communauté par Mlle Bernier, et un grand verger, sis à l'est, acheté de M. Contal en 1851, et sur lequel fut construit, en 1853, un bâtiment à usage de hangar, buanderie, écurie, gymnase, et, au premier, salles de récréation.

En 1863, on ajoute au monastère une aile plus particulièrement destinée aux religieuses, travail fort dispendieux, et qui, ayant été mal fait, dut être, à grands frais, recommencé dix ans après. Enfin cet ensemble fut complété en 1892 par la construction symétrique d'un autre corps de logis terminé à l'est par l'abside gracieuse de la chapelle et couronné d'un svelte clocher habité par trois cloches.

Dès le début les religieuses eurent dans leur clôture leur cimetière particulier. On y déposa, en 1854, la dépouille mortelle de la fondatrice, la R. Mère Victoire, emportée, seule victime du choléra, qui pourtant hors des murailles du monastère, faisait cette année-là de terribles ravages.. J'ai relevé le chiffre effrayant de 90 décès de juin à la fin d'août 1854 [1].

Après 1865, le Couvent jaune, définitivement abandonné, fut vendu, partie à la Fabrique, partie à la Commune qui y transféra la salle de mairie avec l'école des garçons, le logement de l'instituteur, et plus tard, le bureau de poste.

L'ancienne ruelle de Mirecourt fut élargie, après achat et démolition de la maison Villemain, sise en face de l'église, et devint l'avenue un peu escarpée qui donne accès à la grande porte d'entrée du nouveau monastère.

Le second établissement de la Congrégation de Notre-Dame à Mattaincourt a vécu 70 ans. Un décret ministériel en date du 6 janvier 1904 en a ordonné la fermeture et le tribunal de Mirecourt a commis un Monsieur, par lui dénommé liquidateur, pour présider, sous le couvert d'un vote parlementaire dénommé « loi », au vol et au pillage du patrimoine si laborieusement constitué.

Les religieuses ont pris le chemin de l'exil et se sont réfugiées en Hongrie, à Törökbalin, près de Budapesth, laissant à Mattaincourt quelques sœurs âgées et infirmes.

Le monastère de Mattaincourt était dépositaire d'un précieux trésor : le manuscrit original des Constitutions de la Congrégation de Notre-Dame, écrit à Gray, de la main de S. Pierre Fourier, achevé pendant sa dernière maladie, et

---

1. La communauté adopta quatre orphelines, dont les parents étaient morts du choléra. Elles furent confiées à la R. Mère Saint-Eusèbe, qui les éleva avec le plus touchant dévouement.

miraculeusement sauvé des flammes[1]. Il avait donné au P. Georges la suprême mission de le remettre aux religieuses du couvent de Mirecourt, à charge pour elles d'en faire cinq copies dont il indiqua les destinataires. Le manuscrit fut conservé au couvent de Mirecourt jusqu'à la Révolution. Quelques-unes des dernières religieuses l'emportèrent avec elles dans une maison particulière, où elles purent vivre ensemble sans être inquiétées. La dernière survivante, la Mère Mougenot, le légua à une pieuse fille, parente éloignée du Bon Père, qui coopéra à la fondation de l'hospice des orphelines. Celle-ci mourut à 66 ans, en 1844, et laissa le précieux volume en héritage au nouveau monastère de Mattaincourt[2].

Ce monastère une fois reconstitué, l'abbé Hadol n'était pas au bout de sa tâche. Dès 1842, on parlait, comme d'un événement fort prochain, de la canonisation du Bienheureux Pierre Fourier, et l'on exprimait le désir de voir à cette occasion agrandir l'église qui conservait son tombeau.

Cette idée fut rendue publique dans un article signé Ch. Ch., paru le 25 février dans l'*Espérance* de Nancy. L'auteur proposait un plan :

« En conservant le chœur, où se trouve le tombeau du Bienheureux, la nef, qui est unique, serait flanquée de deux nefs latérales, neuves, dans le même style que le reste de l'édifice : ce ne serait pas le dégrader, mais restaurer et embellir. »

Ainsi se révélait à M. Hadol la mission qu'il regarda dès lors comme le but providentiel de sa vie. En décembre 1843 il ouvrait une première souscription aux bureaux de l'*Espérance* et dans les secrétariats des évêchés de Saint-Dié, Nancy, Verdun, Metz, Besançon et Langres. L'évêque de Saint-Dié, Mgr Manglard, adressait, en 1844, une circulaire à tous les prêtres de son diocèse pour leur recommander

---

1. Cf. Bedel, p. 199.
2. Cf. Abbé Deblaye. *Espérance de Nancy*, 3 et 6 juillet 1847.

l'œuvre de Mattaincourt, « parce que, disait-il, on allait commencer les travaux. » On n'en était pas là encore. C'est le 1er dimanche de janvier 1844, que M. Hadol fit officiellement au conseil municipal les premières ouvertures sur ses projets [1]. Il offrait de son côté une somme de 8.000 francs et sollicitait le secours du gouvernement.

Cette année même, il commença la vie héroïque de quêteur ambulant qu'il devait mener pendant 20 ans. La Lorraine, une partie de la France, la Belgique, l'Allemagne, l'Autriche le virent souvent, lui ou son vicaire, de sainte mémoire, l'abbé Georges [2], et surtout son ancien vicaire, l'abbé Mangin, curé de Sainte-Barbe [3]. Le ministère fit des promesses, le roi Louis-Philippe offrit 300 francs; la reine, 100 fr.; Mme Adélaïde, 150. Les deux premières listes de souscription furent closes avec un total de 12.500 francs en chiffre rond.

Puis on abandonna le plan primitif d'un simple agrandissement, et l'on décida de construire un monument tout neuf de style ogival, d'après les plans de M. Boileau, architecte de Mirecourt. Idée excellente; mais que n'a-t-on élevé cet édifice nouveau sur un autre emplacement, en respectant le bon « *moutier* » de nos aïeux, irremplaçable reliquaire des quarante ans de vie pastorale du Bon Père! Le conseil municipal approuva le projet de M. Boileau qui fut d'ailleurs quelque peu modifié par le gouvernement [4].

Sur la fin de 1845, l'abbé Hadol disposait de 52.366 francs, dont 9.000 donnés par l'Etat et 6.000 votés par la Fabrique, le reste était le produit de souscriptions volontaires. Il fut décidé que l'on construirait immédiatement les trois nefs.

---

1. *Reg. des délibérations.*
2. Mort en 1855, à l'âge de 36 ans.
3. Puis curé de Cheniménil, où il mourut en 1877.
4. C'est notamment la Commission des Beaux-Arts qui imposa les rosaces ou œils-de-bœuf, assez discutables, de la nef, à la place des fenêtres à lancettes prévues par M. Boileau.

L'adjudication des travaux eut lieu pour la somme de 46.228 francs 97 centimes, le 23 octobre; et, le 7 juillet 1846, le curé de Mattaincourt bénissait solennellement les fondements de la nouvelle église[1], en présence de nombreux pèlerins, accourus pour la fête annuelle. Le sermon fut donné par M. Retournat, curé de Vittel.

Ce premier ouvrage était mené à bien, avant l'hiver de 1847, par les soins d'un habile entrepreneur, M. Mangin, de Dompaire. Tout de suite on put se convaincre qu'il était difficile d'adapter harmonieusement l'ancien chœur à l'édifice nouveau. On se résolut donc à exécuter dans son entier le plan grandiose de M. Boileau, en construisant d'abord le chœur et les chapelles latérales. Entre temps l'abbé Hadol faisait de nouveaux et pressants appels au gouvernement — qui promit un secours de 7.000 francs; — à l'épiscopat français, à la députation des Vosges, aux maisons de Notre-Dame. L'archevêque de Paris autorisait un sermon de charité, qui fut prêché par l'abbé Dupanloup, en l'église Saint-Vincent-de-Paul. La quête rapporta 3.234 francs. Le poète Désiré Carrière faisait paraître une intéressante description de la partie de l'édifice déjà construite. On aime à relire, à 50 ans d'intervalle, ces pages où l'emphase romantique s'allie curieusement à une compréhension suffisante de la technique des monuments de style ogival; vrai manifeste de la renaissance, en nos régions, de l'architecture chrétienne et française.

Des loteries, de nouvelles quêtes à domicile dans la paroisse et au dehors, furent aussi de quelque secours, ainsi qu'une souscription payable par annuité, avec fondation de messes, origine de l'Archiconfrérie organisée plus tard. Quelques dons d'origine mystérieuse, comme dans les anciennes

---

1. Le procès-verbal de cette cérémonie, rédigé en latin et en français fut enfermé dans une boîte de plomb, et placé dans l'intérieur du premier pilier de la nef, du côté de l'épître, (le deuxième en fait, depuis que la nef fut allongée d'une travée); on y joignit des médailles du Bon Père et une pièce de monnaie de l'année. (Voir aux pièces justificatives).

légendes, beaucoup d'oboles modestes et touchantes, vinrent assez rapidement accroître le trésor de l'opiniâtre bâtisseur.

Les chapelles latérales et le chœur furent construits, ce dernier fort coûteux, à cause de la déclivité du terrain et de la mauvaise qualité du sous-sol, qui obligèrent à bâtir sur pilotis en arrière de l'ancien chœur, vers l'est. Seule demeurait de la vieille église la tour bulbeuse de 1762. D'après le plan de M. Boileau, elle devait faire place à un clocher élégant terminé par une flèche dentelée, en harmonie avec le reste du monument.

Il est difficile d'imaginer l'enthousiasme produit par l'apparition de cette jolie église dans un pays peu habitué encore à un tel « luxe pour Dieu ». Nous avons l'écho de ce contentement naïf dans un article de Désiré Carrière publié dans l'*Espérance* du 9 mars 1853.

La consécration solennelle fut fixée au 7 juillet de cette même année. M. Hadol voulut en faire une fête grandiose, trop grandiose, parce que trop coûteuse, au dire de ses amis, particulièrement au dire du bon abbé Mangin, l'infatigable quêteur, qui lui écrivait en toute franchise « que ceux qui avaient présidé à tout cela n'avaient point tiré les cordons de sonnettes[1] ». En effet, le village tout entier fut magnifiquement décoré par M. Poreaux, architecte à Mirecourt, avec arcs de triomphe à toutes les entrées et profusion de banderoles, devises, écussons et armoiries. Une vaste chapelle provisoire en planches fut élevée sur la colline du Haut-Paquis, près de la fontaine du Bon Père, précédée d'une avenue richement pavoisée, ouverte du côté du village par une porte triomphale surmontée des armes de Lorraine, de Besançon et Saint-Dié.

Des hôtes illustres répondirent à l'invitation du curé de Mattaincourt : les membres des familles apparentées à saint Pierre Fourier, le baron de Ravinel, Boulay de la Meurthe,

---

1. Lettre de M. Mangin à M. Hadol, 27 juillet 1853.

le baron de Favier, Guerrier de Dumast, la duchesse de Marmier, les sénateurs et députés des Vosges ; un millier de prêtres, et une foule immense de pèlerins.

Le prélat consécrateur était le cardinal Mathieu, archevêque de Besançon, assisté de Mgr Caverot, évêque de Saint-Dié ; Mgr Menjaud, évêque de Nancy ; Mgr Rossat, évêque de Verdun ; Mgr Raess, évêque de Strasbourg ; Mgr Dupont des Loges, évêque de Metz ; et Mgr Parisis, évêque de Langres.

Le prédicateur devait être le P. Lacordaire.

Le programme imprimé pour la circonstance est des plus intéressants. Après une description de la cérémonie du matin, et des indications pour en sauvegarder le bon ordre, il continue ainsi :

« A 3 h. 1/2, Vêpres présidées par S. E. le Cardinal, et auxquelles assisteront les différents corps constitués, qui devront faire partie de la procession. Après les Vêpres, sermon par le R. P. Lacordaire ; puis le Salut du St Sacrement ; enfin la procession à laquelle, par un privilège spécial[1] obtenu de S. S. Pie IX, on portera les reliques du Bx.

Elle dirigera sa marche vers le lieu où le Bon Père aimait tant d'aller. Elle se fera dans l'ordre qui suit :

1º Des militaires (sapeurs) en ligne de front ouvriront la marche ;

2º Les jeunes gens sur deux lignes continues, tous en uniforme et une oriflamme à la main ; entre leurs lignes, la statue de l'Enfant-Jésus ;

3º Dans le même ordre les jeunes filles, couronnées de roses, ayant chacune une branche de lys, et dans leurs rangs la statue de Ste Anne ;

4º Toutes vêtues de blanc, les demoiselles de la Congrégation établie par le Bienheureux lui-même en l'honneur de l'Immaculée Conception de la Ste Vierge, dont elles porteront l'image ;

5º Les Sœurs de la Providence, de la Doctrine, de St Charles ;

6º Les ecclésiastiques, tous en surplis ;

7º Le haut clergé et tous les officiants, au milieu desquels les Reliques du Bienheureux paraîtront triomphalement ;

---

1. Selon la rigueur du droit, il n'est permis de porter en procession que les reliques des saints *canonisés*.

8° En groupe et entre deux haies de gardes nationaux, les autorités militaires civiles, et judiciaires, en costume officiel;

9° Les différents conseils de la localité;

10° Les parents du Bon Père et les notables invités à la cérémonie;

11° Les délégués des diverses Conférences de St Vincent de Paul;

12° Enfin l'assistance, les hommes d'abord, puis les femmes.

La musique se tiendra au milieu des rangs du clergé; les gendarmes en haie de chaque côté des autorités, les pompiers[1] en haie à la suite des gendarmes, le service de la sûreté.

Arrivée à la chapelle du Bon Père, la procession y stationnera; les saintes reliques seront placées sur l'autel dressé à cet effet; les Prélats et le clergé officiant se rangeront autour de l'autel et on chantera Complies. Puis la procession, qui aura dû conserver ses rangs pendant cet office, retournera dans le même ordre en chantant les litanies du Bienheureux.

Comme à la fête de la béatification, la journée se terminera par le feu de joie, les illuminations et des feux d'artifice. La quête sera faite par Mmes la princesse de Beauvau, la duchesse de Marmier, Guerrier-Dumast, Mammès-Gaspard. Les dames seront accompagnées par MM. le Préfet des Vosges, Louis Buffet, ancien ministre, Fourier de Bacourt, ancien ambassadeur, le baron de Ravinel, député.

Avis. — Les exercices de cette fête se prolongeront, comme à l'époque du centenaire (1832), au delà de la neuvaine ordinaire, c'est-à-dire aussi longtemps qu'il y aura foule. Les saintes reliques du B. P. seront pendant tout ce temps exposées à la vénération des fidèles, qui seront admis à baiser son précieux chef. »

Ce programme subit en pratique quelques modifications. La cérémonie de la consécration, commencée à 5 heures du matin, se déroula dans toute la pompe prévue par le Pontifical; les reliques à placer dans le maître-autel avaient été déposées dans la crypte, où l'on alla les chercher en procession. Quand les saints rites furent achevés, on ouvrit les portes aux fidèles, qui remplirent en un instant l'édifice. La grand'messe put commencer à 9 heures, et, après l'Evangile,

---

1. Ceux de Dompaire et ceux de Mattaincourt.

un grand frémissement parcourut l'assemblée quand parut en chaire[1] l'habit blanc du P. Lacordaire.

Le panégyrique de saint Pierre Fourier qui fut édité cette année même chez Sagnier et Bray[2], puis, plus tard, dans les Œuvres complètes de l'illustre orateur, est fort différent de celui qui fut réellement prononcé à Mattaincourt le 7 juillet 1853.

La lettre suivante, écrite par l'abbé Chapia à l'abbé Deblaye, le 5 août 1853, donne assez bien l'impression produite sur l'auditoire.

« Vous avez entendu le P. Lacordaire, et vous l'avez aussi lu, sans doute. L'avoir entendu et l'avoir lu, ce n'est plus le même sermon, c'est le cas de le dire ou jamais. S'il avait au moins dit ce que nous avons lu, et s'il n'avait dit que cela !...

La première partie a eu l'avantage de nous montrer un homme de génie *battant la breloque* pendant cinq quarts d'heure, et la battant parfois d'une manière sublime ; je ne voudrais pas, pour rien au monde, ne pas avoir été témoin de cette merveille : improviser ainsi ! étant perdu et embêté !... Quel homme ! Il s'est retrouvé pour sa deuxième partie, il était lui alors, aussi n'a-t-elle duré qu'une demi-heure.

C'est grand dommage que le pauvre Père, en parlant de Richelieu, n'ait pas eu je ne dirai pas le sens commun, il l'a bien eu trop, mais le sens vrai, le sens convenable. Quelle infamie, je pèse le mot, de venir faire, sur la tombe de la victime dont on prononce le panégyrique, l'éloge de son bourreau ! l'éloge du politique dans l'église même où, par sa scélératesse, s'est fait le prêche protestant, ce qui arrachait des larmes de sang, dans l'exil, au prêtre qui avait été l'apôtre de Salm ! l'éloge du ministre abominable qui a fait de la Lorraine un pays de désolation, de calamités, un cimetière, en présence des Lorrains ! Il me semblait entendre, en pleine Pologne, un pope faisant retentir les louanges de Catherine II sur le tombeau de Poniatowski... »

---

1. La nouvelle chaire était un magnifique présent du couvent de Notre-Dame de Molsheim.

2. In-8 de 48 pages. Paris, Sagnier et Bray, 1853. — *Œuvres complètes*, t VIII, pp. 29-72. Paris, Poussielgue, 1872.

Le clergé avait, en effet, trouvé impertinentes certaines paroles à son adresse dans la première partie. Dans toute l'assistance l'âme lorraine protestait contre l'éloge inopportun de Richelieu et la prise à partie trop visible des historiens nationaux présents, comme Chapia et Guerrier de Dumast. Le Préfet des Vosges s'était inquiété de certaines allusions politiques transparentes. Tout le monde était mécontent et ravi [1].

Ce discours, prononcé le matin, était une dérogation au programme. Il y en eut une autre qui fut une grande déception pour beaucoup de pèlerins : on supprima, pour le remettre au lendemain, le défilé pendant lequel on devait baiser le chef du Bon Père.

Mais la procession du soir « fut magnifique, admirable au delà de toute expression [2] ». L'enthousiasme était à son comble lorsque, le chef du Bienheureux étant posé sur l'autel devant la chapelle provisoire, on vit le cardinal et les évêques l'entourer d'une couronne d'honneur.

Malheureusement un événement fâcheux vint quelque peu gâter la joie de cette belle soirée. Sous le poids de la foule, le plancher de la chapelle, trop légèrement construit, s'effondra, sans toutefois qu'il y eût d'accident grave de personnes.

A la nuit, eurent lieu de superbes illuminations et la bure traditionnelle. L'affluence des pèlerins continua les jours sui-

---

1. Le soir même du 7 juillet, Mme Carrière recevait, au château d'Ambacourt, Mgr Menjaud et le P. Lacordaire, qui, fatigués, se retirèrent de très bonne heure. Plus tard arrivèrent d'autres invités, appartenant à la meilleure société de Nancy, parmi lesquels M. Guerrier de Dumast. « Ils se sont mis à table très tard et la salle à manger était proche de la chambre du R. P. Lacordaire. Pendant le souper, M. de Dumast a blâmé vivement l'éloge de Richelieu fait par Lacordaire dans l'église du B. P. Fourier, victime de sa politique oppressive. J'ai bien supposé que le R. P. Lacordaire avait entendu cette conversation, parce que, le lendemain, en déjeunant, avant son départ, il me dit en souriant : — Je vous enverrai, Madame, mon discours quand je l'aurai nettoyé ». — (Lettre de Mme Carrière à M. l'abbé Chapelier, février 1888). D'après le *Bulletin de la Canonisation*, n° 5, p. 8.

2. Chapia.

vants. Cette fête laissa dans tout le pays les plus riants souvenirs. Le bon curé, lui, était accablé de fatigue, ruiné[1], et... critiqué.

Néanmoins il se remet aussitôt à l'œuvre. En 1857, les grandes fenêtres de l'abside sont garnies de vitraux représentant les phases diverses de la vie du Bon Père. Ils ont pour auteur le peintre-verrier Maréchal, de Metz, et sont malheureusement très insuffisants comme dessin, et par trop inexacts comme documents d'histoire.

En 1858, l'ancienne tour était démolie, une travée nouvelle ajoutée à la nef sur son emplacement, et, l'année suivante, le nouveau clocher était construit avec sa flèche un peu massive, mais considérablement plus élégante que l'aiguille ridicule qu'on lui a substituée. Une somme de 4.000 francs votée par la commune de Mattaincourt et les cotisations volontaires des paroissiens contribuèrent pour une part importante à cette nouvelle dépense.

En juin 1869, l'œuvre était à peu près terminée dans son ensemble et dans presque tous ses détails. M. Chapia écrivait à cette date :

« Les dépenses d'un tel édifice ne sont jamais finies; il faut l'ornementation intérieure. On posa un superbe autel en marbre blanc avec un bas-relief représentant la Cène et un tabernacle entouré de son retable et surmonté de sa niche en bronze doré... Le bras à deux travées du transept de gauche forme une vaste chapelle pour l'archiconfrérie du S. Cœur de Marie, où s'élève un autel en pierre avec un superbe retable merveilleusement sculpté et polychromé; on y remarque de belles peintures à fresques de M. Hussenot de Metz. Une des travées du bras droit forme la sacristie, et l'autre la chapelle des reliques du Bienheureux, placées dans une châsse superbe, don des ducs de Lorraine, au sein du retable d'un splendide autel en bois de chêne[2]. Dans le tombeau de cet autel, on voit une belle statue couchée du Bon Père,

---

1. Il avait 18.000 francs d'arriéré.
2. Tout cet arrangement, nous l'avons dit, a été très malheureusement bouleversé, à l'époque de la canonisation pour enfouir à nouveau sous terre les reliques, dans leur châsse... qui n'est plus qu'une ruine.

donnée par la famille Aubry-Febvrel, de Mirecourt. Ce qui doit surtout attirer l'attention, dans ces chapelles, admirablement décorées, ce sont les vitraux peints par M. Petitgérard, de Strasbourg.

Le grand chœur attendait aussi sa décoration, qui est sortie des mains de l'ouvrier transformé en véritable artiste; c'est un revêtement en pierre sculptée avec panneaux en boiserie, polychromé avec un goût parfait...

Restait enfin à exécuter le travail qui allait apporter à cette grande et belle œuvre la dernière main : la peinture. Ce travail complet, dû au pinceau de M. Lenoir, de Nancy, a comme transformé l'église entière : nefs, avant-chœur, chapelles et tribunes. La vaste nef[1], peinte en bleu avec des étoiles d'or, s'harmonise d'une façon merveilleuse avec les vitraux des roses du chœur et leur donne une vie qui semblait auparavant leur manquer. Le triforium est devenu resplendissant de fleurs et d'or. Au-dessous de cette immense balustrade, dans une large bande qui parcourt toute l'enceinte, une excellente idée à fait encadrer en médaillons les noms de toutes les maisons de la Congrégation de Notre-Dame, tant de France que de l'étranger. Ceux des maisons de la Congrégation renaissante de Notre-Sauveur se trouvent à l'entrée même de l'église. Entre ces médaillons se trouvent reproduits le chiffre du Bx P. F. les armoiries de sa famille, et les emblèmes de sa noblesse céleste : un lys couché sur une croix. Les diverses maisons de Notre-Dame ont généreusement contribué à ce décor, qui forme une couronne suspendue autour du tombeau du saint fondateur, que l'on voit s'élever dans l'avant-chœur de la vaste basilique[2].

---

1. La voûte.

2. Ce n'est que plus tard, à l'époque de la Canonisation, que le pape Léon XIII décora l'église de Mattaincourt du titre de basilique mineure. (Bref du 26 juin 1897).

Voici les armes qui lui ont été attribuées : *écartelé : au premier d'or à la hure de sanglier de sable, défendue d'argent ; aux 2ᵉ et 3ᵉ de gueules au pont de trois arches d'argent sur sa rivière de même, maçonné de sable, surmonté de trois alérions d'argent en chef ; au 4ᵉ d'or à la croix patriarcale de gueules chargée d'une branche de lys au naturel, au chef de gueules chargé d'une tête arrachée de lion d'argent, accompagné de deux roses de même ;*

Et sur le tout d'azur au peuplier de sinople sur sa terrasse de même, accompagné en pointe de deux fleurs de lys d'or et, au canton dextre, d'une comète de même, en chef ; et une bande d'argent brochant sur le tout (qui est du pape Léon XIII).

Timbre : un pavillon de basilique mineure.
Supports : deux anges vêtus de dalmatiques aux couleurs dudit écu.
Devise : PRÆSIDIO CINERVM TVETVR.

Les basses nefs ont aussi été peintes entièrement, ainsi que les chapelles et les tribunes.

Ainsi tout le monument est revêtu d'un habit aussi varié que splendide... Seule l'ossature, colonnes, arcs-doubleaux, arcades, nervures, etc..., est restée avec sa nature de pierre, et ressort, svelte et vigoureuse, comme les membres d'un corps puissant et robuste, sous un luxe de draperies d'or, de pourpre et d'azur.

ARMES DE LA BASILIQUE DE MATTAINCOURT.

Le pèlerinage n'a pas cessé d'être en grand honneur, des grâces et guérisons nombreuses étant obtenues journellement au tombeau du Bon Père. On a malheureusement négligé d'en dresser les récits authentiques. Pendant la neuvaine d'exercices religieux qui suit la fête du 7 juillet, on entend chaque année la parole de prédicateurs, choisis généralement dans les divers ordres religieux.

En 1861, sur la demande de Mgr Caverot, évêque de Saint-Dié, le pape Pie IX accorda la faveur de l'indulgence du jubilé à tous les pèlerins qui visiteraient le sanctuaire de Mattaincourt pendant l'un des 54 jours consécutifs au 7 juillet[1]. L'évêque adressa à ses diocésains une pressante invitation d'aller à Mattaincourt profiter de ce grand pardon.

L'affluence fut énorme, et le chiffre des communions fut en moyenne de 1.000 à 1.200 pendant chacun des quinze premiers jours. On put vénérer le chef du Bienheureux sorti de la châsse; le prédicateur fut Mgr Charbonnel, ancien évêque de Toronto, de l'ordre des frères mineurs Capucins.

On le voit : presque toute l'histoire de Mattaincourt au XIXe siècle est d'ordre religieux et semble se confondre avec celle du culte de son saint curé. La prospérité matérielle du village n'était pas en baisse. Son vignoble, non encore atteint par les maladies cryptogamiques, était une source de beaux profits. Quelques années, comme 1865, ont laissé le souvenir de récoltes fameuses. Beaucoup de jeunes gens se mirent à apprendre la lutherie et allèrent travailler dans les ateliers de Mirecourt, non parfois sans dommage pour la moralité et l'esprit religieux. Les femmes se livraient, comme par le passé, aux travaux menus de la dentelle, et, plus récemment, au labeur plus lucratif de la broderie au métier. A l'heure présente il se fait chez nous un délicieux travail d'art, et c'est merveille de voir tant de jolies fleurs éclore chaque jour sur des toiles d'araignées, où courent les doigts agiles de nos jeunes filles.

Le village s'embellit considérablement sous le second empire, par l'aménagement des grand'routes nationales et départementales qui forment ses principales rues. Il perdit, il est vrai, un peu de son pittoresque, par la suppression des hauts perrons à marches de grès brun ou gris, mais prit peu à peu cet air coquet et lumineux par quoi il s'écarte du type ordinaire du village agricole lorrain.

Le grand pont fut construit en belles pierres de taille en 1865; la grande fontaine, sur la place centrale, à la même

---

[1]. Bref du 26 avril 1861.

époque, sous l'administration d'un maire qui a laissé un bienfaisant souvenir, M. Nicolas Aubertin. On avait voulu faire davantage encore pour la richesse de la commune : rétablir les quatre anciennes foires, et obtenir le tracé du canal de l'Est par la vallée du Madon, par Mattaincourt[1].

Vint la guerre de 1870. Plusieurs enfants du pays firent ces campagnes douloureuses, plusieurs moururent de leurs blessures, ou des infirmités contractées sur les champs de bataille. Le village fut occupé, en 1871, par les troupes prussiennes, arrivant, chose caractéristique, non par les grand'routes, mais par le chemin de Bazeilles. A part les malheurs ordinaires d'une occupation étrangère, on ne signale guère d'incidents notables. Les exigences de l'ennemi furent modérées. On doit sans doute ce résultat à la sagesse des administrateurs municipaux.

Après la guerre commence chez nous une période plutôt décroissante.

La propriété se morcelle chaque jour davantage. La culture du sol, demeurée routinière, n'a guère profité des méthodes nouvelles; certains finages, il est vrai, peu fertiles, redeviennent incultes, alors que des assolements appropriés permettraient peut-être d'en tirer profit. A l'heure présente, il n'y a plus que cinq ou six cultivateurs. (Il y en avait douze en 1740).

Le vignoble est en voie de disparaître; les vignerons se découragent de voir leurs récoltes anéanties, à peu près chaque année, par les gelées tardives ou par les maladies parasitaires. Le dernier cru digne de mention est celui de 1893. Depuis lors, plusieurs vignes sont restées en friche, ou ont cédé la place à d'autres cultures.

Des administrations municipales plus sectaires qu'avisées ont aliéné à long terme le revenu des bois communaux, appauvris par de longues années d'exploitation irrationnelle.

---

1. *Reg. des délibérat.*, 12 nov. 1842 et 9 nov. 1843.

Beaucoup de familles ne retirent même plus leurs affouages, grevés d'un droit souvent supérieur à leur valeur.

Le village fut agité, il ý a trente ans, d'une grande fièvre d'émigration, fièvre aujourd'hui calmée. Un certain nombre de naïfs se laissèrent attirer à Paris, et... n'y firent pas fortune.

Les voyages devenaient, en effet, plus faciles : le régime des communications ayant été transformé par l'établissement des lignes de chemin de fer d'Epinal et de Chalindrey, avec une gare d'embranchement à Hymont-Mattaincourt. La route elle-même, un moment délaissée, reprend vie, — un peu trop pour notre tranquillité, — par le défilé continuel des voitures automobiles. Enfin, on nous a fait l'avantage d'un bureau de poste, télégraphe et téléphone.

Les industries de la lutherie et de la broderie continuent à se développer. Des fours à chaux, construits d'abord, au Haut-Paquis, pour des besoins locaux, ont pris une extension considérable. Cette industrie nouvelle, sagement menée, pourrait prendre une très grande importance. Enfin une usine de serrurerie a été installée dans le vieux moulin ducal de Solenval, et une scierie avec un atelier de machines agricoles dans l'ancien moulin et battant de Mattaincourt.

Il y aurait mieux encore, si des raisons mystérieuses n'étaient intervenues pour changer le cours des destinées. Mattaincourt devait être une *ville d'eaux* et figurer sur les Joanne en compagnie de Vittel et de Contrexéville. Des sources minérales, de composition chimique analogue à celle de ces stations heureuses, avaient été captées à Heucheloup, près de Bégnécourt, et amenées, à grands frais, à Mattaincourt, où, depuis vingt années, elles coulent, fraîches et abondantes, dans un parc sur lequel planent de grandioses projets...

CHAPITRE X

L'AFFAIRE DES CHANOINES RÉGULIERS DE LATRAN ET LA CANONISATION DE SAINT PIERRE FOURIER

Les Pèlerinages de 1873. — Achèvement de l'église. — Les cloches. — La succession de M. Hadol. — Clercs réguliers ou chanoines réguliers ? — L'abbaye de Mattaincourt. — Expédients concordataires avec des arguments frappants. — Les fêtes de la Canonisation.

Quand le pays fut délivré du cauchemar de la guerre, la Lorraine sanglante et mutilée éprouva le besoin de venir pleurer et prier encore aux pieds de son Bon Père, à Mattaincourt. De grands pèlerinages furent organisés en 1873. Le Pape Pie IX autorisa à porter en procession les reliques du Bienheureux, et l'on songea tout de suite à conduire solennellement la châsse à Mirecourt.

La ville natale de Pierre Fourier se mit en frais pour l'accueillir. Les rues étaient richement pavoisées ; de distance en distance s'élevaient des reposoirs, particulièrement devant la petite maison de famille du Bienheureux. Au milieu de la place de Poussay un autel avait été dressé sur une vaste estrade. C'est là qu'on devait déposer les reliques et prononcer les discours. La procession se déroula splendide et harmonieuse, le 20 juillet, à 5 heures du soir. Devant la châsse on saluait en pleurant une bannière de velours noir, aux armes de Lorraine...

Tous les fonctionnaires de la ville prirent part au cortège. Seuls le maire et le conseil municipal s'abstinrent de paraître, préludant aux mœurs grossières qui devaient être celles de la 3e République.

M. Hadol avait plus de 70 ans; mais il ne voulait pas s'arrêter avant d'avoir apporté à son œuvre tous les perfectionnements rêvés. En 1876, il installait le grand orgue, construit par M. Jacquot, de Rambervillers, et disposé habilement de manière à ne pas masquer le joli vitrail de la façade.

La grande sonnerie fut faite en 1882[1], et, à la même époque, placées les statues de saints, en terre cuite, à chacune des colonnes de la nef et de l'abside[2].

En 1884, s'éleva la grande sacristie, attenant au presbytère; et la chapelle des reliques s'accrut de toute la travée jusqu'ici réservée à la sacristie provisoire.

L'œuvre était finie, belle, malgré des imperfections de détail, belle de son unité et de l'harmonie de ses proportions.

Tout ce qui a été fait après l'a gâtée, hélas! au delà de toute mesure. M. Hadol mettrait en pièces toute cette pacotille et tout ce cartonnage. Un seul objet l'eût séduit, qui est venu, après sa mort, enrichir le trésor de son église : le

---

1. Il y avait autrefois trois cloches, pesant respectivement 767, 583 et 421 kilos.

Les quatre nouvelles, fondues par les frères Farnier, de Robécourt, pèsent : le bourdon, dénommé Pierre Fourier, 3.151 kilos; la seconde, appelée Notre-Dame : 1300 kilos; la troisième, Saint-Augustin : 883 kilos; et la quatrième, Saint-Evre : 654 kilos. Elles donnent l'accord : si bémol, mi bémol, fa, sol. (Une cinquième cloche, fondue en 1894 pour remplacer la petite cloche qui était autrefois dans le petit clocher de la croisée, pèse 360 kilos et donne le si bémol aigu, octave du bourdon).

Elles furent baptisées solennellement par Mgr de Briey, le 7 mai 1882, et eurent pour parrains et marraines : *Pierre Fourier* : MM. Henry Fourier de Bacourt, Louis Buffet, l'abbé Hadol, et MMmes Pierson de Brabois, Rde Mère Marie-des-Anges, supérieure du Roule et Rde Mère Saint-Anselme, supérieure de l'Abbaye-aux-Bois; *Notre-Dame* : M Maurice Aubry et Rde Mère Marie-Saint-Augustin, supérieure des Oiseaux; *Saint-Augustin* : R. P. dom Frouin et Mme Vve Carrière; *Saint-Evre* : M. Pierre Fourier de Bacourt et Mlle Louise Berthelin de Doulevant.

Quelques souvenirs : J'avais 10 ans, le bourdon, sur la charrette puissante qui l'amena de la gare, me parut monstrueux : nous nous introduisîmes, une vingtaine d'enfants, dans sa vaste robe.

Quand on le monta dans le beffroi, en ouvrant la rosace, je tirais, oh! très vigoureusement, à la corde, qui le tenait, suspendu obliquement dans les airs, pour éviter la dégradation de la façade.

2. Au point de vue esthétique ces statues sont de trop, au moins en ce qui concerne la nef, dont elles brisent la ligne sévère.

superbe ostensoir monumental offert par souscription lorraine, l'année de la canonisation.

L'infatigable bâtisseur sentait sa fin venir et paraissait préoccupé de savoir en quelles mains il laisserait l'œuvre de sa vie. Le 1er décembre 1874, il écrivait à une paroissienne de Mattaincourt, religieuse dans un couvent de la Congrégation de Notre-Dame :

« Ma chère fille,

L'on dit quelquefois, en parlant de certaines affaires, que le diable s'en mêle : ce n'est pas le cas pour les œuvres de Mattaincourt, du moins pour celles que j'ai vues s'accomplir. Le bon Dieu lui-même nous les a inspirées, puisqu'il les a bénies et fait, toutes aboutir. Voyez : un jour, le 25 juillet 1832, faisant une prière près du tombeau du Bon Père, je lis que c'est le 30 août 1732 qu'a eu lieu à Mattaincourt la cérémonie de la béatification. L'idée me vint aussitôt de célébrer solennellement cet anniversaire séculaire, et de là date la restauration du pèlerinage.

Quelques années plus tard, l'ancien couvent de Notre-Dame était à vendre par licitation. J'en parle à Messieurs Baillard, que je savais très entreprenants. Ils abondent dans mon idée, et le couvent de Notre-Dame est rétabli. Il existe.

J'étais aussi depuis longtemps travaillé par l'idée d'agrandir notre église, très insuffisante pour un pèlerinage aussi fréquenté que le nôtre. Arrivé à l'âge de quarante ans, je me mets à l'œuvre, sans ressources à peu près, puisque je n'avais que trois mille francs. Eh bien, cette entreprise a encore très bien réussi. A l'heure qu'il est il ne me reste plus que l'orgue à faire. C'est encore une dépense de vingt mille francs, peu de chose cependant, à côté des trois cent mille francs qu'a coûtés l'église, et je pense bien que le bon Dieu ne permettra pas qu'on m'abandonne.

Mais voici, chère fille, où je veux en venir : c'est que j'ai une autre idée qui me semble être aussi une inspiration divine, n'en eussé-je d'autre preuve que l'idée que vous avez eue vous-même de m'envoyer la notice historique des chanoines réguliers. Croiriez-vous que depuis cinq ou six mois je ne songe qu'à rétablir cet ordre à Mattaincourt, et cela pour me succéder ? Je ne vois que ce moyen pour maintenir le pèlerinage et y continuer le bien qui s'y fait, je dirai plus : pour arriver à la canonisation tant désirée du bienheureux Père... Cette coïncidence de la même idée chez vous et chez nous n'est-elle pas une preuve que le doigt de Dieu est là, et qu'il se servira encore de moi pour accomplir cette grande œuvre, et même qu'il me permettra de la voir accomplie de mon vivant[1]? »

Or, le désir de restaurer à Mattaincourt la Congrégation des Chanoines réguliers de Notre-Sauveur, avait déjà hanté l'abbé Chapia, dont l'*Histoire du Bienheureux Pierre Fourier* avait eu une grande influence sur le développement du pèlerinage au XIXe siècle. Dès l'année 1850, il avait fait part de son projet à M. Guerrier de Dumast, qui lui avait conseillé d'agir en cette affaire avec une sage lenteur. D'autre part, un un ami, professeur dans un Séminaire, sur lequel il avait compté pour commencer avec lui cette restauration canoniale ne crut pas pouvoir répondre à son attente. L'abbé Chapia dut ajourner encore la réalisation de son rêve. M. l'abbé Chapelier, dans l'intéressant article auquel j'emprunte ces détails[2], ajoute que dès lors « il usa de tout son ascendant sur M. Hadol pour remettre aux mains du R. P. Vautrot et sa paroisse et son pèlerinage ».

Pourquoi donc, en 1874, M. Hadol ne s'était-il pas encore rendu à ses conseils, et, « ne songeant qu'à rétablir à Mattaincourt l'Ordre des *Chanoines réguliers* », n'y avait-il pas mandé les Clercs réguliers fondés par le R. P. Vautrot, lesquels n'eussent pas dû hésiter à se rendre à son appel, puisque Mgr Caverot, d'autre part, était très favorablement disposé à leur égard?

Je sais que j'aborde ici un sujet très délicat, obscurci à plaisir par de très vives passions humaines; mais vraiment, je ne puis m'en taire dans une histoire de Mattaincourt, et j'apporterai à le traiter, brièvement d'ailleurs, toute l'impartialité désirable; peut-être mon passé d'historien sera-t-il la

---

1. Lettre citée par le Rme P. dom Vuillemin. (*La Vie de saint Pierre Fourier*, p. 524).
2. *Bulletin de la Canonisation*, n° 16, p. 12.

garantie d'une compétence qui a manqué un peu trop, en toutes ces polémiques scandaleuses, aux auteurs de brochures[1] et d'articles de journaux.

De toute évidence, le plan primitif de M. l'abbé Chapia, le plan de M. Hadol, le plan de Mgr de Briey lui-même, avait été de rétablir à Mattaincourt, sur les bases historiques et canoniques solides, de vrais chanoines réguliers de Notre-Sau-

---

1. L'une de ces brochures sous le titre : *Benoîtevaux et les Clercs réguliers*, etc. (Verdun. Laurent, 1898) contient des extraits de la « Semaine religieuse » de Verdun. Un premier article, anonyme, renferme d'excellentes choses sur les antiquités des chanoines réguliers, à côté de beaucoup d'assertions erronées sur ce sujet et sur d'autres, et, pour conclure, un petit plaidoyer *pro domo*, un peu maladroit, fait de beaucoup d'équivoques, de confusions voulues, le tout agrémenté d'une sainte humilité bien touchante, et dans un style genre benêt, qui est charmant. Je passe; non toutefois sans relever un mensonge et une impertinence à l'adresse du très cher et vénéré Mgr de Briey, évêque de Saint-Dié.

« Mgr de Briey, *qu'on avait fait nommer*, nous le savons, pour exécuter ce dessein ». Il s'agit du noir dessein de mettre à Mattaincourt des chanoines réguliers de Latran, et c'est l'auteur qui souligne.

Que dirait-on alors d'une phrase dans le genre de celle-ci : « Son successeur, nous le savons, fut nommé à Saint-Dié, avec promesse de rapide avancement, moyennant : 1º l'éloignement de M. X...; 2º l'expulsion, par tous les moyens, des chanoines réguliers de Latran établis à Mattaincourt... »?

Mais je suis trop respectueux pour commettre de pareilles phrases. A Verdun on se gêne moins avec les morts.

Le second article, signé de M. le curé Frussotte, me prend personnellement à partie, à propos d'une phrase empruntée à la page 134 de mon *Saint Pierre Fourier*. M. Frussotte la reproduit en grosses lettres, en retranchant, avec une loyauté incontestable, deux mots essentiels. J'avoue cependant qu'il m'eût, lui aussi, convaincu, si je ne l'étais pas déjà, que le R. P. Vautrot et tous les clercs de sa « pieuse société de prêtres » sont des hommes très méritants et dignes de tous les respects; mais il ne m'eût pas convaincu d'autre chose.

J'étais jeune quand je reçus cette prose. Un peu trop ému de... comment dirai-je? de la qualité du procédé, je fis demander à feu Mgr Pagis, évêque de Verdun, s'il m'autoriserait à rétablir mes deux pauvres petits mots par l'organe de sa « Semaine religieuse », coupable la première de leur escamotage. Mgr Pagis répondit, le 5 juillet 1898 : « Je n'ai ni patronné ni même lu la brochure dont vous avez à vous plaindre. Je vous laisse toute liberté pour répondre, mais je crains une polémique qui ne profiterait à personne. »

C'était vrai; je fis le mort. Aujourd'hui, je n'aurais pas même l'idée de répondre à de tels adversaires.

Et si je rappelle ces vieilles choses, c'est uniquement pour donner, par des souvenirs personnels, une idée du ton et de la valeur de la littérature que firent éclore ces débats trop retentissants.

veur. Tout le monde connaissait à cette date l'histoire de la restauration de l'ordre de Saint-Benoît par dom Guéranger et de l'ordre dominicain par Lacordaire; on savait par conséquent la méthode à employer pour la résurrection des vieux ordres détruits chez nous par la Révolution.

Une première voie se présentait : Faire appel en effet aux quelques prêtres groupés à Verdun par le R. P. Vautrot en 1851, qui avaient manifesté au Saint-Siège, en 1854, leur intention de faire revivre la Congrégation de Notre-Sauveur. Pie IX avait encouragé, loué leur dessein, et les avait autorisés, à titre d'essai, à vivre en commun sous forme de Société diocésaine, dénommée des « *Clercs réguliers du Très-Saint Sauveur et du Bienheureux Pierre Fourier, de la Congrégation de Notre-Dame* », à faire des vœux simples, et à prendre pour statuts, outre la règle de Saint-Augustin, le *Sommaire* des Constitutions écrit par saint Pierre Fourier, en attendant que leur Société, ayant fait ses preuves, fût officiellement reconnue par l'Eglise, approuvée pour l'émission des vœux solennels et déclarée apte, s'il y avait lieu, à former une Congrégation régulière. Or, ce provisoire durait encore en 1874, et il n'a pas cessé. Mais l'on eût pu songer à profiter de leur établissement éventuel à Mattaincourt pour obtenir enfin du Saint-Siège qu'il mît fin au temps d'épreuve imposé et qu'il accordât, avec ou sans les modifications demandées par eux, l'érection de la Congrégation des chanoines réguliers de Notre-Sauveur, désirée par les excellents missionnaires associés à Benoîtevaux [1].

2º A l'exemple de dom Guéranger et du P. Lacordaire,

---

1. Tous les canonistes reconnaîtront la justesse de cet exposé, fait sur les documents officiels concernant l'œuvre du R. P. Vautrot, documents publiés par le R. P. Vautrot lui-même dans sa brochure : *La Vérité vraie à propos des Clercs réguliers de la Congrégation de Notre Sauveur, établis à Verdun.* (Verdun, Laurent, 1878). L'auteur y reproduit le texte d'une autre brochure parue précédemment à Rouen sous ce titre : *La Vérité à propos des Clercs de Verdun, dits du Bienheureux Pierre Fourier.* Celle-ci est anonyme, mais je soupçonne qu'elle est d'un chanoine régulier de Latran. Le très court commentaire qui la termine est fort modéré et ne

les futurs fondateurs pouvaient aller prendre l'habit de l'ordre dans une abbaye de Chanoines réguliers, y faire leur noviciat, y professer leurs vœux solennels, puis, munis des autorisations nécessaires, revenir à Mattaincourt établir à leur tour une maison canoniale, à qui Rome aurait confié le titre et l'héritage de la Congrégation lorraine défunte.

3º Faire venir d'une Congrégation ou d'une abbaye indé-

---

mérite assurément pas les sévères qualificatifs de Mgr Caverot et de Mgr Hacquart, non désintéressés dans la question.

La réponse du R. P. Vautrot, pour y signaler quelques vétilles, et quelques explications indiscutablement tendancieuses, ne m'a pas paru devoir infirmer, au moins dans leur substance, les conclusions de l'auteur anonyme.

Il n'y a jamais eu à Verdun qu'une Congrégation en voie de formation, à l'essai, à l'étude, et, à ce titre, encouragée par Rome, en attendant qu'elle eût fait ses preuves pour être légalement et définitivement constituée.

L'anonyme n'a pas dit autre chose, si j'ai bien compris.

D'autre part, tous les canonistes savent la distinction très importante admise aujourd'hui par le droit et le vocabulaire ecclésiastiques entre les *Chanoines* réguliers et les *Clercs* réguliers, tels que Jésuites, Théatins, Barnabites, etc. Rien d'ailleurs ne s'oppose à ce qu'une société de Clercs réguliers soit transformée de plain-pied par le Saint-Siège en un chapitre de Chanoines réguliers. Le cas s'était présenté parfois, par exemple aux Pays Bas, au XVᵉ siècle, quand les Clercs de la Vie commune se changèrent en Chanoines réguliers de Saint-Augustin, pour donner naissance à la célèbre Congrégation de Windesheim. Rome impose aux nouveaux Chanoines réguliers, non une ceinture de cuir sur une robe noire, pour tout signe distinctif, mais le *rochet* canonial, ou tout au moins son diminutif : la banderole de saint Pierre Fourier, de saint Maurice, de saint Bernard, etc...

Dom Gréa, tout près de nous, a fondé dans les bonnes formes une Congrégation française de Chanoines réguliers. En Lorraine il pourrait être fait de même. Personne n'eût pris au sérieux l'œuvre du P. Lacordaire, si, au lieu d'aller à Sainte-Sabine de Rome se rattacher, par sa profession, au grand Ordre dominicain, il eût reculé devant une restauration complète, et si, méprisant comme archaïque le vieil habit blanc de l'ordre, il se fût contenté de créer une Société de prêtres diocésains, de noir vêtus, et rejetant comme démodé le titre de Frères-Prêcheurs, tout en adoptant la règle de Saint-Dominique.

Mgr Rossat pouvait écarter de son projet l'usage des insignes pontificaux, assez récent et non universel parmi les abbés des Chanoines réguliers. (Windesheim ne l'adopta pas. A Saint-Victor de Paris il était formellement interdit au début, et ne fut toléré qu'au XIVᵉ siècle. Voir mon *Histoire de l'abbaye royale de Saint-Victor*, I, 62 et 374.) Mais on me permettra de mettre sur le compte de préjugés concordataires et un peu enfantins, son insistance à rejeter, pour les futurs fils du Bon Père, leur appellation naturelle de *Chanoines* réguliers.

pendante de Chanoines réguliers déjà existante quelques sujets qui auraient accepté cette tâche et auraient reçu l'autorisation d'adopter l'habit et les statuts et en même temps de prendre l'appellation de Chanoines réguliers de Notre-Sauveur.

Je ne sais pour quel motif Mgr de Briey ne s'arrêta pas à la première solution [1].

Pour la seconde, on n'avait probablement pas sous la main les sujets nécessaires.

C'est la troisième qui fut adoptée, mais avec des *combinazioni* qui, à mon humble avis, furent malheureuses. Solesmes n'a jamais été une dépendance de la Congrégation bénédictine du Mont-Cassin; de même l'abbaye de Beauchêne et, plus tard, l'abbaye à fonder à Mattaincourt eussent pu ne pas être une dépendance de la Congrégation de La-

---

1. Je tiens de Mgr Chapelier, ancien vicaire général de Mgr de Briey, que celui-ci ne jugea pas opportun d'établir à Mattaincourt les Clercs réguliers de Verdun — dans leur état actuel — *parce qu'ils n'étaient pas chanoines réguliers*. Est-ce qu'il n'espérait pas qu'ils pussent le devenir ? Il semble bien qu'en 1874, M. Hadol ne songeait plus à eux davantage. D'après une correspondance des plus intéressantes échangée entre M. Hadol et le R. P. Vautrot (correspondance dont j'ai pu avoir communication), je dois ajouter que le R. P. Vautrot, pressé bien souvent et de la manière la plus instante, par M. Hadol, de venir enfin s'établir à Mattaincourt, refusa, pour des motifs louables, mais enfin *refusa*, et qu'au moment même où se négociait l'établissement des Chanoines réguliers de Latran, M. Hadol, lui reprochant ses longues tergiversations, concluait : « C'est votre faute ! »

Et alors, franchement, pourquoi, dans les brochures écloses du côté de Verdun, ces plaintes, ou plutôt, au lendemain de la persécution, ces vilains « c'est bien fait », contre de prétendus usurpateurs... d'une place qu'on n'a pas voulue ?

En tous les cas, et c'est mon dernier mot de commentaire au sujet de ce conflit, la Providence a tiré parti, pour la gloire de saint Pierre Fourier, des compétitions qui se sont élevées autour de son tombeau. Si l'on doit aux Chanoines réguliers de Latran d'avoir mené à bien la cause de sa canonisation, il faut aussi savoir gré aux Clercs de Verdun d'avoir mis en lumière son immense correspondance et de nous avoir donné les trois volumes de sa *Vie*, par le P. Rogie, qui sont un monument remarquable dans un style un peu lourd et d'ordonnance confuse. Quant à M. Marchal, d'abord ami très fervent des Chanoines réguliers de Latran, puis promoteur très ardent des Clercs de Verdun, il a le mérite d'avoir assumé volontairement la tâche très complexe d'organiser à Mattaincourt les fêtes de la Canonisation en 1897.

tran. Avec plus de sens historique et de largeur de vue dans ses dirigeants, celle-ci se fût contentée de transmettre la vie du grand ordre au jeune rameau français créé en Poitou par le cardinal Pie, et au jeune rameau lorrain à créer au tombeau du Bon Père. L'ordre des Chanoines réguliers, comme l'ordre bénédictin, au contraire des ordres modernes, n'est qu'un être de raison, et ne comporte ou ne réclame aucune centralisation administrative. Chacune de ses collégiales est autonome, et chacune de ses Congrégations diverses, qui n'ont entre elles d'autre lien que celui de la charité et de la similitude de vie cléricale canonique, n'est elle-même qu'une fédération composée arbitrairement d'un certain nombre de ces membres autonomes.

Le procureur général de la Congrégation de Latran intervint, j'ignore à quel titre, dans l'affaire du premier bref laudatif accordé aux Clercs réguliers de Benoîtevaux, en demandant, sans succès, leur incorporation immédiate à sa Congrégation. Or, quand Mgr de Briey leur proposa de se fusionner avec les chanoines réguliers de Latran venus de Beauchêne, en recevant de ceux-ci l'investiture de l'Ordre et en faisant profession de la vie canoniale entre leurs mains, il est clair que, pour le but à atteindre, il ne devait plus y avoir, à l'heure de l'érection de la nouvelle abbaye, que des chanoines réguliers de Notre-Sauveur. La Congrégation de Latran voulait au contraire qu'il n'y eût plus que des chanoines réguliers de Latran. La fusion ne se fit pas; il n'y eut pas de restauration de la Congrégation lorraine; et ce fut grand dommage.

Mgr de Briey jugea à propos, et c'était son droit incontestable, de se contenter de vrais chanoines réguliers, mais d'une fédération différente de celle à laquelle avait appartenu le Bon Père dont ils allaient avoir à garder le tombeau.

Et tout de suite, pour couper court à toute équivoque, qu'il soit bien entendu que les « Clercs du Très Saint Sauveur et du Bienheureux Pierre Fourier, de la Congrégation de

Notre-Dame », de Verdun, ne sont pas dans la vérité canonique, — puisqu'ils ont voulu rester dans leur provisoire, — quand ils se déclarent appartenir au même ordre religieux que saint Pierre Fourier : c'est prématuré. Il est d'ailleurs non moins évident que le P. dom Mortara fit une entorse à la vérité historique, le jour où il s'écria, au grand scandale du chatouilleux abbé Deblaye : « Nous, les fils du Bienheureux Pierre Fourier ! »; frères, *fratres germani*, eût été plus exact.

Quoi qu'il en soit de toutes ces vaines polémiques, à qui Dieu s'est chargé de mettre fin par le grand cyclone de la persécution religieuse, revenons au simple exposé des faits.

En 1877, sur l'invitation de Mgr de Briey, évêque de Saint-Dié, et de M. le curé Hadol, qui leur cède bien volontiers[1] l'usage de son presbytère, viennent de Beauchêne à Mattaincourt quelques chanoines réguliers de Latran, les uns d'origine italienne, les autres de la plus pure origine française. Ils avaient pour prieur un homme de haute valeur théologique, le R. P. dom Mariani, qui est mort à Mattaincourt en 1880, et repose au cimetière.

En 1878, par un traité synallagmatique en bonne et due forme, approuvé par le chapitre de sa cathédrale, et ratifié par la Congrégation des Evêques et Réguliers le 14 décembre de la même année, l'évêque de Saint-Dié, cédait à perpétuité aux chanoines réguliers le bénéfice curial de Mattaincourt. La paroisse redevenait cure *régulière*, comme elle l'avait été de 1630 à la Révolution, avec pour *curé primitif* la maison canoniale, qui venait d'être érigée en abbaye; à charge pour ses supérieurs de confier le ministère pastoral à des chanoines

---

1. J'insiste sur ce mot : *bien volontiers*, car il est impossible, à quiconque est au courant de la question, de suivre M. le comte E. Fourier de Bacourt, prétendant que l'un des gros chagrins de la vieillesse de M. Hadol fut la désignation des Chanoines réguliers de Latran par l'autorité épiscopale, « pour recueillir son héritage pastoral ». (*Notice sur M. l'abbé Hadol*, dans le Bulletin paroissial de Mattaincourt, janvier 1907). Je tiens de Mgr Chapelier, bien informé sans doute comme vicaire général, que M. Hadol *avait demandé* lui-même les Chanoines réguliers de Latran.

amovibles et soumis à l'approbation de l'évêque diocésain.

Quoi qu'on en ait dit, cette situation était parfaitement légale et canonique ; elle avait été fort commune avant la Révolution ; elle n'était nullement opposée au droit ou prétendu droit concordataire : la paroisse de Mattaincourt n'étant qu'une simple succursale, aux regards du pouvoir civil.

Les chanoines réguliers de Latran furent nombreux à Mattaincourt en 1879 ; ils firent de bonnes et excellentes recrues, toutes françaises, comme le R. P. Vuillemin, ancien aumônier du couvent de Notre-Dame à Gray.

Mais le Père économe de leur communauté se trompa dans le choix de son *menuisier !*... Et cette erreur devait soulever les plus terribles orages. Le menuisier évincé voua dès lors aux chanoines une haine violente qui ne l'a pas quitté jusqu'à sa misérable fin. Cet homme n'était pas des plus estimés ; il n'appartenait pas aux anciennes familles qui forment les assises profondes de la paroisse ; il avait bien peu de science et encore moins de considération : il devint maire. On a vu ainsi un peu partout, depuis trente ans, par le jeu néfaste du suffrage universel, monter à la surface ce qui était aux bas-fonds, et s'inaugurer partout le règne des nullités, des faméliques, des haineux et des scélérats.

A Mattaincourt, on a paru faire la guerre au nom des principes, on a feuilleté des Codes ou des Décrétales, et même des Dictionnaires. De grâce, revenons toujours à la querelle du menuisier, avec pour l'envenimer un petit souffle des Loges ..., et quelques sifflements des jalousies humaines.

En 1879 le maire Jeanroy expulse les chanoines réguliers du presbytère. Ils se réfugient dans la partie du Couvent jaune appartenant à la fabrique.

Puis viennent les décrets de 1880. Les crocheteurs parurent à Mattaincourt, le 3 octobre[1]. Un de mes souvenirs d'en-

---

1. Voir tous les détails de ce brigandage dans la brochure : *L'Exécution des décrets à Mattaincourt contre les chanoines réguliers de Saint-Jean-de-Latran*, par un témoin oculaire (Epinal, Fricotel, 1880).

fance est le retentissement, dans l'école voisine, où j'étais, du travail de cambriolage officiel sur les portes du monastère; et le beau cortège que nous fîmes au R. P. Abbé Lalli en le reconduisant à la gare d'Hymont. J'étais tout près de lui, et j'en étais très fier : j'avais huit ans.

Quelques chanoines réguliers — oh! tous Français[1] — étaient restés; ils se réunirent dans une maison sise au centre du village, achetée à Mme Georges, et continuèrent d'exercer le ministère pastoral, au grand contentement des paroissiens et des pèlerins; l'un d'eux était aumônier du couvent. Il y avait bien une bande qui leur montrait le poing; mais c'est de cette bande, si je ne me trompe, que partent encore les *couacs* au passage de tous les prêtres, noirs ou blancs[2].

Tout le monde chez nous a gardé le souvenir vénéré de l'admirable P. Frouin, qui exerça les fonctions pastorales, de 1878 à la fin de 1882, date à laquelle il mourut, emporté par le typhus, qu'il avait contracté au chevet de malades abandonnés de tous, dans la famille Contal[3]. Encore un joli souvenir d'enfance : ses funérailles et le transfert de son corps à la

---

1. J'insiste, car il était pitoyable de voir, au moment de la canonisation, d'excellentes gens croire de bonne foi que Mattaincourt avait eu pour curés des *moines italiens*, selon la formule des journaux francs-maçons ou des boniments électoraux de feu le député Mougin. Me Merklen a fait, avec beaucoup d'esprit et d'honnêteté, au procès de la bagarre, à Mirecourt, justice de tous ceux qui ont joué, avec trop de maëstria italienne, de ce mensonge du *faux patriotisme*, au préjudice des victimes. En 1897, les Chanoines réguliers de Latran, comptaient, outre le R. P. Vuillemin, qui est franc-comtois, *douze lorrains*, dont trois de bonne souche mattaincourtoise, et nombre d'autres de non moins bonne race française. Ceci en hommage à la vérité.

2. J'apprends, au moment même où je corrige les épreuves de cette page, que le vénérable évêque de Saint-Dié, Mgr Foucault, vient d'être injurié, à Mattaincourt, de la plus ignoble façon, par une horde de ces Hottentots, dont le grand cacique était le petit-fils du « bon M. Jeanroy ».

3. La même année mourut un fils du maire Jeanroy, frappé mystérieusement d'un mal épouvantable au milieu d'une orgie, où, revêtu d'une soutane, il avait sacrilègement parodié la confession.

gare[1], sous une voûte d'or, par un beau soleil couchant d'automne faisant resplendir comme une gigantesque orfèvrerie les dernières feuilles des grands peupliers qui bordaient alors la route d'Hymont.

Puis le R. P. Vuillemin, ancien curé au diocèse de Besançon, prit sa succession. Il avait fondé, en 1881, une Ecole apostolique du Sacré-Cœur, à laquelle je dois, comme plusieurs autres enfants de Mattaincourt[2], mon éducation littéraire, ma préparation au sacerdoce et mon initiation à la vie intellectuelle.

Monsieur Hadol, retiré dans la maison de l'aumônerie du Couvent, mourut à quatre-vingt-quatre ans, entouré par ses successeurs des plus pieux égards, non sans avoir douloureusement, en ses toutes dernières années, payé son tribut aux infirmités de la vieillesse. Il avait eu le chagrin de voir la flèche de son église entièrement renversée par un ouragan, le 14 juillet 1884, faisant des dégâts importants à la tour, à la toiture et à la voûte. Il eut le temps de réparer ces dégâts, mais non de relever la flèche. Elle fut reconstruite une douzaine d'années après, d'une manière qui sans doute n'eût point satisfait l'artiste qu'il était. Il s'endormit le 27 novembre 1886, entre les bras des chanoines réguliers de Latran. Ses obsèques eurent lieu le 30 novembre et furent présidées par Mgr Chapelier, vicaire général de Saint-Dié. Son corps repose au cimetière, dans un caveau monumental qu'il avait fait construire de son vivant.

Pendant sept ans le menuisier maire couva ses rancunes. D'autre part chaque jour voyait s'accentuer davantage, au

---

1. Il repose à Moncoutant (Deux-Sèvres), son pays natal. Son portrait, bien fidèle, peint par Bravi, se trouve à la sacristie de Mattaincourt. L'on a vu longtemps et l'on voit encore son image, une belle lithographie, dans toutes les maisons du village.

2. Ce fut, parmi les hommes de ma génération, qui évoluent aujourd'hui autour de la quarantaine, une belle période d'efflorescence intellectuelle, à laquelle ne fut pas étrangère la sage direction d'un instituteur de haute valeur professionnelle : M. Tocquard.

village comme dans le pays tout entier, « les luttes des partis et les progrès du mal social, » comme dit le comte Fourier de Bacourt. Mgr Albert de Briey mourut le 10 novembre 1888, et Mgr Sonnois lui succéda en mars 1890.

Une belle nuit de juin 1891, quelqu'un s'introduit dans l'église de Mattaincourt, en cloue intérieurement toutes les portes, et, le matin venu, le maire signifie au R. P. Vuillemin, curé, et aux chanoines réguliers, une interdiction d'y pénétrer. On eut tort, je crois, de respecter et les clous et le papier municipaux; mais en France on a le fétichisme de la légalité. M. le sénateur Buffet, un fidèle ami des chanoines réguliers, en parla à la tribune du Sénat[1]; le ministre Constans déclara abusive l'intervention du maire, mais lui donna une absolution plénière... vu son ignorance.

Mgr Sonnois, à qui Jeanroy lui-même avait fait part de ses intentions peu auparavant[2], profita de ce coup de force pour nommer curé de Mattaincourt M. l'abbé Marchal, ancien secrétaire particulier de Mgr de Briey (24 juin 1891).

C'était aller contre le droit évident conféré aux chanoines réguliers par le contrat de 1878. Ceux-ci portèrent l'affaire devant la seule juridiction compétente, les tribunaux romains. Et la Congrégation des Evêques et Réguliers, par son jugement du 9 mars 1894, déclara la nomination de M. Marchal nulle et abusive. Sur appel de l'évêque, cette sentence fut confirmée de tous points, le 24 août de la même année[3]. Toutefois, du consentement des intéressés, M. Marchal fut maintenu à Mattaincourt, au titre d'*administrateur* provisoire de la paroisse.

---

1. *Journal officiel* du 21 juin 1891.

2. Et, pour dire toute ma pensée : l'acte de Jeanroy ne surprit personne à la préfecture d'Epinal, où l'on n'ignorait pas qui lui en avait fourni l'idée et le plan.

3. Cf. *Analecta ecclesiastica*, t. II, p. 153.
Dans une audience accordée par Léon XIII à l'évêque de Saint-Dié, celui-ci veut parler de l'affaire de Mattaincourt. Le Pape l'arrête : « Laissez le temps calmer les passions. Mais n'oubliez pas que les Chanoines réguliers ont pour eux le *droit*. Et jamais je n'irai contre le *droit*. »

Enfin l'évêque de Saint-Dié refusant de reconnaître aux chanoines réguliers demeurés à Mattaincourt la faculté d'entendre les confessions et de prêcher, fut contraint de leur rendre cette faculté, par décret de la Congrégation des Evêques et Réguliers en date du 13 février 1896[1]; et les chanoines purent admettre, dans la chapelle intérieure de leur maison, quelques personnes désireuses de profiter de leur ministère.

Mais le menuisier veillait, et d'autres aussi. Sur une plainte qui ne venait pas de la Loge, comme il l'assura lui-même, — car il était brave homme et très ennuyé de l'opération, — le sous-préfet de Mirecourt s'en vint, le 6 décembre 1896, avec le commissaire et la maréchaussée, mettre les scellés sur cette chapelle.

J'ai hâte, croyez-le bien, d'en finir avec cette peu héroïque histoire. On surexcitait par tous les moyens l'hostilité de la partie la moins saine de la population. Certaines complicités et certaines amitiés suffisent à faire juger une cause; certaines brochures aussi. Il en parut une, aussi ridicule que malhonnête, qu'on faisait circuler sous le manteau et où l'on mettait les habitants en garde contre le danger grand de voir chez eux une abbaye moyen-âgeuse, relever à son profit les servitudes et corvées féodales, et le Rme Abbé condamner les pauvres manants de Mattaincourt à battre l'eau du Madon pour empêcher, dans les nuits noires, les grenouilles de troubler son sommeil!...

Dans certaine lettre très justement et éloquemment vengeresse, M. Pierre Buffet faisait remarquer que si, par de telles âneries, « on réjouit les sots et les méchants,... on n'obtient des gens sensés que le haussement d'épaules qu'on mérite[2] ». La brochure est anonyme, et la recherche de sa paternité, si elle n'est pas bien compliquée, n'est pas exigée

---

1. *Analecta ecclesiastica*, mars 1896, p. 100.
Nouvelliste des Vosges, n° 490.

de l'historien. Hélas!... Mais il était facile alors de prétendre, même devant les tribunaux romains, que les chanoines réguliers avaient encouru la haine de la population de Mattaincourt. Je ne nie pas, d'ailleurs, que certains représentants de l'Ordre, qu'on vit un moment rester seuls à Mattaincourt, gens par trop falots et insuffisants, ont pu contribuer à lui aliéner quelques sympathies.

Nous arrivons à 1897, l'année de la canonisation du Bienheureux Père. Mgr Foucault, évêque de Saint-Dié, n'oublia point que cette heureuse issue d'un interminable procès était due aux actives démarches du R^{me} P. Santini, abbé général des chanoines réguliers de Latran, et postulateur de la cause depuis 1878. A défaut du postulateur lui-même, il invita officiellement et instamment les religieux de son ordre, qui seraient présents à Mattaincourt, à assister aux fêtes. Il leur assigna nommément une place d'honneur derrière le char qui ramenait les reliques, de Mirecourt à Mattaincourt, dans la procession du 6 juillet. Trois religieux seulement purent répondre à son invitation; à présent j'estime qu'on eût dû voir avec eux tous les chanoines réguliers lorrains et surtout ceux qui étaient nés à Mattaincourt.

Mais voici où l'on retrouve le menuisier. La veille, à 7 heures du soir, il élaborait avec son conseil municipal le plan d'une expédition qui devait le couvrir de gloire. En effet, divisés en deux bandes commandées l'une par le maire Jeanroy et l'autre par l'adjoint Vinot, les conseillers, postés de chaque côté de la route, attendirent la procession à la limite du territoire de la commune. Au moment où le char des reliques passait devant eux, l'adjoint se précipita sur le R. P. Vuillemin, et le saisit brutalement au collet en s'écriant : « Au nom de la loi, je t'arrête ». M. André Buffet, l'exilé de la Haute-Cour, et fils de l'ancien ministre, qui avait eu vent en effet du guet-apens qui se préparait, avait tenu à se trouver aux côtés du vénérable religieux pour veiller à sa sécurité. Il écarta l'agresseur et le mit hors d'état de nuire.

— 204 —

Une bagarre s'en suivit, où quelques amis des Pères malmenèrent un peu le sieur Vinot, jusqu'à ce qu'un missionnaire à longue barbe, samaritain charitable, l'emmenât dans une hôtellerie pour le réconforter.

La procession continua sa marche; les chanoines rentrèrent chez eux par le chemin le plus court, pour éviter un nouveau scandale, et ne reparurent plus aux fêtes. Le tribunal de Mirecourt, bien domestiqué, condamna, non pas le coupable, mais le vaillant défenseur, André Buffet. Celui-ci pouvait se contenter, pour son honneur, de la belle déclaration faite à l'audience par son vénérable père, qui approuva pleinement sa conduite et le félicita d'avoir agi en homme de cœur. Mais il résulta des débats, de la belle plaidoirie de Me Godefroy, et surtout de l'attitude de certains témoins, témoins à charge au grand ébahissement des honnêtes gens, que ces témoins avaient joué en cette affaire un rôle tout au moins singulier [1].

A partir de ce jour, l'histoire des chanoines réguliers de Latran à Mattaincourt est fort courte. Vinrent les lois de 1901, qui rejetèrent les uns dans les rangs du clergé séculier, les autres sur le chemin de l'exil. Un seul d'entre eux, le R. P. Lang, un lorrain qui était un saint homme à l'écorce rude, demeura au poste de dévouement qui lui avait été confié. Il mourut en 1902, et ne fut pas remplacé.

M. l'abbé Marchal a quitté Mattaincourt pour devenir curé de Lamarche en 1903. Il a eu pour successeur M. l'abbé Rochelle, qui était un modeste au grand cœur, dont l'apostolat trop court a pansé des blessures et pacifié des âmes. M. Rochelle est mort en 1907, et il a eu toute la paroisse à ses obsèques. La paroisse est actuellement gouvernée avec zèle et sagesse, par M. l'abbé Lemoine.

Et maintenant terminons ce récit sur de belles choses : la réalisation des grands espoirs qui faisaient vibrer nos âmes

---

1. Voir *Nouvelliste des Vosges,* supplément du 22 août 1897, et numéros 490 et 491.

d'enfants pieux, car nous aimions tous notre Bon Père comme un ancêtre souriant, et le meilleur de nos familles. Mais il n'était encore que le *Bienheureux Père*, et nous avions hâte de dire : saint Pierre Fourier.

La cause de la canonisation, reprise officiellement en cour de Rome en 1845, par Mgr Lacroix, était restée en suspens après sa mort, survenue en 1869. Elle fut menée activement par le nouveau postulateur, le R^{me} P. Santini, à partir de 1878. Après de longues et prudentes informations, le Pape Léon XIII reconnut officiellement, le 6 janvier 1897, l'authenticité de deux miracles nouveaux opérés par le Bienheureux : la guérison de la Mère Marie-Alexandra, de l'Abbaye-aux-Bois, en 1867; et celle de la Sœur Marie-Françoise, de Strasbourg, en 1881. Le jour de l'Ascension de 1897, le Souverain-Pontife inscrivit notre Pierre Fourier au nombre des saints, en compagnie d'Antoine-Marie Zaccaria, dans des solennités inoubliables, dont le récit n'entre pas dans le cadre de cet ouvrage.

Les fêtes de la canonisation devaient être célébrées à Mattaincourt du 4 au 18 juillet 1897. M. l'abbé Marchal déploya, pour les préparer et les organiser, l'activité la plus louable. Dès le mois de février, il avait fait paraître toutes les semaines un Bulletin qui, bientôt répandu dans toute la Lorraine et bien loin hors de ses frontières, prit à tâche de rappeler à tous, les nobles traits du grand homme qu'on s'apprêtait à glorifier, d'inviter prêtres et fidèles en grand nombre aux solennités de Rome et de Mattaincourt, et de les tenir au courant de tous les faits s'y rattachant et de tous les projets élaborés pour les rendre splendides. Plusieurs érudits lorrains y joignirent des études curieuses sur beaucoup de sujets intéressant la personne, la parenté, les Congrégations, l'histoire posthume du Bon Père. Pourquoi donc n'ont-ils pas su toujours s'abstraire de l'esprit de parti[1]?

---

1. On publia, à l'occasion de la Canonisation, plusieurs *Vies* de saint Pierre Fourier. Une d'entre elles, la plus modeste assurément, avait pour

J'emprunte au procès-verbal officiel et au Bulletin, le récit de la dernière reconnaissance canonique des reliques du Bienheureux.

C'est le lundi 12 avril, vers dix heures du matin, que Monseigneur Foucault, évêque de Saint-Dié, procéda à l'ouverture de la châsse, dans la chapelle du Bon Père. Il était assisté de MM. les chanoines Chapelier, vicaire général, archiprêtre de Neufchâteau; Gravier, archiprêtre de Mirecourt; et Marchal, administrateur de la paroisse de Mattaincourt. Etaient présents: MM. les curés doyens de Darney, Dompaire, Vittel, une quinzaine de prêtres du voisinage, dont les signatures figurent au procès-verbal; deux « anathomes » requis par l'évêque, à savoir : M. l'abbé Frussotte, du diocèse de Verdun, et le docteur Liégeois, de Bainville-aux-Saules; enfin « l'honorable » Jeanroy, en qualité de maire de Mattaincourt.

« Tous durent prêter le serment de rigueur de ne dérober aucune parcelle des reliques, sous peine d'excommunication. Puis le docteur Liégeois commença à vérifier l'état de conservation de chacun des ossements et de les classer méthodiquement; grâce aux notes si complètes de feu M. l'abbé Deblaye, M. le docteur avait pu étudier d'avance minutieusement l'histoire des reliques du Bon Père. Son travail de classement fut singulièrement abrégé, à midi il était terminé.

Restait à rédiger le procès-verbal, et fixer sur un nouveau coussin de velours rouge les différentes reliques, ce qui nécessitait une nouvelle séance dans la soirée. Monseigneur fit apposer son

---

auteur un enfant de Mattaincourt, et d'assez bonne race — puisqu'il descend de ce Jean Marchand qui mit en terre le corps du Bon Père, dans la nuit du 16 août 1641. — C'est à ce titre, sans doute, qu'on omit de l'inviter, lui prêtre, et présent à Mattaincourt, à la reconnaissance des reliques du 12 avril 1897; et à ce titre aussi que les organisateurs d'alors, qui firent une réclame si bruyante autour d'autres ouvrages et de tant d'autres choses, organisèrent, autour de cet inoffensif petit livre, l'habile conspiration du silence. Il est vrai que ledit petit livre a fait son chemin et s'est répandu, à l'heure qu'il est, à plus de 20.000 exemplaires, dont quelques-uns se pourraient retrouver au Liban, au Mexique et au Canada...; mais *nemo propheta in patria sua;* il fallait le constater une fois de plus, ne fût-ce qu'en note, dans une histoire de Mattaincourt.

sceau sur toutes les portes pour que personne ne pût y entrer en son absence.

A 2 h. 1/2, nous étions de nouveau réunis dans la chapelle du Bon Père.

Avant de replacer le chef du Bienheureux pour couronner ce faisceau de reliques, et de les renfermer dans le reliquaire, Monseigneur eut une inspiration bien digne de l'évêque du Bon Père; il annonça son intention d'aller présenter à la vénération des religieuses du couvent le chef de leur saint fondateur. Alors les cloches sonnent en volée, le bourdon s'ébranle, à sa voix on accourt joyeusement, et la procession se met en marche au chant du cantique du Bon Père. Accompagné de prêtres en surplis et précédé des élèves du pensionnat, sous la direction de M. l'abbé Valrof, leur aumônier, Monseigneur porte le vénérable chef sur un riche coussin.

Arrivé à l'entrée du chœur de la chapelle, Sa Grandeur y dépose son précieux fardeau sur une table préparée à cet effet, et adresse gracieusement quelques paroles aux religieuses assemblées, puis les invite à venir vénérer la tête de leur père. Chacune vient à son tour baiser le crâne qui enfanta le livre admirable de leurs *Constitutions* et lui faire toucher ses objets de piété. »

C'est d'un témoin oculaire, et signé : l'abbé Pierfitte[1].

Le docteur Liégeois a publié une brochure du plus haut intérêt, où l'on trouve, outre un inventaire très précis de tout ce qui nous reste du corps de Pierre Fourier, le résultat de ses constatations et de ses découvertes. Voici la plus curieuse :

« Les experts, nos prédécesseurs n'ont pas parlé — sans doute parce qu'ils ne l'ont pas vu — de ce cal uni que nous avons observé sur le tiers externe de la fosse postérieure de l'ilion droit et de la cavité cotyloïde droite, et qui décrit un arc de cercle avant d'aboutir au rebord supérieur de l'os. Ce cal nous a paru être le reliquat d'une fêlure que nous rapportons à la chute de cheval au delà de Mirecourt quelques jours avant Noël 1608; l'accident n'avait point été de peu d'importance : il empêcha le blessé de sortir avant Pâques de l'année suivante et le laissa boiteux pour le reste de sa vie. La constatation des traces de traumatisme sur

---

1. *Bulletin de la Canonisation*, n° 10, p. 10.

l'os iliaque droit de Fourier, 289 ans après sa chute, est un fait assez extraordinaire qui méritait bien une mention spéciale de la part d'un *historien-médecin*[1] ! »

A l'occasion de l'ouverture de la châsse une partie considérable des ossements fut prélevée, pour être distribuée à divers personnages, notamment cinq côtes et d'autres fragments moins importants.

Les fêtes s'ouvrirent à Mattaincourt le dimanche 4 juillet, conformément au programme. Le village tout entier avait été brillamment pavoisé et décoré de guirlandes fleuries ; à chacune de ses entrées s'élevaient des arcs de triomphe rustiques : réminiscences évidentes des apprêts de 1853, mais d'un ensemble moins parfait, et d'un goût moins raffiné. A l'île du Madon, sous l'ombrage des grands arbres, une estrade et un autel surmonté de draperies avaient été aménagés en vue de donner la possibilité de célébrer les offices en plein air chaque fois que l'église ne pourrait contenir les assemblées trop nombreuses. Une statue de saint Pierre Fourier, en fonte bronzée, avait été érigée sur des rocailles, au centre même de l'île ; et un pont supplémentaire jeté sur le vieux bras de la rivière.

L'église, récemment décorée par le Saint-Siège du titre de basilique mineure[2], avait été drapée de tentures rouges sur lesquelles se détachaient des étendards aux couleurs pontificales et des oriflammes aux armes de saint Pierre Fourier. Sa statue, abritée sous un dais de velours et d'or, dominait l'autel majeur ; sous chacune des fenêtres des nefs latérales on avait eu l'idée heureuse de disposer les reliquaires des Saints de Lorraine, envoyés pour la circonstance par les différentes églises de la région.

La première journée vit accourir à Mattaincourt près de

---

1. *Saint Pierre Fourier et les médecins*, par le Dr Ch. Liégeois. (Epinal, Klein, 1897), p. 102. — On y trouve, à la page 88, le procès-verbal officiel de cette reconnaissance des reliques.
2. 26 juin 1897.

deux mille hommes, délégués par les cercles, patronages catholiques, et Conférences de Saint-Vincent-de-Paul de toute la Lorraine.

Le soir du 5 juillet, la châsse des reliques du Saint fut placée sur un char et conduite à Mirecourt par une imposante procession que précédait la fanfare du collège de la Malgrange. La ville natale du Bon Père fit encore une fois à ses restes un accueil pompeux ; les rues étaient merveilleusement pavoisées, et, la nuit venue, étincelèrent de lumières. La ville tout entière défila, dans cette veillée inoubliable, devant les reliques de Fourier, déposées dans l'église de son baptême, où d'habiles artistes avaient réussi à masquer, sous de riches ornementations, la nudité sévère des murailles rouillées par les siècles. Le lendemain eut lieu une messe solennelle, célébrée sur la place Saint-Georges par Mgr Leroy, évêque d'Alinda, en présence du cardinal Lecot, archevêque de Bordeaux ; de Mgr Turinaz, évêque de Nancy ; Mgr Foucault, évêque de Saint-Dié ; Mgr Theuret, évêque de Monaco ; Mgr Lelong, évêque de Nevers ; entourés d'un clergé nombreux et d'une foule immense. A midi, un banquet réunit dans la grande salle des Halles les évêques présents, les membres du haut clergé, les parents de Pierre Fourier et les notabilités de la ville. Et le soir, saluée par les cloches sonnant à toute volée, la procession se reformait pour ramener à Mattaincourt les reliques du Saint.

Le lendemain, 7 juillet, les trains déversèrent dès l'aube un flot ininterrompu de pèlerins intrépides sous une pluie de déluge, qui devait durer toute la journée. Mgr Larue, de Langres et Mgr Enard, de Cahors, vinrent se joindre aux évêques déjà présents. Il fallut se résoudre à célébrer l'office pontifical dans l'église, beaucoup trop petite, pendant qu'à l'île une assemblée innombrable assistait bravement à une messe basse, sous la rafale, et criait sa foi dans un vibrant *Credo*. L'officiant du matin fut Mgr Foucault, revêtu, ainsi que ses ministres, des riches ornements prêtés par le marquis de Gerbéviller[1]; Mgr Turinaz prononça le panégyrique. Le soir, officia le cardinal Lecot, qui inaugura, pour le salut du Saint-Sacrement, l'ostensoir monumental. Les illuminations furent contrariées par la pluie; mais la *bure* flamba, selon l'usage, sous le ciel chargé de noires nuées.

Les jours suivants, défilèrent sans interruption des armées compactes de visiteurs nouveaux, paroisses, collèges, corporations, communautés religieuses, amenant des malades, qui, rangés autour du saint tombeau, imploraient leur guérison.

Le 12 juillet arrivèrent d'importantes délégations de la montagne, d'Épinal, de Vézelise; puis, sur le soir, la caravane des pèlerins de Metz, venant de l'autre côté de la frontière, communier ici avec l'âme de la Lorraine, et proclamer leurs droits à partager la gloire de Pierre Fourier, et à solliciter ses faveurs. Le soir ils prirent part à une superbe procession aux flambeaux dans l'île du Madon, et passèrent la nuit, beaucoup en prières dans l'église, d'autres, dans les maisons du village, fraternellement ouvertes, et à l'hospice, où les bonnes sœurs de Saint-Charles leur firent un touchant accueil. Le lendemain les enfants de Mattaincourt vinrent leur offrir des fleurs de la patrie; puis, le beau temps étant revenu, ils organisèrent, avec les autres pèlerins arrivés le matin, une solennelle procession du Saint-Sacrement, clôturée par une grand'messe en plein air, à l'île du Madon. A une heure ils se remettaient en route pour franchir à nouveau la frontière saignante.

D'autres affligés vinrent chercher la consolation et l'espérance; les paroissiens de Chaumousey, et les survivants de Bouzey, trois ans seulement après l'horrible catastrophe, demandaient au Bon Père le repos pour les morts et la paix pour ceux qui demeuraient.

Le jour de l'octave, 14 juillet, dix mille pèlerins se pres-

---

1. Donateur également d'un précieux ciboire, qui figure honorablement à côté du calice et de l'ostensoir monumental offerts à l'église en souvenir de la Canonisation.

saient à Mattaincourt et accompagnaient l'historique défilé des reliquaires lorrains formant cortège à la châsse de saint Pierre Fourier : Saint Dié et Sainte Hunne; Saint Jean et Saint Bénin, de Moyenmoutier; Saint Spinule, de Portieux; Saint Romaric, de Remiremont; Sainte Libaire, de Grand; Saint Elophe; Sainte Richarde, d'Etival; Sainte Menne, de Puzieux; Saint Nicolas, de Dompaire; Saint Siméon, de Senones; Saint Mansuy, Saint Gérard, Saint Gauzelin, de Saint-Nicolas-du-Port; les martys de Trèves; Saint Victor; le voile de la Sainte-Vierge, envoyé par l'église de Sion.

Le 13, avait commencé un triduum solennel dans la chapelle du monastère de Notre-Dame, ingénieusement décorée par les filles du Fondateur. Le nombre des religieuses s'était accru de délégations envoyées par dix maisons de la Congrégation[1]. Le 15, elles eurent l'autorisation de sortir de leur clôture et vinrent, entourées d'un groupe nombreux de leurs anciennes élèves, terminer leurs fêtes dans l'église, à l'endroit même où leur Congrégation avait eu son humble berceau, trois siècles auparavant, la nuit de Noël 1597. Elles furent accompagnées, ce jour-là, par des religieuses d'une autre Congrégation lorraine, celle de la Doctrine Chrétienne, vouée comme elles à l'enseignement populaire; et, le lendemain, remplacées autour du saint tombeau, par les Sœurs de la Providence de Portieux, issues plus directement encore de la pensée et de l'œuvre même de Fourier.

Le 17, vinrent les jeunes clercs des séminaires d'Autrey et de Chatel.

Enfin, le dimanche 18 juillet, dernier jour des fêtes, les pèlerins, accourus de toutes parts, étaient encore innombrables. L'orateur de la journée fut Mgr Pagis, évêque de Verdun. Dans la soirée, un immense cortège, conduit par les évêques de Saint-Dié et de Verdun, mena la châsse du Bon Père en

---

1. Voir un très intéressant récit de ces fêtes dans *Une année bénie*, ouvrage publié par le monastère du Roule, de Paris. (In-8, Paris, imp. des orphelins d'Auteuil, 1898).

son ancienne annexe d'Hymont, dont le maire et l'adjoint en écharpe, à la tête de toute l'honnête et sage population, l'attendaient à la limite du territoire de la commune. Le petit village était pavoisé avec splendeur. Pendant une heure les reliques du saint curé reposèrent dans la coquette église, où les compatriotes de la vénérable Alix Le Clerc lui firent une touchante cour d'honneur. La procession se remit en marche, et ramena aux paroissiens de Mattaincourt le dépôt glorieux dont ils allaient de nouveau assumer la garde et la responsabilité devant l'Eglise et devant la Lorraine.

Un dernier *Te Deum*, accompagné de la voix grave du bourdon et du joyeux carillon de toutes les cloches, jaillit, triomphal, sous les voûtes illuminées de la basilique, suprême écho de ces solennités, qui avaient évoqué, dans sa belle et sainte individualité, l'âme d'un peuple.

Et maintenant, dans nos âges troublés, que le Bon Père nous soit encore le trait d'union, le signe de ralliement! Ceux parmi nous qui l'aiment et le vénèrent, ceux-là seuls ont ici leur droit de bourgeoisie, ceux-là ont trouvé, pour sûr, dans mes pages, quelqu'un de leur sang, et beaucoup la souche même de leur lignée. Je prie Dieu que ceux qui le blasphèment, ou renient tout ce qui lui fut cher, rentrent au plus tôt dans la tradition ancestrale; qu'ils prêtent l'oreille à la voix de sagesse des vieux chrétiens qui dorment au cimetière leur repos éternel; qu'ils se reprennent à la race... A ce ce prix seulement ils auront à Mattaincourt leur grande naturalisation.

PIÈCES JUSTIFICATIVES

I

CHRONIQUE DE CHAUMOUSEY

(D'après l'édition donnée par M. Duhamel, dans les *Documents rares ou inédits de l'histoire des Vosges*, t. II).

M. Duhamel a publié, d'après un ms. de la bibliothèque d'Epinal, un texte plus complet que ceux de Martène, Calmet et Pertz.

Il y a joint une traduction de cette même chronique faite au XVIIe siècle par Jean de France, chanoine régulier de l'abbaye de Chaumousey.

C'est le plus ancien document connu où il soit fait mention de Mattaincourt, sous la forme *Maitulcurt*.

P. 55 : « ... Sed et alius quidam liber homo, vir senex et grandævus nomine Mascelinus, cum quidam filius ejus, Drogo nomine, ad nos conversandi gratia devenisset, alodium de *Mattulcurt*, quod ei jamdudum in hæreditatem deputaverat, nostræ contulit ecclesiæ; quod sicut liberum suscepimus, ita liberum et integrum absque contradictione tenemus...

P. 59 : (texte de la bulle de Pascal II)... partem alodii Orvillaris, datum a Marcellino de Domno Martino et ab uxore sua Hersinde cum alodio de *Maitulcurt*...

P. 62 : Quarterium de *Matulcurt* debet in julio falcem et furcam, et, prius mundato horreo et substrato, decem cindulas in tecto ponere; et conducere fœnum et annonam; in Augusto quoque duas falces; in festivitate Sancti Remigii duos nummos et obolum [pro baccone]; et in festivitate Sancti Martini duos nummos et gallinam; et in Nativitate Domini quatuor panes et tres nummos et porcum unum duodecim nummorum; et in Pascha gallinam cum quinque ovis. Debet etiam insingnia autumni et arare, et seminare de nostro et conducere ad horreum; et, si minus quam duodecim gerbæ fuerint in unaquaque maseria, de suo adjuvabit. Si vero plus quam duodecim fuerint, conducet ad horreum, et habebit gerbam unam, et debet trituram quinque modiorum ad modum curiæ ».

— Ce passage curieux, consacré aux redevances de l'alleu de Mattaincourt au profit de Chaumousey, a été ainsi traduit par le chanoine Jean de France :

P. 132 : « ... Le quartier de *Matulcurt* doit en jueillet la faucille et la forche, et ayant nettoyé et préparé le grenier, y amener certain nombre d'aissailles[1] pour la couverture; en aoust, deux journées de faulx; à la feste Saint Remy deux pièces d'argent et une obole pour le bachon[2]; à la feste Saint-Martin deux pièces d'argent et la geline; à la Nativité Nostre-Seigneur quatre pains et trois pièces d'argent; à Pasques la geline et cinq œufs. Item il doit les ensongnes[3] et de l'authonne et du printemps labourer et semer du nostre et les rendre à grenier; que s'il y avoit moins de douze gerbes en chaque mesière ou ensongne, il faut qu'il les face du du sien, et s'il y en a plus de douze, les doit rendre au grenier, prenant une gerbe pour luy. Item il doit la moisson de cinq muids à la mesure de la court ».

— A la page 117, Jean de France traduit : Paulinus de *Huldonis monte*, du texte de Seherus, par Paulin de *Hinmont*.

---

1. *Aissailles*, aujourd'hui encore : *aisselins* = bardeaux, lames de bois usitées, en guise d'ardoises, pour couvrir les toitures.

2. *Bachon* = bac, baquet.

3. *Ensongnes*, ensenges ou encenges = clôtures, enclos, pièces de terre; ce qu'on appela plus tard : fin, finages ou saisons.

II

Le duc Mathieu II de Lorraine echange ses possessions de Mattaincourt, Hymont, Mandres (Ravenel) et Bazoilles, avec Vichart de Passavant, contre les possessions de celui-ci à Remoncourt, Segonnes et Montfort. (Vidimus de l'abbé Thiébert, de Bonfays. Arch. dép. de M. et M. B. 810, n° 1.)

1247 Dimanche après la Toussaint.

Nous frères Thiebertus par la patience de Deu abbez de Bonfayl, de l'ordre de Preismontrez, de la dyocese de Toul, faisons savoir a tous cels que ces presentes lettres voiront et oiront que nous avons unes lettres veues, connues et de mont en mont leuez non chanceléez, non quasséez, non ou aucunes parties dicelles mal misses, saeléez du séel signor Maheu de Loherene qui suit dont la teneur est telle :

Je Maheus, dux de Loherene et marchis, fais savoir à tous celz que ces lettres voiront et orront que Je por leschange de Remoncourt, de Cegonnes et de Montfort, ai donée a signor Vichart de Passe avant, signor de Monsteroul lou sec, tout ceu que je avoie a Mathencourt, a Hymont et à Mandres et a Bazolles et ceu qui affiert a la marechaucie et a la marie de Mathencourt qui a moy tenoit et en tel tenour con je li home de ces devans diz leus estient de toutes chozes en tenour tel je et mi hors devant lou dict Vichart et ces hors maintenir et faire joir. Cet est a savoir que le devanz diz Vichars ait retenu a lui et ai ces hors un home a Remoncourt et doit avoir une mason a Montfort et une vigne de sex jours de terre et li chatelz de Montfort doit retenir et adier lou devant dict Vichart, et ces homes qui que soit baillis ne sergeanz de Montfort doit jurer ou fiancier que cerait adaublez a signor Vichart et a ces hors encontre tous homes, fors que contre moy et encontre mes hors et encontre les duz de Loherene tant come il vorrait droit faire.

Apres est a savoir que je ne puix retenir ne ne doy nul

home a signor Vichart devant dict ne ces hors a Montfort ne a nulle ville que soit antour jusques a douz lieuez. Et ai atourner au devant dict Vichart et a ces hors les engières de Valleroy dont la rente monte a quatre solz de toulloix chacun an lun parmi laute et cent solz de toulloix au paige de Dompaire. Et ce li pages ne ne venoit je li doy rendre en autes rentes chacun an au Chandoiles en ycel leu et doy faire a joir lou signor Vichart devant dit et ces hors de ces choses devant dictes ensy come elles sont devizéez.

Et pour ce que ceste choze soit ferme et estable ai je mix mon seel en ces presentes lettres en tesmoignage de véritey. Lesquelles furent faites en lan que li milliares couroit par mil et douz cens et quarente sept ans lou diemenege aprez la feste de tous sains.

Et nous freres Thiebertus, abbez desus dit, avons mix nostre seel en cest present vidimus en signe de veritey. Li quez fut fait lan de grace nostre Signor mil troiz cenz et quarente quatre lou mardis apres Paiques.

(Sceau en miettes).

III

Husson, fils de Baudouin de Valleroy, échange ses possessions de Baudricourt avec Thibaut II, duc de Lorraine, contre le moulin de Solenval. (Arch. dép. de M. et M. B. 810, n° 7.)

1305 Veille de la Trinité.

Je Huessons, filz Balduyn de Valleroy, fais savoir a tous que je ai donei pour raison de eschainge a noble baron et puissant duc et marchis de Loyregne le quart de la ville de Baudrecourt et dou ban ensi come je la tenois au jour que ses lettres furent faites. Cest a savoir en homes, en femes, en tailles, en rentes, en censes, en bois, en caues, en fours, en molins, en ban, en iustice et toutes autres choses quelz quelles soient sans riens ne aucques a retenir. Lesquelz héritaiges dessus dis li dis Duz et sins hoir aueront de part moi, pour raison deschainge, en heritaige a tousioursmais en droit alluef en tel maniere que en recompensation de ses héritaiges desus dis li dis Duz mait doné et done pour moi et pour mes hoirs en heritage a tousioursmais son molin condis Sollainvalz, qui siet sor la riviere de Madon entre Maitheincourt et Moironcourt, sauf ceu que Henrielz de Mirecourt tanrat et auerat le dit molin a sa vie par min quil paierat chacun an a moi ou a mon commandement trente resals de froment a la mesure de Mirecourt, et après le déces doudit Henriel ledis molin revanrat a moi et a mes hoirs sans débat doudit Duc ne de ses homes. Et par telle maniere que li diz Duz pour lui et pour ses hoirs deet et outront que je ou min hoir pussiens, se il nous plaisoit, amender ledit molin et mettre sor celle rivière ou il siet aval ou amont ou que nous plairoit par mei le damage rendant a celui a cui nous le feriens.

En tesmoignage de laquel choze, pour ceu quelle soit ferme et estable a tousiours, Je Huessons dessusdit ai fait a mettre le sael de la court de Toul en ses presentes lettres a ma requeste.

Et nous, officialz de la court de Toul, a la supplication et a la requeste doudit Huessons faite par davant Thomas de Remiremont, fiable notaire juré de ladite court... nous croions auses choses et au plus grans et a sa fiable relacion Avons fait mettre le sael de ladite cort de Toul en ses presentes letres, qui furent faites en lan de grace mil trois cens et cinc en la vigile de la Trinité.

(Sceau détruit).

IV

Déclaration de tous les habitants de Mattaincourt, par Demenge Mesgnien, mayeur, (pour établir le rôle de la taille), en 1596. *(Arch. dép. de M. et M. B. 7059).*

Claudat Symonin.
François Racouverteur.

Demenge François.
Didier Racouverteur.

Nicolas Géry.
Jean Géry, dict Mathis.
Nicolas Liégeois.
François Brégeot.
Jean de Mandre.
Jean Poirson.
Claude Girancourt.
Claudon de Mandre.
Mathieu Géry.
Jean Petitjean de Mandre.
Nicolas Maljean.
Claude Ragnon.
Claudon de Larrin.
Demenge Paris.
Jean Bonlarron.
François Poirson, tabellion.
Jean Poirson, tabellion.
Didier Parpeignant.
Nicolas Bonlarron.
Bernard de Mandre.
Remy Poirson.
Girard Claudon.
Jean Racouverteur.
Claude Borlier.
Bastien Claydidier.
Jean Guyot.
Didier Bertrand.
Girard Borlier.
Jean Vuillaume Marchand.
Chrétien Chrestien.

Vesves

La vesve Messin.
La vesve Nicolas Hylaire.
La vesve Jean L'huylier.

Les mendians

Nicolas George

Claudon Martin.
Colin Crosier.
Demenge Huot.
Richard Roussel.
Demenge de Larin.
Jean Gaspard.
Anthoine Gourdot.
Claudon Vosgien.
Nicolas de Mandre.
Didier de Vroville.
Bastien Chinimont.
Nicolas Ferry.
Demenge Poirot.
Blaise Parmentier.
Lynard des Hommes.
Jean Lymosin.
Jean Berdot.
Anthoine Guyot.
Jean Cordier.
César Mesgnien.
Claudon Conrard.
Forquin Forquin.
Nicolas Poitresse.
Demenge Bailly.
François Nicolas *Nacquart*.

Les vesves mendiantes

La vesve Demenge Grantfran-
— Jubilo. [çois.
— Jean Bourguignon.
— Jean Picquard.
— Ougier Michel.
— Jean Noël.
— Colin Paillotte.
— Colas Martin.
— Didier Bachelet.
— Bastien Virot.
— Jean Bailly.

— Jean Grosfey.
— Jean Maljean.
— Guillaume de Savoie.

Paistres
Didier Grandgeorge.
Claudon Aubrye.

Liste des contribuables (non nobles) de Mattaincourt, dépendant du domaine de S. A., en 1618, (Arch. dép. de M. et M. B. 7119.)

Francs (exempts de tailles)

Nicolas Anthoine, mayeur.
Demenge Anthoine, eschevin.
Gérard Lallemand, mulnier de S. A.
Didier Charpentier, serviteur audit mulnier.
Jean Bardot, marguillier.

Les Paistres

François Jean Noël.
Jean Provenchière.
Demenge Mathis.

Contribuables chacun selon ses moyens

Demenge François.
Demenge Ambroise.
Gérard Bocquel.
Nicolas Durant.
Humbert Ambroise.
Jean Géry.
Adam Poirson.
Didier Ferry.
Nicolas Eulry.
Nicolas Favoncourt.
Colin Marchant.
Demenge Rouille.

François Voiriot.
Didier Parpegnant.
Denys Recouvreur.
Jean Remy Poirson.
Bastien Claydidier.
Jean Marchant le jeune.
François Recouvreur.
Demenge Mulot.
Blaise Gaulchier.
Demenge Didelot.
Jean Bonlarron.
Claudon de Lerrin.
Claudon Saulnier.
Demenge Paris.
Jean Messin, tabellion.
Jean Marchant Chrétien.
Claudon Bonlarron.
Jean Borlier.
Jean Pierrot.
Claude Bizot
Demenge Mesgnien.
Jean Marchant Villaume.

Les Vesves

La vesve François Poirson.
— Claude Ragon.
— Bernard de Mandre.
— Martin Messin.
— Jean Borlier.
— Jean Hilaire.
— Nicolas Claydidier.

Manouvriers vivant de leur travail

Poirson Recouvreur.
Jean Recouvreur.
Didier Hilaire.
Claudin Bégin.
Luc Husson.
Didier Grosfils.
Demenge François.
Didelot Bregeot.
Nicolas Jeandel.
Epvrot de la Fosse.
Remy Jean Vette.
Colin Marchant le jeune.
Demenge Xabremant.
Hilaire Jean Pierre.
Nicolas *Nacquart*.
Anthoine Picquart.
Demenge Cochin.
Henry Martin.
Mengin Aulbry.
Jean Doron.
Jean Saulnier.
Jean Moloup.
George Xobrement.
Didier Beschelet.
Nicolas Mengin.
Claudon Ougier.
Claudon Bourlier.
Jean Pyot.
Epvrot Guyot.
Guillaume André.
François Poirson.
Gand Symonin.
Gérard Bourlier.
Jean Le Clerc.
Didier Charton.
Nicolas Colin Crouvesier.

Epvrot Parmentier.
Thoussainct Eulry.
Claudot Martin.
Louys Gérard.
Pierrot Malchant.
Claude Apparu.
Vincent Ferry.
Firmin Gand.
Jean de Chamagne.

Vesves pauvres et non mendiantes

La vesve Claudon de Mandres.
— Demenge de Mandres.
— Jean Favoncourt.
— François Doron.
— Jean Poirson.
— Colin Xabremant.
— François Bregeot.
— Nicolas Géry.

Mendiants

Jean Grandfrançois.
Jean Pater.
Colin Roy.
Jean Roy.
Claude du Rux.
Jean Hilaire.
Claude Xabremant.
Jean Geoffroy.
Claude Guillaume.
François Grandfrançois.
Noël Pernot.
François Aulbry.
Jean Chrestien le jeune.
Nicolas Thouvenin.
Husson Husson.
Claude Girancourt.
Gaspard Gaspard.

François Verrier.
Claudin Jacques.
Jean de Lerrin.
Noël Ougier.
Jean Demengeot.
Claude Simonin.
Georges Vosgien.
Claudon Aulbry.
Nicolas de Velotte.
Claude Bailly.
François Gérard.
Claudin Pricquatte.
Bastien Bizot.
Jean Viriot.
Georges Thiébault.
Jean Marchant Willaume.
Nicolas Parmentier.
Claudot Ferry.
Bastien Mordagne.
Michiel Michiel.
Martin François.
Roch du Val.
Hilaire Géry.
Didier Hilaire.

Claudon Trimont.
Bastien Mourel.
Claude Drouot.
Jean Poirot.
Didier Arnoult.
Demenge Grandgeorge.
Jean Andreu.
Jean François.
Jean Poirel.
Jean Picquard.
Remy Gardin.
Jean Mengin.
Nicolas Roussel.

Les vesves mendiantes

La vesve François Rel.
— Claudon Anthoine.
— Didier Borain.
— Didier Grandfrançois.
— Demenge Symonin.
— Remy Guyot.
— Nicolas Croy.
— Didier Grandgeorge.
— Demenge Huot.

Que sont tous les habitans dudit Mathaincourt. »

Il y a une liste semblable pour Mirecourt, où je relève parmi les gens aisés :

 Louis Nacquart,
 Thiriat Nacqart,
 Thiriat Nacquart, le vieil ;

Et pour Hymont, où l'on trouve, en tête des familles les plus riches : des Le Clerc, des Marchand, des Poirson.

V

Division du territoire de la commune de Mattaincourt établie par le Conseil municipal. le 6 février 1791 (Arch. de l'église de Mattaincourt).

Saison de Solenval

A. — 1º SECTION DE *Martinvalle*

Martinvalle, ban mêlé avec Vroville, se divisera suivant l'alignement des bornes.

Poirier Messire Nicolas, ban mêlé avec Vroville, se divisera avec la pointière cy-dessus.

Les Grands Champs.

Les Quarelles, qui sont aux pointes de Martinvalle.

La Croix L'huillier.

Les Alandez, ban mêlé avec Vroville, il se divisera avec les propriétaires de Vroville.

Laditte section aboutit au Levant sur les Pujets, finage de de Vroville; au septentrion, sur le même finage; à l'occident, sur le chemin de Villers; et au midi sur la troisième pointière de d'Erbafontaine.

B. — 2º SECTION D'*Erbafontaine*

D'Erbafontaine,

Dessus d'Erbafontaine,

Sur le Paquis devant Solenval,

Bosséchamp,

Devant Solenval,

Sur les Etrasses,

Sur le Rond Puit,

Le Rond Puit,

Autre pointière sur Vandomoise,

Sur Vandomoise,

Seconde pointière de la Millière,

Troisième pointière de la Millière.

Laditte section aboutit au Levant sur le Paquis de Solenval; au midi, sur les prées des Etrasses et Vandomoise; au septentrion sur les Alandez; et au couchant, sur Hardémont. La route allant de Mattaincourt à Epinal traverse cette section.

C. — 3° SECTION *Les Echenés*

Les Echenés,
Troisième pointière sur d'Erbafontaine,
Deuxième pointière sur la Hayë de Vroville,
Première pointière sur la même Hayë,
L'Echorbeye,
Hardémont,
Les Montants,
Au-dessus des Montants,
La Millière,
L'Ecugne,
Champs qui suivent les chènevières,
Troisième pointière derrière les jardins,

Laditte section aboutit au levant sur d'Erbafontaine; au midi à l'entrée de la prairie de Vandomoise; au septentrion sur le le chemin et la Hayë de Vroville; et à l'occident sur le Haut Paquis.

Il est à remarquer que la route allant de Mattaincourt à Epinal traverse laditte section,

D. — 4° SECTION *Le Prey Villers*

Le Hault de Fouïlli ou du Fossez Mulot,
Première et seconde pointière,
Les Preys Villers.

Laditte section aboutit au levant sur le bois de Mattincourt dit les Pariottes; au midi sur le finage de Bazoilles; au septentrion, sur le Paquis communal de Mattincourt; et au couchant, sur le bois de Ravenelle.

E. — 5° SECTION DU *Poirier Messire Nicolas*
Saison du Haut de Chaumont

Première pointière du Poirier Messire Nicolas, se divise avec Vroville.

Pointière de Rappel chevaux,
Les Nisieux de suitte,
Poirier Bidaux,
Le Conrat,
Le Champ Philpin, se divise avec Mirecourt,
Les Grandes Corvées, de suitte.
Les Corvées,
Les Farrons,
Poirier Bénit.

Il y a une pointière entre les Nissieux et le Poirier Messire Nicolas, appartenant en partie aux Silvestres et autres propriétaires, dont les noms nous sont inconnus,

Laditte section aboutit au levant sur le chemin de Villers; au midi, sur la pointière dessous la hayë de Vroville; au septentrion, sur le finage de Mirecourt; et au couchant, sur les vignes de Mattincourt.

F. — 6° SECTION *Le Haut Paquis*

Sur le Haut Paquis,
2ᵉ pointière,
3ᵉ pointière,
4ᵉ pointière,
Sous la hayë de Vroville,
Seconde pointière,
3ᵉ pointière sous la Hayë de Vroville,
Poirier Messire Nicolas,
La Murgeye,
Seconde pointière de Rappelchevaux,
Entre les Fossez,
Sur la Roche,
La pointière qui aboutit sur les deux Fossez, dit les Grandes Queuës.
Les Corvées des Grandes Queuës,
La Thuillerie,
Le Fraine,
Autre pointière sur Demenge prey,

Sur la Folie,
Le Tahon,
Les preys des Grands et Petits Fossez,

Laditte section aboutit au levant sur la pointière de Rappelchevaux; au midi, sur les jardins et le Haut Paquis; au septentrion sur les Corvées; et, au couchant, sur les vignes du Champ Saint-Evre.

G. — 7° SECTION *Melhoué*

Melhoué,
Les Ensenges,
Renalange,
Le Haït,
Deuxième pointière du Haït,
Le Tougnon,
Entre deux Villes,
Sur Bonzan,
Les remplacements de dessus Bonzan,

Laditie section aboutit au levant sur le Paquis de Bonzan; au midi sur le bois de Hymont; au septentrion, sur les jardins de la rue de Géry et la Grande Ruelle; et, au couchant, sur le Paquis communal de Mattincourt.

H. — 8° SECTION *Dessus les Plumons*

Pointière de Dessous les Plumons,
Seconde Pointière,
Bois du Rupt,
Croix de Pierre,
Les Plumons,
Au-dessus des champs précédents

Dans cette même section est aussi compris un champ qui fait quarre au-dessus des Plumons et qui affine au bois des Taillottes, lequel n'a pas été compris, dans le remembrement parce qu'il était regardé en ce temps comme de nulle valeur.

Laditte section aboutit au levant sur la Croix de Pierre;

au midi, sur le bois de Hymont; au septentrion, sur la pointière de Renalange; et, à l'occident, sur le bois des Taillottes.

J. — 9° SECTION SUR LES PREYS *de la Grande Praye* *Saison de Derrier la Ville*

Sur les preys de la Grande Praye,
Chabossé sur la Praye,
Ici le canton se divise : Chabossé sur la Praye,
Chabossé sur Naufontaine,
Devant la Roulotte,
Les Echenez,
Rappiéfosse,
Les Rouges-Terres,
Le Grand Poirier,
Sanfricassi,
Rouges-Terres sur Naufontaine,
Sur la Petite Praye,

Laditte section aboutit, au levant, sur l'entrée des preys de la Grande Praye; au midi sur les champs derrier la Vigne; au septentrion, sur la Petite Praye; et, au couchant, sur la pointière de la Millière.

Cette section est traversée par la route qui vient de Mirecourt à Mattaincourt. Elle est aussi traversée par le chemin de Ravenelle.

K. — 10° SECTION *Soret Tirpé*

Soret Tirpé,
La Faite ou Derrier la Vigne,
Le Bottegney,
Les Molards,
Dessous le Bois sur le Molard,
Les Fortes Terres,
Basse d'Ance,
Tous les remplacements qui aboutissent à cette section.

Laditte section aboutit, au levant, sur le Paquis du Champ Bidaux; au midi, sur le Grand Paquis; au septentrion, sur le chemin de Ravenelle, et, à l'occident sur la Hayē du Rabot.

L. — 11° Section *La Pattelouse*

La Pattelouse,
La Plaine de Mandre,
Le Levrière,
La Creuse,
Les Courtes Rayës,
La Hayë vers Mandre,
Seconde pointière du même nom.

Laditte section aboutit au levant, sur la Croix Baudot; au midi sur le chemin de Ravenelle; au septentrion, sur les Preys du Joly; au couchant, sur le Paquis de Mirecourt, chemin pour aller au Bois de Somlaumont.

M. — 12° Section *Sur la Haye du Rabot*

Sur la Hayē du Rabot,
La Roye Thiébaut,
Sur la Maye,
Les Cinq Vaux,
Cente de Thiraucourt,
Sous la Hayë du Rabot,

Laditte section aboutit, au levant, sur la pointière de Basse d'Ance, au midi sur le Grand Paquis; au septentrion sur le chemin de Ravenelle; et, au couchant, sur le Bois de Mirecourt.

Laditte section est traversée par la route allant de Mirecourt à Remoncourt.

N. — 13° Section *Les Preys*

Cette section contient le Chanol, l'admodiance le Prey Richard, et Béhan; et, au levant, la rivière du Madom, au midi, le finage de Hymont; la même rivière de Madom, au septentrion, et le Paquis de Bonzan à l'occident.

O. — 14° SECTION *Demenge-Prey*

Demange Prey,
Dessous les Côtes et les Grands Aviots,
Laditte section aboutit, au levant, sur les jardins du Haut Paquis, la rivière de Madom au midi; les vignes au septentrion, et la même rivière de Madom au couchant.

P. — 15° SECTION *La Grande Praye*

La Grande Praye,
Les Preys du Ruisseau et la petite Praye,
Laditte section aboutit sur la rivière de Madon au levant; les terres labourables au midi, la même rivière de Madon au septentrion et la route de Comté au couchant.

Q. — 16° SECTION *Vandomoise*

Vandomoise,
Au dessus de Vandomoise et les Etrasses,
Laditte section aboutit, au levant, près le moulin de Solenval; la rivière de Madon au midi, les champs de Mattincourt au septentrion, et la même rivière de Madon au couchant.

R. — 17° SECTION *Molaumont*

Laditte section a le bois de Mattincourt au levant, au septentrion et au couchant, et le Paquis de Molaumont au midi.

Vignes du Haut de Chaumont

S. — 18° SECTION *Champ St Evre*

Champ Saint-Evre,
Vignes sur Demenge Prey,

Pointière du Haut de Chaumont,

Laditte section aboutit, au levant, sur les champs de la Thuillerie; au midi, sur les Preys dessous les Côtes; au septentrion, sur les champs du Poirier bénit; et au couchant, sur les vignes de la Côte Jean Piat.

T. — 19° SECTION *Sous les Côtes*

Sous les Côtes,
La Côte Jean Piat,
Dessus les Aviots,
Dessus les Petits Aviots, par indivis avec Mirecourt. C'est à-dire que l'une et l'autre des dittes pointières s'allignent suivant les bornes et se partagent avec Mirecourt.

V. — 20° SECTION QUI RÉUNIT PLUSIEURS OBJETS

Les chènevières, curtilles, enclos, jardins et vignes qui environnent le village de part et d'autre, et non contiguës aux maisons; ainsi que les vignes des Plumons, qui sont répétées pour jardins.

X. — 21° SECTION LES MAISONS

Laditte section contient toutes les maisons scises sur le ban et finage de Mattincourt, ainsi que les meix et jardins y attenants.

VI

Procès-verbal de la bénédiction de la première pierre de l'église de Mattaincourt.

(Texte français).

Honneur et gloire à Dieu,

L'an du Seigneur, 1846, le 7 du mois de juillet, sous le pontifical de N. S. le Pape Pie IX, l'épiscopat de notre R. Evêque, Mgr Daniel-Victor Manglard, et le règne de Louis-Philippe Ier, Nous, Charles-Antoine Hadol, natif de Remiremont, curé de la paroisse de Mattaincourt, déclarons avoir procédé dans les formes usitées, en présence des membres de l'administration municipale et de l'administration de la Fabrique de cette commune, de beaucoup de nos bien aimés confrères, et d'un concours immense de pieux pèlerins accourus de toutes parts pour célébrer comme de coutume la fête du Bienheureux Pierre Fourier, à la bénédiction de la première pierre de cette église.

Faisons connaître en même temps à ceux qui un jour retrouveront cette charte qu'il existait déjà au même lieu une église bâtie en l'honneur de Saint-Evre et de Saint-Claude, et consacrée le 4 novembre 1509, comme le prouve la pièce ci-dessous transcrite, par Mgr Christophe, évêque de Christopolis in. p. in. et coadjuteur de Mgr Hugon[1], évêque de Toul, laquelle n'a été détruite qu'à raison de son insuffisance, vu l'accroissement extraordinaire du pèlerinage.

Ensuite, que l'église actuelle, due, pour les plans, à M. Louis-Auguste Boileau, architecte à Mirecourt, et, pour l'exécution, à M. Hippolyte Mangin, entrepreneur de bâtiments à Dompaire, s'est élevée, du moins pour tout ce qui tient aux trois nefs à l'aide d'offrandes recueillies par nos soins[2] et ceux de notre bien cher compatriote et ancien vicaire, M. Abel Mangin, curé de Sainte-Barbe, dans le même diocèse, en Belgique, en Prusse, et surtout en France.

Membre du Conseil municipal de Mattaincourt

MM. Barbier (Joseph), maire
Haguenier (Joseph), adjoint.
Aubertin (Jean-Nicolas).
MM. Friaisse (François).
Leclère (J.-B.).
Bichain (J.-B.).
Barthement (J.-B.).
Bléhée (Romain).

---

1. Le rédacteur eût pu être plus précis : Il s'agit de Christophe Collet, évêque titulaire de Christopolis, et suffragant ou coadjuteur de Hugues des Hazards, évêque de Toul. (*Gall. Christ.*, t. XIII, col. 1044).

2. Le texte latin porte : « Non hujus pauperrimae paroeciae sumptibus », membre de phrase supprimé dans la traduction, parce que la constatation y contenue avait blessé les conseillers municipaux.

MM. Colin (François).
    Barbier (Alexis-Fourier).
    Aubel (Ch.-Fourier).
    Georgin (Nicolas)

Fabrique :

MM. Bichain (J.-B.), président.

MM. Hadol, curé.
    Barbier (Joseph), maire.
    Barbier (Alexis), receveur.
    Vuillaume-Durand (Joseph.
    Noël (Jean).
    Vuillaume (Jean-Joseph).

Procès-verbal de consécration de l'ancienne église en 1509.

« Anno Dni millesimo quingentesimo nono, die 4ª mensis novembris, Ego Christophorus, Episcopus Christopolitanus, vicarius in pontificalibus in Xº Dni Hugonis, episcopi Tullensis, consecravi hanc ecclesiam et hoc altare in honore Sci Apri, pontificis, et Sci Claudii episcopi, cum presentibus reliquiis inclusis, singulis Christifidelibus hodie unum annum. ac in anniversario consecrationis hujus eam visitantibus centum dies de vera indulgentia in forma Ecclesiæ consueta concedimus.
                                               † CHRISTOPHORUS [1] »

VI

Liste des Curés de Mattaincourt.

Jean, 1401. (Arch. dép. des Vosges, G. 1278).
Pierre Bazoille, 1461.
Didier Thouvenin, 1491.
Nicole Thouvenin, 1555-1558.
Demenge Bridart, 1577-1597.
Sᵗ Pierre Fourier, 1597-1632.
P. Gaultier, 1632-1637.
Jean Hannus, 1637-1664.
A. Remy, 1673, 1676.
J.-P. Magnier, 1676-1677.
J. Pelletier, 1677
Jérôme Odam, 1677-1706.
Nicolas Fourier, 1706-1730.
Jean-François Fontenille, 1730-1743.
Joseph Pierson, 1743-1790.
Didier François, 1790-1822.
Husson, 1822-1831.
Charles Hadol, 1831-1886.
Dom J.-B. Vuillemin, 1886-1894.
Jules Marchal, (administrateur), 1894-1903.
Charles Rochelle, 1903-1907.
Em. Lemoine, 1907.

---

1. L'original était écrit sur une bande de parchemin de 11 centimètres de long sur 7 de large.

Vicaires et chanoines réguliers en résidence à Mattaincourt.

Vicaires

Jean Vincent, 1555.
Etienne Richard, 1628-1638.

Chanoines réguliers de N.-S.

N. Herbillon, 1673.
J. Collignon, 1673-1675
Nicolas Gentin, 1674.
G. Bigest, 1675.
Pierre Maubuche, 1675
N. Louvion, 1677.
N. Henry, 1677.
Nicolas Daulnois, 1686.
De Huz, 1691.
Dominique Claudon, 1694.
Joseph Mengin, 1695.
J.-B. Grandjean, 1696.
F. Eustache, 1715.
D. François Cochet, 1710-1715.
J. Verlet, 1713.
C.-N. Urguet, 1715.
G.-L. Bernard, 1717-1718.
P. Louis, 1722-1732.
S. Cherrier, 1725-1729.
J. Toussaint, 1727.
Ch. Cuny, 1730-1734.
N. Le Marquis, 1731-1732.
Nicolas Louis, 1734.
Bigot, 1734-1735.
Massinot, 1736-1737.
Robinot, 1738-1743.
Drouin, 1739-1740.
Paul Fridericy, 1740-1744
Claude Holandre, 1743.
P. Didion, 1743-1744.
J.-D. Toussaint, 1743.

Vincent, 1745-1746.
Ch. Joseph Compagnot, 1744-1751
Ch. Christophe Martin, 1747-1758.
L. Marchal, 1758-1759.
B. Paris, 1759.
Clausse, 1760-1768.
Fondeschenne, 1764.
Chapelle, 1764.
Choppin, 1768-1771.
A.-F. Beurlot, 1771.
Hugo, 1771-1773.
C. Henry, 1767.
Cl. Durand, 1773-1791.
N. Tisserand, 1789-1791.
Jacques Georgel, 1791-1795.

Vicaires

A. Mangin, 1835-1837.
N. Pierre, 1836-1838.
Nicolas, 1837-1841.
Barthélemy, 1837-1841.
J.-B. Moulin, 1841-1845.
V. Mangenot, 1844.
Mathieu, 1844.
Chassard, 1845-1846.
J.-B. Georges, 1845-1855.
J.-L. L'huillier, 1851-1855.
Clément, 1855-1863.
Lambert, 1863-1867.
E. Jerdon, 1867-1874.
M. Prévôt, 1874-1878
Grégel, 1888.
J. Reck, 1891-1895.
J. Lhuillier, 1897.
Ch. Amiot, 1897-1899.
A. Collignon, 1899-1900.

L. Ferry, 1900-1905.
J. Miguet, 1905-1906.
H. Thouvenot, 1906-1907.
Quelques chanoines réguliers
de Latran ayant fait fonctions de vicaires de 1878 à 1891.
RR. PP. Frouin, Giraud, Ménard, Roux, Vendé, etc.

Prêtres et clercs natifs de Mattaincourt.

Claudon Seullet, clerc tonsuré, 1551,

Colas Hillaire, clerc tonsuré, 1551,

Claudon Jean de Mandres, clerc tonsuré, 1570, 1573,

Dominique Durand, sous-diacre, 1634,

Nicolas André, curé de Bois d'Arcy, près de Versailles, mort en 1688.

Eric Lallemand, né en 1620, curé de Blaye, mort en 1695,

Joseph-Nicolas Huel, né en 1690, curé de Rouxeux, mort en 1769 ou 1776,

Antoine Beurlot, curé d'Aulnois, mort vers 1820,

Amé Aubertin, né en 1822, aumônier des prisons à Remiremont mort en 1875,

Emile Collin, né en 1831, curé de Lusse, chanoine honoraire,

Paul Humbert, né en 1849, curé de Fontenay-aux-Roses, près Paris, mort en 1902,

François Aubel,

Georges Marlangeon, né en 1870, chan. rég. de Latran,

Eugène Bourguignon, né en 1870, chan. rég. de Latran,

Fourier Bonnard, né en 1872, curé du Tremblay, dioc. de Versailles.

Félix Tocquard, né en 1874, curé de Punerot.

Gustave Henry, né en 1875, chapelain de Saint-Dié.

Alfred Henry, né en 1878, vicaire au Val d'Ajol.

Pierre Bourguignon, né en 1878, jésuite.

René Lhuillier, né en 1879, curé du Valtin.

Paul Bourguignon, né en 1883, professeur de philosophie au grand séminaire de Saint-Dié.

Religieux et religieuses originaires de Mattaincourt.

Frères oblats de Marie : MM. + Charles Rambeau et Just Terrol.

Religieuses de Notre-Dame : + Bathilde Augustin (Mattaincourt); + Adelaïde Aubel (id.); + Eulalie Aubel (Gray); + Rosalie Aubel (id.); + Justine Bourguignon (Oiseaux); + Héloïse Friaisse (Versailles); + Justine Gérard (id.); Mélanie Bonnard (Etampes); Maria Riondé (Verdun); Anna Mougel (Versailles); Adeline Cussenot (Wight); Jeanne Cussenot (id.); Marie Vuillaume (Moulin); Emélie Stadfel (id.); Marie Salzard (Reims); Léonie Pattenotte (Abbaye aux Bois).

Dominicaines : + Delphine Aubel et + Justine Bonnard (Mirecourt); + Coralie Mathieu (Nancy).

Carmélites : Marie Vérel et Maria Colin (Dorat).

Saint-Charles : Virginie Salzard, Marie Barbier, Marie Simonin, Marie Gérôme, Marie Vuillaume, Marie Colin.

Saint-Rédempteur : Louise Jacquot, Berthe Usunier, Adèle Aubry, Emélie Aubry.

Officiers originaires de Mattaincourt.

Claude Collin, lieutenant de la 5e compagnie du 1er bataillon de la demi-brigade des Vosges et de Paris, an IV.

Pierre Mulot, capitaine, an IV, né en 1770.

Dominique Barbier, capitaine, 1er Empire.

Colonel Mangin, né à Mirecourt en 1825, mort à Paris en 1885.

Georges Aubertin, capitaine d'artillerie en retraite, ingénieur civil, né en 1858.

Louis Aubertin, capitaine d'artillerie, né en 1867.

Quelques noms de mayeurs et maires de Mattaincourt.

Poireson, 1397.	Didier François, 1491.
Rechart Favart, 1454.	Georges Bailly, 1561.

Nicolas Aulbry, 1572
Jean Lhuillier, 1574.
Didier Barquant, 1587.
Claudon Anthoine, 1592.
Demenge Mesgnien, 1596.
Nicolas Anthoine, 1618.
Demenge Maljean, 1627.
Claude de Louvreux, 1628.
Claude Perpignant.
Gérard Lallemand, 1633.
Georges Cochin, 1646.
Claude Claudot, 1648.
Nicolas Georgeot, 1649.
Nicolas Bourlier, 1651 et 1652.
Demenge Landry, 1657.
Jean Tallotte, 1673.
Nicolas Guyot, 1676.
Ant. Claudot.
Jean Humbert.
Didier Beurard.
François Viriot.
Clément Paris.
Jean Petitjean, 1681.
François Claididier, 1682.
Luc André.
Vuillaume Marchand, 1688 et 1694.
François Moloup.
Nicolas Valentin, 1697.
Didier Recouvreur, 1698.

Charles Colin.
Nicolas Baulard, 1732.
Henry Cussenot, 1736.
P. Recouvreur, 1740.
Thomas Thomassin, 1775.
J.-C. Jeandel, 1780.
J. Aubel, 1788.
Ambroise Clément, 1790.
Sébastien Bléhée, 1790.
Nicolas Silvestre, 1793.
Jacques Georgel, 1796.
André Sartori, 1804.
Fourier Mangin, 1813.
Joseph Vuillaume, 1816.
Jean-Fourier Sartori, 1830, 1834.
Pierre Contal, 1835
Nicolas Martin, 1836.
Joseph-Fourier Aubel, 1840.
Joseph Barbier, 1846.
Ch. François Aubel, 1848.
Alexis-Fourier Barbier, 1848.
François Friaisse, 1851.
Nicolas Aubertin, 1852.
Benjamin Contal, 1860.
Nicolas Aubertin, 1870.
Auguste Jeanroy, 1878.
François Contal, 1881
Auguste Jeanroy, 1884.
Léon Vinot, 1900.

Régents d'école de Mattaincourt

Etienne Richard, 1619.
Mᵉ Gratian, 1636.
Noël Oger, 1648-1672.
Dominique Colin, père, + 1678.
Dominique Colin, fils, 1678-1686.
Thierry Georges, 1686-1693.

François Piot, 1693-1701.
C. Durand, 1727-1742.
N. Jacquot, 1780-1791.
Dominique Claudel, 1793.
Durupt, de l'an VIII
Colas, 1804-1824.

D'Agneaux, 1824-1834.
F. Contal, 1834-1853.
Frère Uriet, des Ecoles chrétiennes, 1853-1865.

Druaux, 1865 1874.
Tocquard, 1874-1896.
Marulier, 1896-1903.
Lhôte, 1903.

VII

Patrimoine de l'église de Mattaincourt au 11 mai 1909.

(Volé par l'Etat français, à la suite d'un honteux vote parlementaire du 13 avril 1908.)

829 francs de rentes sur l'État, série 5, n° 673.794, provenant des libéralités ci-après :

400 fr. en capital — legs Varcollier (Pierre). — *Charge* : 1 service.

600 fr. » donation Gombaut et Henry. — *Charge* : 1 service à 3 messes.

575 fr. » donation Gillet. — *Charge* : 4 messes hautes.

350 fr. » donation Henry et Bichain. — *Charge* : 2 messes hautes.

400 fr. » legs Verlot (Pierre). — *Charge* : 2 messes hautes.

400 fr. » legs Moloup (Dominique). — *Charge* : 4 messes basses.

500 fr. » legs Didier François. — *Charge* : 1 messe basse.

100 fr. » donation Aubel (Pierre). — *Charge* : 2 messes basses.

1000 fr. » donation Hadol (Charles).

1200 fr. » donation veuve Martin, née Grillon.

600 fr. » legs Villaume (Antoinette). — *Charge* : 3 messes hautes.

21000 fr. » fondation Hadol. — *Charge* : 904 messes hautes

Vigne de 55 a. 30 c. donation époux Martin. — *Charge* : 3 messes basses.

Maison (Couvent jaune) acquisition suivant acte du 8 octobre 1866 — *Charge* : 52 messes hautes.

(*Journal Officiel du 11 mai 1909.*)

VIII

Note sur la parenté de Maurice Barrès avec saint Pierre Fourier.

Charles Demange, neveu de Maurice Barrès, trop tôt ravi aux lettres et à l'affection de ses amis, était fier d'une lointaine alliance de sa famille avec celle de saint Pierre Fourier.

Il descendait en effet de Jeanne-Agnès *Tournay*, mariée à Claude Caboche, chirurgien à Chamagne. Un Michel Tournay avait épousé Catherine Duhoux, née (après 1706) de :

— Charles-Philippe Duhoux, marié en 1696 à Catherine-Françoise de Ravinel,

— fille de François-Remi de Ravinel, marié en 1665 à Françoise Barrot,

— fille de Jean Barrot, marié à Marguerite Fourier,

— née, en 1604, de *Jean Fourier* (frère du Bon Père), et de Anne Barbier, de Nomeny.

(D'après les notes de Charles Demange, et les recherches personnelles de l'auteur).

TABLE DES MATIÈRES

LETTRE DE MAURICE BARRÈS IX
PRÉFACE XI

CHAPITRE I

Les origines. — La *curtis de Martin?* — L'*alleu* de Mattaincourt vers 1090. — Situation féodale de Mattaincourt. — Le « descort » pour la pasture entre Mattaincourt et Hymont 1

CHAPITRE II

Quand le pays fut-il évangélisé ? — Les *patrons* du bénéfice en 1477. — La paroisse de Mattaincourt rattachée au chapitre d'Haussonville. — Curés de Mattaincourt. 16

CHAPITRE III. — LA DRAPERIE

Origines de la draperie à Mattaincourt. — Le commerce au début du XVIe siècle. — La Confrérie des drapiers de Mattaincourt. Mirecourt et Poussay. — Moulins et battants. — Les draps de Mattaincourt. — Petite Genève. . 27

CHAPITRE IV. — SAINT PIERRE FOURIER

Fourier de Xaronval. — Nacquart de Mattaincourt. — Les vieilles familles de Mattaincourt. — Des noms. — Saint Pierre Fourier est-il mort curé de Mattaincourt ? — La *Bourse de Saint-Èvre*. — La Congrégation de Notre-Dame. 43

CHAPITRE V. — LES GRANDES CALAMITÉS

Possessions diaboliques. — Procès de sorcellerie à Mattaincourt. — La peste. — La guerre. — Après trente ans d'occupation française 66

CHAPITRE VI. — UN PAYS NOUVEAU

La sépulture de saint Pierre Fourier. — Un pays nouveau. — Débuts du pèlerinage. — Visites d'archidiacre. — Mesquines querelles. — Les foires de Mattaincourt. — La *Grande Chaussée*. — Les Confréries. — Nicolas Fourier. 89

CHAPITRE VII

Le procès au sujet des reliques de saint Pierre Fourier. — Préparatifs. — Les fêtes de la béatification. — L'abbé Huel. — L'hôpital de Mattaincourt. — L'inondation de 1740. — Restauration de l'église. — *L'ancien régime* à Mattaincourt. 108

CHAPITRE VIII. — LA RÉVOLUTION

La nouvelle municipalité de 1788. — Le *Cahier des doléances* de 1789. — Deux ans de religion constitutionnelle. — Le règne de la Terreur. — Un peuple de bons chrétiens. — Pasteur sans troupeau. 138

CHAPITRE IX. — RESTAURATIONS

Le presbytère. — L'hospice. — Le culte de saint Pierre Fourier. — L'abbé Hadol. — Le nouveau couvent de Notre-Dame. — La nouvelle église. — Physionomie du village au XIXe siècle. 160

CHAPITRE X. — L'AFFAIRE DES CHANOINES RÉGULIERS DE LATRAN ET LA CANONISATION DE SAINT PIERRE FOURIER

Le pèlerinage de 1873. — Achèvement de l'église. — Les cloches. — La succession de M. Hadol. — Clercs réguliers ou chanoines réguliers ? — L'abbaye de Mattaincourt. — Expédients concordataires avec des arguments frappants. — Les fêtes de la Canonisation 188

PIÈCES JUSTIFICATIVES 213

IMPRIMÉ PAR DESCLÉE, DE BROUWER ET Cie
41, RUE DU METZ, LILLE. — 7.008.

www.ingramcontent.com/pod-product-compliance
Lightning Source LLC
Chambersburg PA
CBHW070656170426
43200CB00010B/2261